북핵 드라마 :

무엇이 문제인가?

(전직 외교관의 북핵 협상 분석과 전망)

● 목 차

● 책머리에

북한이 2006년 10월 실시한 첫 번째 지하핵실험은 전세계를 큰 충격에 빠뜨렸다. 두 가지 측면에서 충격적이었다. 첫째, 북한의 핵 개발 능력이 미국을 위시한 국제사회가 생각했던 것보다 더 높은 수준이었다는 것이었다. 둘째, 충격적이었던 것은 이같은 핵 개발이 북한 인구 8퍼센트의 목숨을 앗아간 대기근 시기(1996년부터 2000년)에 이루어졌다는 사실이었다. 북한의 핵 실험은 북한 지도부가 경제적 대참사를 무릅쓰면서까지 핵 무기를 획득하려고 했던 북한 정권의 핵에 대한 강한 집념의 표상이다. 북한은 2007년 제5차 6자회담에서 핵무기 개발을 중단하기로 합의한 바 있으나 그 이후에도 다섯 차례 더 지하 핵실험을 실시하였고, 핵무기의 개발 속도에 박차를 가했다.

◆ 로켓맨 김정은의 등장

2011년 김정일 사후 권좌에 오른 김정은은 아버지 김정일이 2006년과 2009년 두 차례 핵실험을 통해 다져놓은 기반 위에 핵무기와 미사일의 성능을 획기적으로 발전시키는 괄목할 만한 성과를 거두었다. 세계 과학자들은 2017년 9월에 실시한 6차 핵실험의 파괴력이 수소폭탄 급이라고 결론지었다. 또한 북한은 2017년 미국을 타격할 수 있는 장거리미사일 화성-12형, -14형 및 -15형의 연이은 시험발사에 성공했다. 북한은 20여 년에 걸친 노력 끝에 핵 보유국이 거쳐야 할 관문을 모두 통과하고 인도와 파키스탄에 이어 세계 아홉번째 핵 보유국에 오르게 되었다.

북핵문제 해결을 위해 미국은 물론 6자회담 참가국들도 다자회담의 틀 안에서 협상을 통해 북한이 더 이상 핵 능력을 확장하는 것을 막고, 핵개발 계획을 폐기하도록 설득하는 외교적 노력을 기울여 왔다. 북핵 협상의 목적은 북한이 이미 보유하고 있는 핵탄두 혹은 핵물질 등 핵무기를 폐기하고, 더 이상 핵무기를 개발하거나 핵실험을 실시하지 못하도록 핵개발 시설을 폐쇄하고, 관련 자료를 폐기하는 등 비핵화 절차를 이행하도록 하는 것이다. 그러나 1994년에 시작된 북핵 협상은 북한이 지하 핵실험과 대륙간탄도 미사일(ICBM) 등 장거리 미사일 발사를 유예하도록 한 것 이외에는 거의 아무런 실효 있는 성과를 거두지 못했다.

◆ 김정은 vs 트럼프

지금 북한 김정은은 세계 언론을 통해 마치 초강대국 미국의 대통령과 일대일 담판을 벌이는 세계 정상급 지도자인 양 자신을 과대포장하고 있다. 반면 정작 협상의 최대폭표인 비핵화는 트럼프 대통령의 국내정치 입지에 따라 완전한 비핵화가 될 수도 있고 현재 북한이 보유하고 있는 핵을 인정하는 "핵 동결"에 그칠 수도 있는 애매한 상태에 있다.

이와 같이 2018년 이전에는 상상하기 어려웠던 결과가 나온 배후에는 도날드 트럼프 미국 대통령의 미숙한 협상전략이 있다. 북핵문제의 본질, 북한정권의 이중성, 북한의 복잡한 선전선동술을 접할 기회가 없었던 도날드 트럼프 미국대통령이 세계 최악의 독재자 김정은을 세계 언론의 각광을 받는 외교무대에 세우는 이벤트성 협상을 벌였기 때문이다.

트럼프는 북한의 비핵화가 부동산 거래처럼 계약서를 작성하고 선금과 중도금, 잔금 지불에 관해 합의하면 계약서에 쓴 대로 비핵화가 이루어질 것으로 생각했는지 모른다. 트럼프는 북한이 2018년 6월 12일 미-북 싱가폴 정상회담 합의문을 통해 미국과 새로운 관계를 수립하기로 약속하고, 한반도에 지속적이고, 안정적인 평화 체제를 구축하는 데 공동으로 노력하기로 하고, 한반도의 완전한 비핵화를 위해 노력하기로 약속한 것으로 북한의 비핵화가 이루어질 것이라고 믿었을 것이다.

그러나 국제 협상은 부동산 거래처럼 단순한 것이 아니다. 김정은은 2019년 2월 하노이에서 개최된 제2차 미-북 정상회담에서 미국이 제시한 포괄적 비핵화와 그에 상응하는 경제 보상을 담은 '빅딜'을 거부하였고, 회담은 결렬되었다. 이후 북한은 예정된 실무협상에 응하지 않고 대미, 대남 비난을 쏟아내고 있다. 9월 5일 북한 최선희 외무성 부상이 미국이 새로운 계산법에 의한 제안을 가지고 나오면 9월 말에 실무협상에 응하겠다는 성명을 발표했다. 이후 10월 5일 스톡홀름에서 실무협상이 개최되었으나 결렬되었다. 북한은 "미국은 그동안 유연한 접근과 새로운 방법, 창발적인 해결책을 시사하며 기대감을 한껏 부풀게 하였으나 아무것도 들고 나오지 않았으며, 우리를 크게 실망시키고 협상 의욕을 떨어뜨렸다"고 비난했다. 그이후 김정은이 정한 협상 시한인 연말까지 얼마 남지 않은 시점까지 아직 후속 실무접촉 일정도 잡히지 않은 상황이다.

트럼프 대통령은 틈만 나면 김정은과 좋은 관계를 유지하고 있다고 자랑한다. 그리고 김정은이 핵실험, 장거리미사일 발사를 중지하겠다는 약속을 지키고 있다며, 자신이 대통령이 되었기 때문에 북한과 전쟁을 치르지 않게 되었다고 자랑을 늘어놓는다. 심지어 김정은이 "매우 발전 가능성이 큰 나라를 가지고 있다"고 하며 엄지 손가락을 치켜세우기도 한다. 그의 눈에는 세계에서 가장 가혹한 독재국가의 지도자 김정은이 개발 가능성이 큰 땅덩어리를 가지고 있는 땅부자로 보이는 모양이다. 그래서 김정은을 잘 구슬리기만 하면 큰 개발이익이 돌아올 것이라는 개발업자 특유의 계산법으로 김정은을 평가하는 듯하다.

◆ 사실상(de Facto) 핵보유국

내년 11월 미국 대선을 앞두고 트럼프가 북핵문제 타결이라는 성과를 내기 위해 김정은과 타협을 시도할 것이라는 우려가 제기되고 있다. 영변 핵시설과 장거리 미사일 제조 및 발사시설 등 일부 핵개발 시설 폐기의 대가로 북한 핵의 동결에 합의할 가능성 때문이다. 그렇게 되면 북한은 핵 보유국이 되고, 미국의 핵확산 억제 의지에 의해 유지되고 있는 세계 핵확산금지(NPT)체제는 붕괴할 것이다.

북한이 이미 사실상(de facto)의 핵무기 보유국이라면 우리도 핵의 논리에 의해 핵개발을 서두르지 않을 수 없다.

1990년대에 자발적인 비핵화의 길을 선택한 남아공이 6개의 핵탄두와 핵 관련 시설 등을 폐기하는 데 4년이 소요되었다. 북핵 협상이 아무리 빠르게 타결이 되고 북한이 자발적으로 핵 폐기 절차에 들어간다 하더라도 북한이 보유하고 있는 30 개의 핵탄두, 30~60개 핵탄두 제조가 가능한 핵물질, 플루토늄 핵 제조시설, 농축 우라늄 핵시설, 수많은 중-장거리 미사일과 그 제조 시설, 생화학 무기와 제조시설, 기타 관련 자료와 과학자 등 인력의 처리를 완결지으려면 몇십 년이 걸릴지 모른다. 그 긴 세월 동안 우리 국민은 북한 핵의 위협 아래 무방비 상태로 노출되어 있어야 한다.

핵에는 핵으로 대응하는 '핵균형(nuclear parity)' 혹은 '공포의 균형(balance of terror)'이 이루어져야 핵을 가진 일방이 상대방을 공격하지 못한다. 2차 세계대전 이후 핵 보유국들이 상호 핵으로 다른 핵 보유국을 공격하지 못한 이유가 이와 같은 핵무기의 '상호확증파괴(mutual assured destruction)' 논리 때문이었다. 30개 이상으로 추정되는 북한 핵탄두에 노출되어 있는 한국과 한국민들을 북한의 비핵화가 완결될 때까지 긴 세월 아무런 보호막 없이 핵무기의 위협 아래 방치할 수는 없다. 우리 국민의 안위를 위해 우리가 핵무기를 획득하겠다는 주장에는 어느 나라도 반론을 제기할 수 없다. 정부는 핵무기 획득을 위해 필요한 조치를 취해야 한다.

이런 때 북핵 위협에 더하여 그나마 굳건하게 우리의 안보를 뒷받침해주던 한미일 3국 공조체제가 최근 급격하게 약화되고 있다.

◆ 국가안보의 위기

첫째, 한일 관계가 악화일로에 있다.

일제 징용피해자 보상문제와 일본의 수출 규제를 둘러싸고 한일 양국이 정면 대결을 벌이고 있는 가운데 설상가상으로 일본의 수출 규제에 대한 대응으로 문재인 정부가 꺼내든 한일군사정보 보호협정(GSOMIA: General Security of Military Information Agreement) 종료 카드가 미국의 반발을 불러일으키고 있다.

둘째, 한미동맹의 균열이 가속화하고 있다.

대북정책 공조를 둘러싸고 문재인 정부의 남북관계 개선 정책이 트럼프 행정부의 북핵 전략과 엇박자를 빚어 동맹에 균열을 야기한 데 이어, 문재인 정부의 한일 GSOMIA 종료 결정이 미국의 반대에 부딪쳐 한미 동맹이 심각하게 훼손되고 있다. 미국은 처음에는 GSOMIA연장을 권고하더니, 권고가 요구로 강화되었고, 최근에는 압력으로 강도가 높아지고 있다. 미국은 중국의 일대일로를 앞세운 인도-태평양 지역 팽창정책을 저지하기 위해 인도-태평양 전략을 추진 중이다. 인도-태평양 전략의 중심 축의 하나가 한-미-일 공조이기 때문에 미국은 한일 관계의 복원에 지대한 관심을 보이고 있는 것이다. 한미동맹의 균열은 급기야 트럼프 정부가 주한미군 방위비 분담금 5배 이상 카드와 주한미군 철수 카드까지 꺼내 드는 최악의 상황으로 번지고 있다.

우리는 지금 6.25 이후 최악의 안보상황에 처해있다. 이런 시기에 우리는 안보를 위협하는 북한의 핵무기 개발계획에 대해 정확하게 파악할 필요가 있다. 이를 위해 1차 북핵위기 이후 북핵협상 과정을 검토하고, 어디에서 무엇이 잘못되었는지 분석하고, 향후 정세를 전망하는 것이 이 책의 목적이다.

필자가 1993년부터 Korea JoongAng Daily에 기고한 북한관련 칼럼 등 북핵 협상에 관한 자료를 분석하였고, 그 결과를 정리하여 이 책의 전반부를 구성하였다. 그리고 후반부에 필자의 칼럼 39편을 전반부에 제시한 주제에 따라 분류하여 첨부하였다. 필자의 칼럼은 원래 영문이지만 독자의 편의를 위해 국문 번역을 앞에 붙여 관심 이슈에 대한 이해를 넓힐 수 있도록 했다.

25년이라는 긴 세월 우리 국민들의 머리를 혼란스럽게 만들었고, 아직도 끝나지 않은 미완의 공포 북핵 위협에 얽힌 북한의 음험한 적화통일 구상, 강대국 미국, 중국의 자국 이익 중심 접근법, 그리고 우리 정부의 당파적 이익 추구 정책을 이해하는 데 조금이나마 도움이 되었으면 한다.

이 책을 발간하기까지 격려하고 지원을 아끼지 않은 전 동아일보 김정서 논설위원님, 전 Far Eastern Economic Review 서울 지국장 심재훈 선배님에게 깊은 감사의 인사를 드린다. 아울러 그동안 필자의 칼럼을 Korea JoongAng Daily에 게재해 주고, 이번 책자 발간을 지원해 준 Korea JoongAng Daily의 Anthony Spaeth 편집국장, 강태욱 논설실장에게 감사드린다.

2020년 01월

이태원에서 **박성수**

01.

북핵 :

무엇이 문제인가?

'로켓맨' 김정은

도널드 트럼프 미국 대통령 등장 이후 북한 핵 협상은 화려한 외교 이벤트로 변질되었다. 북한 독재자 김정은이 초강대국 미국의 대통령과 일대일 담판을 벌이는 등 국제무대에서 일약 정상급 지도자 대우를 받는 이변을 일으키고 있다. 그렇다고 문제의 본질이 변한 것은 아니다. 북한은 아시아의 최빈국이며 세습독제 국가 일 뿐이다. 아버지 김정일의 뒤를 이어 2011년 북한의 지도자가 된 김정은은 선대의 핵무기 개발 사업을 이어받았다. 그리고 짧은 시간에 핵무기와 미사일 개발분야에서 다대한 성과를 거두었다.

김정일이 2006년과 2009년에 한번씩 2회 지하 핵실험을 한 데 반해, 김정은은 2013-2017년 4년 동안에 4회에 걸쳐 지하 핵실험을 감행하였다. 특히 2017년 9월 실시한 제6차 핵실험은 그 위력이 히로시마에 투하된 원자폭탄의 16배에 이르는 250kt으로 수소 폭탄 급이다. 이로써 북한은 핵탄두의 개발을 완성단계까지 끌어올린 것으로 추정되고 있다.

김정은은 각종 미사일 개발에도 박차를 가해 2017년 미국본토 타격이 가능한 ICBM 화성-14형 미사일을 발사하는 등 장거리 미사일 시험발사에 성공하였고, 잠수함에 탑재해 수중 발사가 가능한 SLBM 북극성-1호의 시험 발사에도 성공하였다. 최근에는 대남 공격용 단거리 미사일 개발에도 힘을 기울여 우리가 보유하고 있는 미사일 방어망으로는 요격이 어려운 최신 러시아제 유도미사일 이스칸데르의 북한판으로 불리는 KN-23, 북한판 에이태큼스(신형 전술지대지 미사일), 신형 대구경 조종 방사포를 비롯 신종 미사일 3종 세트 등 신형무기 개발에도 성공한 것으로 보인다. (출처: 중앙일보 2019.11.1.)

김정은은 2019년 5-10월 5개월간 12회에 걸쳐 중·단거리 미사일과 신형 방사포 20여발을 동해 상으로 발사하여 신형 미사일과 대구경 방사포의 성능실험을 마쳤으며, 이들 미사일을 실전 배치할 것으로 알려지고 있다. 이처럼 핵무기와 신형 재래식 무기 개발에 성공한 북한이 동북아의 군사 균형을 깨트리고, 국제사회의 평화와 안전을 위협하고 있는 것이 작금의 동북아 안보 현실이다.

1994년 북한이 국제원자력기구(IAEA)의 핵 사찰을 거부하고 핵확산금지조약(NPT) 탈퇴를 선언함으로써 시작된 북핵 위기는 올해로 25년이 되었다. 지난 25년간 국제사회는 북한의 핵무기 개발을 저지하기 위해 많은 노력을 기울었다. 그러나 그 결과는 무위에 그친 것으로 보인다. 북한은 그 사이에 핵 탄두 20-30기를 보유하게 된 것으로 추정되며, 추가하여 30-60기의 핵 무기 생산이 가능한 핵물질을 추출하였으며, 다량의 생화학 무기를 보유하였고, 미국 본토에 도달하는 ICBM급 장거리 탄도 미사일을 개발하였다. 또 요격이 어려운 중-단거리 미사일, 잠수함발사 탄도미사일, 대구경방사포 등 동북아 주변국들을 위협하는 군사력을 갖춘 군사대국으로 성장했다.

● 어디서 무엇이 잘못되었나?

그러면 지난 25년간 국제사회가 벌인 노력은 어디에서 무엇이 잘못된 것일까? 북핵 협상의 문제를 규명하기 위해 2003년부터 필자가 Korea JoongAng Daily 에 기고한 북한 핵문제에 관한 칼럼 50여건 등 관련 자료를 분석하고 원인을 찾아보았다. 첫째, 북한이 핵을 보유하려는 동기와 목표는 무엇이며, 국제사회는 이를 정확히 파악하고 대응하였는가? 둘째, 북한이 원한 협상의 당사자는 누구이며, 그 이유는 무엇인가? 셋째, 북한의 협상 전술은 무엇이며, 국제사회의 대응은 적절하였는가? 넷째, 국제사회의 핵개발 저지 전략은 효율적이었는가?

첫째, 질문은 국제사회가 북한이 핵을 보유하려는 동기와 목표를 정확히 파악하고 대처했는지에 대한 의문이다. 파악은 했지만 시행착오를 거쳤고, 그래서 북한에게 핵개발을 완성할 시간을 벌어 준 것이 아닌가 하는 것이다.

1994년 1차 핵위기 때 국제사회는 북한이 핵을 포기하는 대가로 경제적 보상을 원한다고 생각했다. 영변 핵시설을 포기하는 대가로 경수로 2기와 중유 50만톤을 제공하기로 한 1994년 미-북 제네바 기본합의(Agreed Framework between the United States of America and the Democratic People's Republic of Korea)가 그 대표적인 사례다.

그러나 당시 북한이 원한 것은 경제적 보상이 아니었다. 김정일이 원한 것은 북한정권의 안전을 보장받는 것이었다. 북한에게 핵개발은 대외적으로 "그 누구도 우리 공화국을 넘보지 못하게 한다"는 체제 방어 목적이며, 대내적으로 민심을 통제하고 군부의 충성을 보장받는 중요한 선전수단이다. 그 연장선 상에서 미국에게는 북한이 핵개발을 포기하는 대가로 북한에 대한 적대시 정책을 버리라고 주장한다. 적대시 정책 포기 주장은 궁극적으로 미국이 한국전 종전선언을 평화협정으로 바꾸고 주한미군을 철수시키라는 것이다. 그리하여 적화통일 전략에 걸림돌이 되는 미군이 철수한 가운데 한반도에서 전쟁을 일으켜 적화통일을 완수하겠다는 것이다. 그들의 최종 목표다.

김일성은 1950년 한국동란 때 미국이 보유하고 있는 핵무기의 위력 때문에 적화통일을 달성하지 못한 것을 한탄했다고 한다. 그래서 이미 오래 전에 "미국을 공격할 수 있는 핵무기 체계를 갖춘 후 미국의 개입을 염려하지 않는 가운데 한반도에서 전쟁을 벌인다"는 적화통일 전략을 수립했다. 김정일이 김일성 생전에 말하기를 "수령님 대에 조국을 통일하자면, 미국 본토를 때릴 수 있는 능력을 가져야 한다. 그래야 마음 놓고 조국통일 대 사변을 주동적으로 맞이할 수 있다."고 했다.

북한의 목표는 한미동맹 체제를 와해시키고 주한미군을 철수시키는 것이다. 북한이 2018년 판문점 남북정상회담과 싱가폴 미북정상회담에서 정전협정 체제를 종식시키고 평화체제를 구축하는 데 합의한 것은 궁극적으로 주한미군 철수를 주장하기 위한 사전 포석에 해당한다고 할 수 있다.

종전 협정 체제의 종식은 종전 협정의 당사자인 유엔군 사령부의 해체를 의미한다. 유엔군 사령부가 해체되면 유엔군이 해체되고, 유엔군이 해체되면 미군이 한국에 주둔해야 할 명분이 크게 훼손된다. 이를 기회로 국내 반미세력들은 주한미군의 방위비 인상 등을 문제 삼아 주한미군 철수 운동에 박차를 가할 것이다. 주한미군 철수는 한미동맹의 와해를 의미한다.

김일성은 소위 '갓끈 이론'이라는 대남 적화통일 이론을 주장했다. 남한은 한미동맹과 한일공조라는 두 개의 갓끈으로 유지되는데 이 두 개의 갓끈 가운데 하나만 잘라도 갓은 날라가 버린다는 것이다. 이 이론에 따라 북한은 부단히 한미동맹을 와해시키고, 한일공조를 깨트리기 위해 노력해왔다. 동맹을 돈으로 환산하는 트럼프와 일본 재무장을 꿈꾸는 아베 시대를 맞아 북한 김정은은 한미관계와 한일관계를 이간질하여 갓끈 이론을 실현시킬 좋은 기회를 맞이한 셈이다.

북한의 핵개발은 협상용이 아니라, 북한정권의 사활이 걸린 생존전략이다. 국제사회가 이런 사실을 파악하기까지 상당 시간이 걸렸고, 시행착오를 겪었다. 그런 와중에 북한은 핵무기 개발을 완성 단계까지 끌어 올렸고, 장거리 핵무기 운반 수단의 개발까지 마친 것이다.

● 미국과 직거래

둘째, 북핵문제의 당사자는 누구인가? 지역적으로는 북핵의 직접 위협 하에 놓이는 동북아 인접국들이며, 글로벌 차원으로는 핵확산방지 체제를 이끌고 있는 유엔과 미국이라고 할 수 있다.

북한의 핵무장은 필연적으로 동북아지역에 핵확산 도미노를 일으킬 것이다. 특히 한국, 일본은 북한의 핵무기 보유에 직접적인 영향을 받는 국가들이므로 북핵 협상의 당사국으로 나서는 것이 마땅하다. 그러나 지역적 군사위협에 앞서 전지구적 핵확산방지체제 유지가 중요하다. 핵확산방지체제가 유지된다면 핵무기 개발로 인한 지역적 군사력 불균형 문제도 해소될 것이라고 보기 때문이다. 전지구적 핵확산방지체제의 중심에는 유엔이 있다. 그런데 국제기구는 집행 능력이 없기 때문에 핵확산 금지 체제를 이끌고 있는 미국이 북핵 협상의 전면에 나설 수밖에 없다. 실제 유엔이 주도하는 전 지구적 차원의 핵확산방지 체재는 국제사회가 미국의 핵확산 억제 의지에 신뢰를 보내기 때문에 유지된다고 할 수 있다.

실제로 1994년 제1차 북핵 위기 때 미국이 당사국으로 전면에 나섰다. 그런데 북한도 미국과 직접 대화를 원했다. 그 결과 같은 해 10월 21일 제네바 합의가 체결되었다. 북한이 미국과 직접 대화를 원하는 이유는 북한의 적화통일 전략에 따른 것이다. 적화통일 전략은 북한이 핵무기로 미국본토를 위협하면 미국이 북한의 핵 공격 위험을 무릅쓰면서까지 한반도 분쟁에 개입하지 못할 것이라는 상호확증파괴의 논리가 그 핵심이다. 그러므로 북한에게 있어서 핵문제는 어디까지나 미-북 간에 논의할 문제이지, 한국이나 일본이 끼어들 문제가 아니라는 것이다. 중재자 외교, 다자외교, 6자 회담 등 미-북 간 직거래 방식 이외의 접근 방식이 성과를 거두지 못하는 이유가 여기에 있다.

● '비핵화 리얼리티 쇼'로 변질

문재인 정부가 북핵 협상과 한반도 평화정책을 병행해서 추진한다는 구상하에 트럼프 대통령과 북한 김정은 위원장의 정상회담을 추진하면서 비핵화 협상이 '비핵화 리얼리티 쇼'로 변질되었다는 비판에 직면하고 있다. 트럼프 대통령은 김정은 위원장이 결코 비핵화 하지 않을 것을 알고 있으나 개의치 않는다는 것이다. 트럼프 대통령은 실질적인 비핵화 그 자체보다 핵실험과 미사일 시험발사 중단이 자신의 협상력을 보여주는 외교적 성과이며, 정치적 승리라고 주장하며 이를 즐기는 것으로 보인다. 김정은 위원장도 북미협상이 교착상태에 빠져있는 동안에 무력증강을 계속할 수 있기 때문에 손해 볼 것이 없다. 그러므로 김위원장도 당분간은 '비핵화 리얼리티 쇼'가 계속 이어지도록 할 것이다.

그러나 차관보 급 실무회담을 톱 다운 방식의 정상회담으로 격상시킴으로써 야기되는 문제들이 향후 북핵 협상의 전망을 어둡게 한다. 비핵화라는 본질보다 트럼프 대통령의 국내정치 목표에 따라 협상의 결과가 좌우될 가능성이 크기 때문이다. 당초 목표로 하고 있는 최종적이고 완전하고 검증 가능한 비핵화(Final, Fully Verified Denuclearization: FFVD)에 훨씬 못 미치는 수준에서, 심지어 "핵동결"을 묵인하는 선에서 협상이 타결될 가능성도 점쳐지고 있다.

셋째, 북한은 다양한 협상 전술을 구사한다. 무력시위와 위장평화공세를 수시로 바꾸어 가며 구사한다. 핵 무기 등 대량 살상 무기의 개발, 핵 실험, 각종 미사일 발사 등 무력시위로 위협하다가 상황이 바뀌면 협상 장으로 나와 위장 평화공세를 펼친다. 위장 평화공세 이외에도 벼랑 끝 전술, 지연전술, 살라미 전술, 통미 봉남, 한국 패싱 등 북한은 수시로 협상 전술을 바꾼다.

북한은 1994년 '서울 불바다' 발언으로 위협의 수위를 높이는 등 벼랑 끝 전술을 구사하였다. 그러나 미국이 북한 핵시설에 대한 정밀타격(surgical attack)을 위해 한반도 해역에 항모 전단을 파견하는 무력 대응으로 전환하자, 김일성은 1994년 6월 지미 카터 전 미국대통령을 평양에 초청하여 환대하고 카터를 통해 핵폐기 의사를 발표하는 평화공세를 펼쳤다. 그리고 위기를 넘겼다.

김정일은 2006년 1차 핵실험 이후 국제여론이 악화하자 2007년 6월 영변 원자로 냉각탑을 폭파하고, 영변 핵시설 일부를 폐쇄하는 등 유화 제스처를 취했다. 또한 IAEA 검증단의 핵시설 접근을 허용하고, 핵 연료봉을 제거하는 핵 불능화 작업도 재개하는 등 비핵화에 협조적인 자세를 취하는 평화공세로 전환했다.

그러나 김정은은 2016-2017년 3차례에 걸쳐 핵실험을 감행하고, 미국 본토를 겨냥하는 ICBM을 발사 하는 등 도발의 수위도 높였다. 그러나 무력시위에도 불구하고 미국이 최대 압박(Maximum Pressure) 정책을 강화하여 북한 경제의 숨통을 조여 들어오자 평창올림픽에 참가하면 한미연합군사훈련을 연기하겠다는 문재인대통령의 제의를 받아들여 평창올림픽에 선수단을 파견하는 등 평화공세로 전환하였다. 그 결과 북한은 선수단, 미녀 응원단, 공연단, 김정은의 여동생 김여정을 필두로 하는 대표단 등 많은 인원을 파견하여 평창동계올림픽을 북한 체제를 미화하고 선전하는 체제선전의 장으로 이용하는 효과를 거두었다. 그리고 '올림픽 휴전' 기간 중(2018년 2월 2일부터 3월 25일까지) 한미연합군사훈련이 연기되어 군사적 부담이 완화되는 효과를 누렸다. 거기에 더하여 ICBM 탄두의 대기권 재진입 시 극복해야 할 기술적 문제를 완성시킬 시간을 버는 효과까지 거두었다.

북한은 지난 25년간 한편으로는 강-온 양면의 협상전략을 구사하는 비핵화 협상을 수행하면서, 다른 한편으로는 은밀하게 핵개발을 추진하는 '이중 전략'을 구사하였고, 협상을 통해 시간을 버는 지연전술을 통해 핵개발을 완성하고 신형 미사일 등 재래식 무기개발에도 성공하였다.

북한의 다양한 협상 전술에 국제사회가 적절히 대응했다고 볼 수 없다. 국핵문제를 외교적으로 해결하기 위해서는 우선 북한을 협상의 장으로 불러들여야 했으므로 여기에 관심을 집중했다. 때문에 북한의 위장평화공세 등 이중 전략에 넘어가기 쉽다는 약점을 가지고 있었다. 그리고 국제사회는 협상과 핵 개발을 동시에 추진하는 북한의 이중 전략을 탐지하더라도 이를 저지할 대응 수단를 갖추고 있지 않다. 북한이 비밀리에 추진한 핵무기와 미사일 개발 활동을 위성사진을 통해 탐지할 수는 있으나, 이를 저지할 수단은 많지 않은 것이 현실이다. 위반 사례가 탐지되면 이에 항의하고 유엔안보리에서 제재 결의를 채택하는 것 이외에 실질적으로 이를 저지할 마땅한 수단이 없다.

● 환적 저지

유엔 결의안에 입각한 경제제재측면에서 잘 이행 되고 있는 것은 공해상에서 북한 선박과 제3국선박의 '선박 대 선박' 환적을 저지하는 활동이다. 해상 환적은 유엔 안보리 결의 위반에 해당한다. 미국 국방부에 따르면, 미국은 2017년 10월부터 12월 말까지 동중국해에서 북한의 불법 해상 환적 감시를 시작해 30차례 불법 환적을 중단시켰다고 한다. 나아가, 미국은 2018년 7월 안보리 산하 대북제재위원회에 보낸 문서에서 "북한이 2018년 1월부터 5월까지 총 89차례에 걸쳐 해상에서 환적을 통해 정제유를 불법 취득했다"고 밝혔다.

하노이 회담 결렬 이후 미군은 더 적극적으로 해상 제재에 나서고 있다. 미군 인도-태평양사령부가 작전을 총괄 통제하며 일본이 작전기지를 제공한다. 영국, 호주, 캐나다, 뉴질랜드, 프랑스도 동참한다. 미국을 중심으로 7개국이 참가하는 대북 해상 제재가 본격화하고 있다. 한국은 해양경찰이 미국과 합동 훈련하는 수준에서 소극적으로 참가하고 있다. 그러나 북한 선박의 불법 활동은 근절되지 않고 있다.

넷째, 미국 등 국제사회의 북핵 저지 전략은 무엇인가? 북핵 저지 전략은 채찍과 당근으로 대표되는 제재와 회유정책이다. 채찍은 유엔의 대북제재결의 채택을 통해 실시하는 국제 제재와 회원국들이 개별적으로 취하는 양자 제재가 있다. 당근은 북한의 핵개발 포기에 대한 경제적 보상책과 체제 안전 보장 조치들이다. 국제 제재에는 경제 제재, 금융제재, 봉쇄, 무력 시위 등 모든 비군사적 조치가 포함된다.

북한이 1차 핵실험을 실시한 2006년부터 6자 핵실험을 감행한 2017년까지 유엔은 북한의 핵과 미사일 개발을 규탄하는 대북 제재 결의 9건을 채택했다. 유엔에서 대북 제재 결의가 채택되면 그 다음 단계는 유엔제재를 실행에 옮기는 일이다. 이 때 중요한 것은 국제공조가 이루어져야 한다는 점이다. 그동안 유엔 제재가 실효를 보지 못한 주원인은 중국이 국제공조에 적극 가담하지 않았기 때문이었다. 경제적 대북제재가 실효를 거두려면 북한과 교역량이 많은 중국이 북한에 대한 식량과 석유의 공급을 중단해야 하는데 중국은 전통적인 우방 국가인 북한에 대한 지원 중단을 꺼리는 것이다. 그 결과 모든 유엔 회원국들의 참여를 전제로 하는 경제제재, 경제봉쇄는 대부분 실효를 거두지 못하거나, 제한적인 효과를 거두는 데 그쳤다.

● 문재인 정부의 국제공조 위반

2018년 이후 대북 제재의 국제공조를 어기는 국가는 뜻밖에 한국이다. 문재인 정부는 2017년 출범 이래 한반도 평화 프로세스에 입각하여 대북 제재완화와 남북경협 추진 등 대북 유화정책을 주장하여 미국이 주도하는 북핵 협상 전략과 마찰을 빚고있다. 특히 2019년 2월 하노이 정상회담 결렬 이후 북한이 아무런 비핵화 조치를 내놓지 않고 있는데 3.1절 경축사를 통해 "개성공단과 금강산 관광 재개를 미국과 협의하겠다"고 공언하였다. 그것은 북한 김정은이 신년사에서 "조건 없는 개성공단과 금강산 관광 재개'를 요구한 데 대한 화답이었다. 문 대통령은 국가안전보장회의 석상에서 북한의 부분 경제제재 해제 요구를 긍정 평가하고, 영변 핵 시설을 폐기하면 되돌릴 수 없는 비핵화가 이루어진다고 주장하는 등 국제사회의 북핵 저지 노력에 역행하는 주장을 펼쳐 미국과 국제사회로부터 신뢰를 상실하였다.

2005년 미국 재무성은 마카오 소재 방코 델타 아시아(Banco Delta Asia)가 북한의 달러화 위조 및 불법 자금 돈세탁에 관련된 의혹이 있다고 하면서 BDA에 예치되어 있는 2500만 달러의 북한 계좌를 동결하였다. 이 조치는 즉각적인 제재 효과를 가져왔다. 동결조치는 BDA에 국한된 것이었지만 눈치를 보던 다른 지역 은행들도 북한과의 거래를 중단하여 북한 경제에 심대한 타격이 가해졌기 때문이다. BDA 계좌 동결조치가 내려지자 북한 외무성 부상 김계관은 "피가 얼어붙는 듯한 느낌"이라고 어려움을 실토하기도 했다. 이것이 선례가 되어 미국은 유엔제재를 위반하거나 미국의 독자 제재를 위반하는 제재 대상 국가와 거래하는 제3국의 개인이나 기업, 은행, 정부 등에 대해서도 제재를 가하는 2차 제재(Secondary Boycott)을 시행하고 있다.

'최대 압박과 관여(Maximum Pressure and Engagement)정책'은 북한이 핵과 미사일 프로그램을 포기하도록 경제적, 외교적 압박을 최대한으로 가하면서, 동시에 북한과의 대화의 문도 열어 놓겠다는 트럼프행정부의 대북정책이다. 최대압박에는 경제제재, 금융제재, 봉쇄, 비전투적인 군사 압력 등 모든 형태의 제재와 압력이 포함된다. 지금까지 채택된 모든 유엔 제재와 각국이 개별적으로 북한에 내린 금융, 경제, 통상관련 제재조치를 북한이 비핵화를 완료할 때까지 최대한으로 추진하고, 전방위에서 압력을 가하는 정책을 말한다. 북한은 하노이 미-북 회담 때 노골적으로 미국 측에 최대압박(Maximum Pressure)를 완화해 줄 것을 호소하기도 했다.

핵개발을 완성하였다고 큰소리치는 김정은이 싱가폴회담에 이어 기차를 타고 사흘을 달려 하노이회담에 나온 이유인 동시에 김정은이 트럼프에게 "아름다운" 편지를 보내는 등 아첨을 하는 이유는 최대압박(Maximum Pressure)에서 벗어나야 한다는 절실한 경제적 필요 때문이다.

● 협상이 성과를 거두지 못한 4가지 이유

북핵 협상이 소기의 성과를 거두지 못한 이유는 다음과 같다.

첫째, 국제사회는 북한이 핵을 보유하려는 동기를 파악하는 과정에 시행착오를 일으켜 시간을 낭비했다.

둘째, 국제사회는 북한이 협상 상대로 미국을 선호하는 이유가 북한의 적화통일 전략의 일환이라는 사실을 간과하는 오류를 범했다.

더 큰 문제는 문재인 정부가 북핵 협상과 한반도 평화정책을 병행해서 추진한다는 구상 하에 트럼프 대통령과 북한 김정은 위원장의 정상회담을 추진하면서 북핵 협상이 톱다운 방식의 정상회담으로 변질되었다는 것이다. 미국 NBC방송 리얼리티 쇼 "어프렌티스(The Apprentice)"의 사회를 맡던 트럼프가 무대의 전면에 등장하면서 비핵화 협상은 '비핵화 리얼리티 쇼'로 변질되었다고 해도 과언이 아니다. 협상의 본질인 비핵화는 뒷전으로 밀려나고, 세계 언론의 각광을 받는 정상회담 쇼가 되었고 트럼프 대통령의 국내정치 목적에 맞추어 비핵화의 수준이 결정될지도 모르는 지경에 이른 것이다.

셋째, 국제사회는 협상과 핵개발을 병행하는 북한의 이중 전략, 지연전술을 간파하지 못했다.

특히 미국의 협상지지파들은 무조건 대화를 하면 진전이 있다고 생각하며,

협상의 진전을 위해 북에 압력을 행사하는 것도 반대한다. 그러나 북한에게 협상은 2보 전진을 위한 1보 후퇴에 불과하다. 북은 협상을 진행하면서 핵개발을 병행하는 이중 전략을 통해 수소폭탄 급 핵무기를 개발하고, ICBM급 장거리 탄도 미사일, 다양한 성능의 중-단거리 미사일을 보유한 사실상의 핵보유국이 되었다.

넷째, 미국은 최근에 들어서야 2차 제재(Secondary Boycott)와 최대압박(Maximum Pressure) 정책 등 효과적인 대북 제재 전략을 구사하기 시작하였다.

미국은 최근에야 제재를 위반하는 개인이나 금융기관이 미국 금융기관과 거래를 하지 못하게 하는 2차 제재(Secondary Boycott)을 구사하기 시작했다. 또한 지금까지 채택된 모든 유엔 제재와 각국이 개별적으로 내린 금융, 경제, 통상관련 제재조치인 양자 제재를 북한이 비핵화를 완료할 때까지 최대한으로 추진하고, 전방위에서 압력을 가하는 최대압박(Maximum Pressure) 정책과 같이 효과적인 제재 전략을 구사하기 시작하였다.

● 북한이 등돌리는 한반도 평화 프로세스

반면에 문재인 정부는 한반도 평화 프로세스에 입각한 대북 유화 제스처를 고집하여 국제사회와 마찰을 빚고 있다. 유엔의 대북제재 완화 없이는 추진이 불가능한 남북 철도 및 도로연결사업, 개성공단 재가동, 금강산관광 재개 등을 단독으로 발표하는가 하면, 미국의 반대에도 불구하고 개성에 남북공동연락사무소를 개설하는 등 북한의 비위를 맞추기 위해 최대한 노력하는 모습이다. 그러나 문재인 정부의 대북 유화 제스처는 오히려 역효과를 거두고 있다. 북한은 이런 문 대통령을 비하하는 발언을 서슴지 않는다:

"오지랖 넓은 중재자, 촉진자 행세를 할 것이 아니라 민족의 일원으로서 제정신을 가지고 제가 할 소리는 당당히 하면서 민족의 이익을 옹호하는 당사자가 되어야 한다" [김정은 위원장 시정연설 (2019년4월)]

● 뻔뻔한 문재인

문 대통령이 남북경협으로 평화경제를 추진하겠다고 한 데 대해서는 "삶은 소대가리도 앙천대소(웃을)할 노릇"이라고 했다. 북한과의 대화를 강조한 문 대통령을 향해서는 "사고가 과연 건전한가 의문"이라며 "정말 보기 드물게 뻔뻔스러운 사람"이라고 했다. 한반도 평화 프로세스에 입각한 대북 화해 제스처는 국제공조와 마찰을 빚어 국제사회로부터 배척받고, 북한으로부터도 멸시와 타기의 대상이 되고 있다.

고위 협상전문가들이 참가하던 북핵 협상이 2018년 싱가폴 회담부터 김정은 위원장과 트럼프 대통령이 참석하는 정상회담으로 격상된 것도 문제를 어렵게 만들고 있다. 톱다운 방식의 정상회담은 때로는 어려운 현안을 일괄 타결하는 방법이 될 수 있다. 그러나 북-미정상회담은 북핵 협상을 세계 언론의 각광을 받는 화려한 외교 이벤트로 변질시켰고, 비핵화라는 협상의 본질은 뒷전에 밀어 둔 채, 양국 정상의 국내 정치적 필요에 따라 비핵화의 수준이 결정될 위기에 처해 있다.

이제 북핵 협상은 막바지에 이르렀고, 미국과 국제사회는 UN제재 이외에 2차 제재(Secondary Boycott)와 최대압박(Maximum Pressure)라는 효과적인 제재 전략도 구사하게 되었다. 그러나 북한은 완성단계에 도달한 핵무기와 장거리 미사일 등 운반체의 개발을 마친 상태에서 모든 것을 잃는 포괄적 비핵화를 받아들일 준비가 되어있지 않다. 반면 트럼프는 김정은에게 경제적 풍요를 누리는 밝은 북한의 장래를 보여주면 김정은이 핵을 포기할 것이라고 생각하는 듯하다. 그래서 싱가폴 북미정상회담 시에 김정은에게 북한의 미래를 보여주는 영상을 보여주고 김정은이 바른 선택을 하면 전대미문의 번영을 누리게 될 것이라고 유혹하기도 했다.

● 핵 동결 – 사실상(de facto) 핵 보유국 인정

그러나 김정은의 속내는 그보다 훨씬 복잡하다. 김정은은 상업적 거래에 익숙한 트럼프와 조건을 잘 맞추면 영변 핵시설 등 일부 핵 시설의 폐쇄를 북한 경제의 숨통을 막고 있는 UN제재의 해제와 맞교환할 수 있을 것이라고 생각한다. 그리고 이미 보유하고 있는 핵을 현상태에서 동결하는 선에서 비핵화에 합의하는 것도 가능하다고 생각하고 있다. 그렇게 되면 북한은 인도와 파키스탄과 같은 비공식 핵보유국이 될 것이다.

이와 같이 정상회담에 임하는 양 정상이 상정하는 비핵화의 목표가 현저하게 다르다는 사실이 2019년 2월 하노이 정상회담에서 노출되었다. 이후 어렵게 성사된 실무회담에서도 양측의 이견은 좁혀지지 않았다. 북한은 연말까지 시한을 정하고 미국 측에게 "새로운 계산법"을 들고 나오라고 요구하고 있다. 북한은 트럼프 행정부가 대통령 선거 승리를 위해 북한과의 합의를 열망하는 것으로 믿는 것 같다. 하지만 연말까지 북한이 원하는 타협안을 제시하지 않더라도 북한이 실제로 핵무기나 대륙간탄도미사일 ICBM을 실험하지는 않을 것으로 보인다. '핵 실험과 ICBM 시험 발사 중지가 유지될지는 전적으로 미국에 달려 있다'는 발언은 미국에 압력을 가하기 위한 협상 전략이다. 북한은 핵 실험과 ICBM 발사를 감행하면, 미국과 대화가 완전히 끊길 것을 잘 알고 있을 것이다.

이제 막바지에 이른 북핵 협상이 중대 기로에 섰다. 대선 승리는 차치하고 우선 탄핵의 낭떠러지를 피하기 위해 트럼프 대통령이 북핵 타결이라는 외교 트로피를 거머쥐려 하면 영변핵시설과 장거리 미사일 관련 등 일부 핵시설을 폐쇄하는 대가로 북한이 보유하고 있는 핵의 동결을 묵인해주는 타협안을 추진할 가능성이 거론되고 있다. 그렇게 되면 북한은 핵보유국 반열에 오르게 된다. 북한이 사실상(de facto) 핵보유국이 되면 국제사회는 더 이상 미국의 핵 확산 억제 의지에 신뢰를 보낼 수 없게 된다.

● '한 – 일 양국의 핵무장'

트럼프 대통령이 북핵문제를 미국 국내정치 목적에 이용하려 한다면 국제사회는 미국이 주도하는 북핵문제 해결방안에 동의하지 않을 것이며, 북핵 피해의 직접 당사국인 한국과 일본이 북핵 협상의 전면에 나서지 않을 수 없게 될 것이다. 그때 한-일 양국은 북한과 중국을 향해 "북한의 비핵화"와 "한-일 양국의 핵무장" 중 어느 쪽을 선택하겠느냐고 압박해야 한다. 우리는 지금 동북아 4국이 핵무기로 서로 위협할 수 없는 힘의 균형 상태가 확립되는 "상호확증파괴"의 균형으로 가는 경우에 대비해야 한다. 북한이 사실상 핵 보유국이 되면 한국과 일본은 자체적으로 핵무기를 개발하여 핵무기 보유국이 되거나, 아니면 독일식으로 일부 핵무기의 발사 스위치를 미국과 공유하는 나토(NATO)식 핵 공유국이 될 수밖에 없다.

02.

북한의 핵개발 :

무엇이 목적인가?

'로켓맨' 김정은

핵무기는 유사시 한국군의 질적 우세와 한국의 경제력 우위를 무용지물로 만들 수 있는 압도적인 비대칭 전력이다. 한미동맹은 한국이 북한으로부터 핵공격을 당하는 경우 동맹국인 미국이 북한을 핵으로 응징할 것이라는 약속, 즉, 핵 우산을 제공하고 있는 것이다. 따라서 북한이 실제로 핵무기를 사용하는 것은 억제될 것이다. 그러나 핵우산은 북한이 실제 핵무기를 쓰지 않으면서 핵을 앞세워 위협을 가하거나 국지 도발을 저지르는 경우에 어떻게 대응할 것인가는 분명하지 않다. 따라서 우리는 스스로 안보를 튼튼히 하는 자주국방 태세를 갖출 필요가 있다.

● **경제적 보상 – 전력난**

1차 핵위기 당시 미국을 위시한 서방세계는 북한의 핵개발 동기가 경제적 보상에 있다고 판단했다. 극심한 전력난에 시달리고 있는 북한이 중유 50만톤 공급과 전력생산을 위한 경수로 2기 건설 지원에 동의하고 제네바 기본합의에 서명하였기 때문이다.

사실 북한은 70년대 중반부터 한국이 발전용 원자로 3개를 가동하고 있는 것을 부러워했다. 그래서 1985년 소련을 설득해 소련의 최신 모델 경수로를 전력생산용으로 제공 받기로 약속 받았다. 소련은 경수로 제공의 조건으로 핵확산금지조약 (Nuclear Non-proliferation Treaty, NPT) 가입을 권유했고, 북한은 1985년 12월 NPT에 가입했다. 북한은 조약에 가입한 이후에도 비밀리에 핵무기 개발을 계속할 수 있을 것으로 판단했던 것으로 보인다. 그러나 NPT에 가입한 국가는 국제원자력기구(IAEA)의 핵 안전조치협정(Nuclear Safeguards Agreement)에 가입해야 하고, 핵물질의 이동, 보관, 재처리 과정에 대한 엄격한 사찰을 받아야 한다. 또한 NPT가입 후 18개월 이내에 IAEA와 안전조치 협정을 맺어야 한다. 그런데 북한의 협정 체결이 지연되었다.

● 사용 후 핵연료

미국은 북한이 경수로 프로젝트와 별도로 추진한 영변의 흑연 감속로 시설들을 위성으로 감시하고 있었다. 1989년, 미국은 북한이 영변 5메가와트 원자로의 가동을 중단했음을 파악했다. 무기급 플루토늄을 생산하려면 원자로를 세우고 연료봉을 꺼내서 사용 후 연료를 채취해 재처리를 해야 하는데, 북한이 원자로의 가동을 중단한 것이다.

미국 정보당국은 북한이 사용 후 핵 연료를 채취하도록 방치하면 1992년경부터 원자폭탄을 생산할 수 있는 수준의 플루토늄 생산이 시작될 것이라고 판단했다. 그래서 소련과 중국에 이 사실을 통보했고, 한국도 3개월쯤 뒤에 이 사실을 알게 됐다. 그리고 그해 9월 주요 언론들은 프랑스의 상업위성 SPOT 2호가 촬영한 영변 핵시설 위성사진을 게재했다. 이렇게 해서 북한의 핵문제가 국제무대에 등장하게 되었다.

북한의 핵무기 개발 목적은 북한정권의 체제 보장, 핵 보유국 지위 확보, 한미동맹 와해 3가지로 분석된다. 최근 북한이 비핵화에 대한 보상으로 제재해제를 요구하고 있어서 제재해제가 핵개발의 목적인 것처럼 오해를 일으킬 수 있다. 그러나 제재해제는 핵개발의 목적이 아니다. 북한이 비핵화에 대한 대가로 요구하는 협상의 요구조건이다. 핵개발에 대한 징계 차원에서 국제사회가 부과한 각종 제재를 비핵화의 대가로 해제하라고 요구하는 것이다.

● 제재 해제

북한이 성실하게 비핵화를 이행한다면 그리고 그 대가로 제재해제를 한다면, 국제사회는 손해 볼 것이 없다. 제재해제는 북한에 무엇을 주는 것이 아니고 못하게 금지하고 있던 것(예: 광물, 수산물, 섬유류 등의 수출금지)의 금지조치를 풀어주는 것이기 때문이다. 그러므로 북한은 북한이 취해야 할 비핵화 조치는 불가역적인데 반해 그 대가로 국제사회가 북한에 해주는 제재해제와 체제보장 조치는 언제든지 되돌릴 수 있는 가역적인 조치라고 주장한다.

반면 국제사회는 제재를 해제하면 북한에 외화가 유입되고, 석유 등 전략물자가 공급되는데 그 외화와 전략물자가 북한의 핵개발에 이용될 가능성이 크기 때문에 제재해제에 신중한 입장이다. 같은 이유로 미국은 문재인 정부가 개성공단과 금강산 관광을 재개하는 등 남북교류를 추진하는 정책에 반대한다.

가. 북한정권의 안전 보장

첫째, 핵무기 개발은 북한정권의 체제 안전을 보장하기 위한 생존전략이다. 북한에게 있어 핵무기 개발은 경제적 보상과 바꿀 수 있는 협상의 대상이 아니고 정권의 안전을 위한 생존전략이다.

북한은 한국동란 당시 미국의 핵무기 사용 위협을 경험한 바 있고, 이후 30여 년간 주한미군이 보유한 전술 핵무기에 대응하기 위해 노력하면서 핵무기의 위력을 실감하여 왔다. 북한은 미국이 핵무기로 공격하는 일이 실제로 일어날 수 있다고 생각했고, 같은 맥락에서 한-미 연합 군사훈련을 현실적인 위협으로 받아들였다.

● '리비아식 핵 포기' 거부

북한은 리비아가 핵을 포기했기 때문에 서방국가의 공습 대상이 되었다고 주장한다. 조선중앙통신은 외무성 대변인을 인용해 "리비아식 핵포기 방식이란 안전보장과 관계개선이라는 사탕발림으로 상대를 얼러 넘겨 무장해제를 성사시킨 다음 군사적으로 덮치는 침략 방식이라는 것이 드러났다"라고 주장했다. 그리고 북한이 2003년 '리비아식 핵포기'를 거부한 것은 올바른 선택이었고, "우리(조선)가 선택한 선군의 길은 천만번 정당하고 그 길에 마련된 자위적 국방력은 조선반도에서 전쟁을 막고 평화와 안전을 수호하는 더 없이 소중한 억제력이 되고 있다"고 자랑을 늘어놓았다.

그러나 카다피가 비극적 말로를 보게 된 것은 핵을 포기했기 때문이 아니라 무고한 시민 수천 명을 무차별적으로 학살한 데 대한 시민들의 저항과 국제사회의 응징 때문이었다. 자스민 혁명으로 불린 2010년 말 튀니지에서 시작된 반정부 시위는 이집트를 거쳐 2011년 2월에는 리비아로 전파됐다. 벵가지를 중심으로 카다피 독재에 대한 저항이 확산되자 카다피는 군을 동원, 무차별 학살을 감행해 사상자가 수천 명에 달했던 것이다. 이에 유엔 안보리는 2011년 3월17일 결의 1973호를 채택, 회원국들로 하여금 "민간인 및 민간인 밀집지역 보호를 위하여 필요한 모든 조치를 취할 것"을 인가했다. 이에 따른 NATO의 공습으로 카다피 군이 궤멸하고, 카다피는 시민군에 체포돼 피살됐다.

리비아에 대한 NATO 공습은 정부가 자국민을 보호할 의지나 능력이 없을 경우 국제사회의 인도적 개입을 허용한다는 국제법상 '보호책임' 원칙을 처음으로 실행에 옮긴 것으로 평가된다. 여기서 주목할 점은 민간인 대학살이 없었더라면 리비아는 핵무기 등 대량살상무기 포기 이후 보통 국가로 전환해 번영을 추구할 수 있었을 것이다.

● **민심을 통제하고 군부의 충성 보장**

북한은 이런 위협에 대응하기 위해 스스로 핵무기를 보유함으로써 대외적으로는 미국을 위시한 외세의 군사 압력에 대항할 '억지력'을 갖출 수 있다고 판단한 것이다. 대내적으로 핵무기는 강성대국의 상징이자 체제 결속을 다지는 정치적 수단이다. 북한 정권은 핵무기를 앞세워 "그 누구도 우리 공화국을 넘보지 못한다"는 논리를 펴서 민심을 통제한다. 그리고 각종 물자와 군비 부족에 시달리는 북한군이 패배주의적 사고에 빠지지 않도록 사기를 북돋우는 도구로 활용한다. 즉, 핵무기는 민심을 통제하고 군부의 충성을 보장하는 중요한 선전 수단인 것이다.

북한은 '공포의 균형' 논리에 입각해 "우리가 핵 무기를 보유하고 있는 한, 핵실험을 재개하고 ICBM을 발사한다 한들, 적들이 우리를 저지하기 위한 대응책 가운데 군사 조치는 고려의 대상이 될 수 없다"는 신념으로 핵무기 개발에 전념하고 있다. 결국 핵개발은 김정은과 북한 군부가 계획했던 것처럼 북한 정권의 존립을 위한 필수 전략이 되었다. 북한 지도부는 처음부터 핵무기를 포기할 의사가 전혀 없었다. 북한 핵 문제를 협상과 타협을 통해 해결하려고 한 것은 잘못이었다.

나. 핵 보유국 지위 확보

둘째, 핵 무기 개발에 본격 착수한 1980년대 이후 북한의 1차 목표는 파키스탄과 같은 핵 보유국 지위를 확보하는 것이었다. 파키스탄은 비밀리에 핵무기를 개발한 후 국제사회의 반대를 뚫고 핵 보유국이 되었다. 국제사회는 파키스탄을 핵 보유국으로 인정하지 않지만 이를 문제삼아 강도 높은 제재를 가하는 것도 아니다.

미국은 1980년대에 파키스탄이 핵실험을 하지 않는 한 핵개발에 간섭하지 않겠다고 암묵적으로 합의해 주었다. 소련이 아프가니스탄을 침공하면서 파키스탄의 전략적 가치가 커진 것도 하나의 이유였다. 전쟁이 끝나자 미국은 파키스탄의 핵무장에 압력을 행사했지만 이미 파키스탄은 상당한 수준의 핵개발을 이룬 상태였다. 미국은 이런 파키스탄과 손을 잡고 대테러 연합전선을 구축하기도 했다. 파키스탄이 미국에게 "도움이 되는 나라"라는 전략적 가치를 인식시켰던 것이다.

● 미국의 암묵적 인정

실제 파키스탄은 미국의 대테러 활동에 협력하는 것 외에도 중국을 견제하는 역할을 수행하여 미국의 전략적 파트너로 활약해왔다. 북한이 파키스탄의 예를 따라 트럼프 대통령으로부터 핵 보유에 대해 암묵적으로 인정을 받는 시나리오에 관심이 높은 것도 이런 이유 때문이다.

앞서 파키스탄은 1990년대 중반부터 라이벌 국가 인도가 아프가니스탄에서 영향력을 행사하는 것을 견제하기 위해 반군 단체 탈레반을 지원해왔다. 전 미국 대통령 버락 오바마 정부는 파키스탄을 구슬리기 위해 연간 30억 달러(약 3조 5000억 원) 규모의 막대한 군사·경제적 지원을 파키스탄에 쏟아 부었지만, 파키스탄과 탈레반의 밀월관계를 끊어내지는 못했다. 이후 트럼프 정부 들어 미국은 파키스탄을 '테러 지원국'이라고 비난하면서, 파키스탄에 대한 국제적 금융제재를 모색해왔다. 대(對)파키스탄 지원금도 전임 오바마 정부에 비해 대폭 삭감했다. 지난해 11월 트럼프 대통령은 트위터에 "파키스탄은 미국으로부터 수십억 달러의 지원금을 받아 챙겨놓고 우리를 위해서는 아무것도 해주지 않는다"고 비난했다. 그러나 불과 한 달 뒤, 미국 정부의 정책 방향은 급변했다. 트럼프 대통령은 임란 칸 파키스탄 총리에게 서한을 보내 탈레반 평화협상 지원을 요청하고 나섰다. 트럼프 대통령의 아프가니스탄 고위 특사 잘마이 칼릴자드는 지난 9월 특사로 임명된 이후 8차례나 파키스탄 수도 이슬

라마바드를 방문했으며, 그가 탈레반과 협상을 진행하는 과정에 파키스탄 당국의 상당한 지원을 받은 것으로 알려졌다.

파키스탄은 지난 20여 년간 핵실험을 하지 않았지만 현재 100개 이상의 핵탄두를 보유 중인 것으로 추정된다. 파키스탄은 핵 프로그램의 보유 문제 혹은 핵확산방지조약(NPT) 서명 거부와 관련해 제재를 받지 않았다. 그러나 파키스탄은 북핵 개발에 깊게 개입했다. 구체적으로 베나지르 부토 파키스탄 총리가 방북 길에 핵폭탄 디자인을 평양에 팔아 넘겼다는 서방 첩보를 인용한 보도도 있었다.

● 이스라엘의 NCND

이스라엘도 묵시적 핵보유국이다. 이스라엘은 핵무기 보유 여부에 대해 시인도 부인도 하지 않는 애매모호한 입장을 고수하고 있다. 그럼에도 불구하고 이스라엘이 200여 기의 핵무기를 보유한 핵무장 국가임은 부인할 수 없는 사실이다. 이스라엘은 중동 각국으로부터 생존권을 지키고 더 이상 약자로 보이지 않기 위해 핵무장을 하는 반면 자신들을 약자로 만들 가능성이 있는 상대방은 어느 나라가 되었든 핵무기 보유를 용납하지 않는다.

북한은 2005년 핵보유를 선언하였고, 2008년 6월 6자회담에 제출한 핵 신고서에서 6자회담 참가국들이 북한을 핵 보유국으로 인정해 줄 것을 요구했으나 거부 당했다. 그로부터 10년이 지난 2018년 6월 12일 싱가폴에서 개최된 제1차 미-북정상회담에서 북한이 한반도주변국에 위기감을 주지 않는 범위에서 트럼프 대통령으로부터 핵 보유에 대해 암묵적인 인정을 받아내려 했다.

● '전혀 다른 셈법'

  김정은 위원장이 하노이 회담 결렬 후 미국이 '전혀 다른 셈법'으로 나오지 않으면 더 이상 협상에 연연하지 않겠다는 뜻을 밝힌 터라 트럼프 대통령이 김정은 위원장에게 어떤 셈법을 제안할 것이냐가 관심의 초점이다. 뉴욕타임스는 2019년6월30일 'In New Talks, U.S. May Settle for a Nuclear Freeze by North Korea" 제하 기사에서 미국이 북한의 완전하고도 불가역적인 비핵화라는 선으로부터 현 수준에서 핵동결을 통해 암묵적으로 핵보유국으로 인정하는 선으로 방향을 선회했을 가능성이 있다고 보도했다.

  뉴욕타임스는 "김 위원장에게 DMZ에 잠시 들러 "안부 인사나 나누자"라는 트럼프 대통령의 트위터 제안으로 시작된 판문점 회담 몇 주 전에, 새로운 협상의 토대를 마련할 수 있기를 바라는 마음에서 트럼프 행정부 내부에서 새로운 구상이 형성되고 있었다."며 "그 구상은 본질적으로 현 상태를 고려해 북한을 암묵적 핵 보유국으로 수용하는 핵 동결을 인정하는 것"이라고 밝혔다. 뉴욕타임스는 "그 방식은 핵무기 숫자가 증가하는 것을 막을 수는 있지만, 적어도 20개에서 60개로 추산되는 현재 보유하고 있는 핵무기를 없애지 못할 뿐아니라 북한의 미사일 능력을 막지도 못할 것"이라고 추정하였다.

다. 한미동맹 와해시키고 적화통일 달성하기

  셋째, 북한이 핵을 개발하려는 이유는 적화통일 목표를 달성하기 위해 한미동맹을 와해시키고, 주한미군을 철수시키기 위한 것이다.

  한-미 동맹과 한-일 공조 가운데 어느 것 하나라도 훼손되면 한국의 안보는 위태로워진다. 북한이 핵을 개발하고 미국 본토를 노리는 ICBM을 개발하는 궁극적인 목적은 한반도 유사시 핵무기로 미국 본토를 위협함으로써 한미동맹에 의해 미국이 한반도 사태에 자동개입하는 것을 저지하려는 데 목적이 있다.

● 대북 적대정책 철회

북한은 핵 폐기의 대가로 미국이 북한에 대한 적대정책을 철회하고 정전협정을 평화협정으로 바꾸라고 요구한다. 정전 협정 체제의 종식은 정전 협정의 당사자인 유엔군 사령부의 해체를 의미한다. 유엔군 사령부가 해체되면 유엔군이 해체되고, 유엔군이 해체되면 미군이 한국에 주둔해야 할 명분이 크게 훼손된다. 이때 반미세력들이 주한미군 방위비 인상 등을 이유로 주한미군 철수 운동을 격화시킬 것이다. 결국 주한미군 철수는 한-미 동맹 폐지로 귀결되고, 김일성의 갓끈 이론대로 한국이라는 갓은 바람에 날라갈 처지에 놓이게 될 것이다.

한미동맹은 굳건히 유지되어야 한다. 최근 문재인 정부가 성급하게 남북관계 진전을 추진하면서 북핵 협상에 임하는 한-미 공조의 틀이 흔들리고 한미동맹에도 균열이 가고 있다는 우려가 나오고 있다. 그 근본원인은 문재인 대통령이 북한과 북핵 위협에 대해 미국과 다른 인식을 가지고 있기 때문이다.

문 대통령은 한국이 북핵의 1차 위협대상이라는 사실을 애써 외면하려 한다. 그리고 북한의 수석 대변인이라는 평가를 받을 정도로 열심히 김정은의 확고한 비핵화 의지를 선전하고, 대북제재 완화 필요성을 역설하고 있다. 문 대통령은 북한을 민족상잔의 참화를 일으킨 장본인이며, 핵무기로 한국의 안보를 위협하는 적성국으로 보지 않는다. 문 대통령은 북한을 화해와 협력의 대상, 평화의 시대를 함께 열어갈 파트너라고 생각한다. 그리고 북한의 핵무기가 남한의 존립을 위협하는 안보의 위협요소가 되지 않는다고 주장한다.

1950년 북한의 남침 이후 50여 년간 한국 국민들은 철저한 반공정신으로 무장되어 있었다. 그 시기에 대북 유화정책은 용납될 수 없는 분위기였다. 그러나 1998년 김대중대통령의 햇볕정책 이후 상황이 바뀌었다. 김대중, 노무현 정부는 대북포용정책을 추진하였고, 북한 김정일과 정상회담도 가졌다. 그러나 햇볕정책은 북한을 변화시키거나 남북관계를 획기적으로 발전시키지 못했다.

한국전 종전 60여 년이 지난 요즈음 북한에 대한 국민 정서가 바뀌고 있다. 한국 국민의 반공 의식은 퇴조하고 있으며, 남북관계에도 변화를 원하는 분위기가 확산되고 있다. 이런 국민 정서의 변화를 감지한 문재인 대통령은 "남북평화의 시대"를 약속하며 대북 화해정책을 추진하여 호응을 얻고 있다. 작년에 3번 열린 남북정상회담은 한반도 평화의 시대를 알리는 화려한 개막식으로 자리매김하는 분위기였다.

지금 북한이 주장하고 있는, 그리고 문 대통령이 미국을 설득하기 위해 노력 중인, 종전선언을 평화협정으로 전환하는 문제, 그리고 문 대통령의 평화의 시대 슬로건은 베트남 패망 직전에 베트남 지도자들이 주장한 제안, 슬로건과 유사한 점이 많다. 문 대통령은 대북화해정책에 반대하는 보수세력의 주장에도 귀를 기울이고 그들의 우려를 불식하기 위해 노력해야 한다.

문재인 대통령이 노무현 전 대통령 식으로 미국과 거리를 두려는 경향을 보이는 것도 한미공조를 어렵게 만든다. 문 대통령은 8.15 경축사에서 "남북관계 발전은 북미관계 진전의 부수적 효과가 아니다." "한반도 문제는 우리가 주인이라는 인식이 매우 중요하다"라고 했다. 당연히 북한은 이를 환영했다. 8.16자 조선노동당 기관지 로동신문은 "북-남 관계의 주인은 어디까지나 우리 민족"이라며 문 대통령에게 '미국을 배제' 하고 '우리 민족끼리' 코드를 맞추자는 취지의 기사를 보도했다. 한-미 관계에 거리가 생기면 북한은 이를 이용해 동맹을 훼손하려 한다는 것을 유념해야 한다.

북한은 선전매체를 통해 비핵화와 대북제재에 관한 한-미 양국의 입장을 조율하기 위해 설치된 한-미 워킹그룹을 비난했다. "북-남 협력사업들을 견제하고 제동을 걸며, 파탄시키려는 미국의 악의적 의도"에서 나왔다는 것이다. 그리고 남측을 향해 미국의 눈치 보지 말고 민족자주의 원칙에 입각해 남북공동선언들을 철저히 이행하라고 촉구했다. 문재인 정부는 미-북 사이에 끼어 난처하게 되었다.

트럼프 대통령은 "한국은 미국의 승인(approval) 없이 아무것도(대북제재 완화) 하지 않을 것"이라고 반대의사를 표시하였고, 폼페이오 국무장관은 남북정상회담 군사분야합의서 내용을 사전에 통보받지 못했다고 분통을 터트렸다는 보도도 있었다. 나아가 한국은 유엔의 대북제재 완화 없이는 추진이 불가능한 남북 철도 및 도로연결사업, 개성공단 재가동, 금강산관광 재개 등을 단독으로 발표하였고, 미국의 반대에 불구하고 개성에 남북공동연락사무소를 개설했다.

이와 같이 한-미 양국의 입장이 충돌하는 것을 보고 외국언론은 한미동맹에 균열 조짐이 보인다고 보도했다. 문재인 정부의 과속 대북 접근 때문에 한미공조에 구멍이 뚫릴 것이 우려된다는 것이다. 대북제재를 위한 공조가 깨어지면 북한 비핵화를 위한 Maximum Pressure 정책이 무산될 우려가 있다.

● 주한미군 철수

한미동맹이 와해되면 대북제재뿐 아니라 우리의 국가안보가 총체적으로 위험에 빠지게 된다. 한미동맹 와해는 주한미군 철수를 의미한다. 군사전문가들은 주한미군이 철수하면 한반도에서 전쟁이 일어날 것으로 예상한다. 북한은 GDP의 20%를 군사비에 사용하고 있으며, 핵실험 등 무력 증강에 힘쓰고 있다. 미군이 철수하면 북한은 남침을 강행해 한국을 강압적으로 굴복시킬 것이다.

주한미군은 북한 핵과 미사일에 맞서 한국을 방어할 뿐 아니라 북한의 미사일 시설을 타격할 수 있는 역량을 확보하고 있으며, 이를 미사일 방어 체계에 통합시키고 있다. 현재 주한미군 병력은 숫자는 적을 수 있으나 그 전력은 막강하다. 한국군은 대공 감시체계와 능력이 부족하여 미군에 의지하고 있다. 미군 군사첩보위성은 8만 피트 상공에서 정찰 임무를 수행하고 있으며, U-2기는 실시간으로 북한군의 움직임을 손바닥 보듯 꿰뚫고 있는데 이들 미군의 최첨단 정보능력이 대북 억제력의 핵심 요소다.

주한미군이 보유하고 있는 KH-12 군사위성은 300-500km 상공에서 3-4차례 북한 상공을 지나며 김정은 전용열차와 핵시설 등 북한전역의 움직임을 감시한다. 최신예 전투기를 비롯 지상군 보유 신형 전차, 브래들리 장갑차, 155밀리 자주포와 다연장 로켓, 전천후 작전이 가능한 AH-64 헬기와 패트리어트 미사일 등 북한의 도발을 억제하는 전력을 보유하고 있다.

주한미군이 철수하면 주한미군을 대체하기 위한 군사력 확보를 위해 한국은 엄청난 국가예산을 투자해야 한다. 또한 동북아의 군사 균형이 깨지고 중-러-일 군사력의 각축장이 될 것이다.. 아울러 북한의 안보 위협도 가중될 것이다.

03.

핵무기 개발의
발자취

'로켓맨' 김정은

가. 플루토늄 기반 핵무기 개발 (1950년대-현재)

북한은 1950년대에 구 소련의 플루토늄 기반 핵무기 제조기술과 원자로를 도입해 핵무기 개발에 착수했다.

● 소련 드브나 핵 연구소의 핵기술, 원자로 도입

◆ 북한은 1956년 소련 드브나 (Dubna) 핵 연구소에 북한 과학자들을 파견해 핵 개발 연구를 시작했다. 같은 해에 드브나 핵 연구소 지원 하에 방사화학연구소를 설립하였고, 1963년에 소련에서 연구용 원자로 (IRT-2000, 2MWe)를 도입하면서 핵무기 개발을 위한 준비를 갖추기 시작했다.

◆ 1964년 제2자연과학원을 설립하였다. 제2자연과학원은 지금까지 50여 년간 북한의 핵무기-미사일-생화학무기 개발과 군수 경제의 핵심적인 역할을 담당하고 있다.

◆ 1970년대 초 소련 드브나 핵 연구소를 모방하여 제2자연과학원 산하에 101핵물리화학연구소를 설립하여 핵무기 개발 연구를 하고 있다. 소재지는 자강도 강계시 공귀리이며, 연구소 전체가 갱도 속에 지어져 있다.

◆ 김일성종합대학과 평양국방대학에서 원자력, 물리학, 화학 등 분야에서 최우수 성적으로 졸업해야 101연구소에 들어갈 수 있다. 300여 명의 연구사와 150명 가량의 실험 조수가 일하고 있다.

나. 미사일 개발 (1976년 - 현재)

1976년 시리아에서 소련제 스커드 미사일을 도입해 역공학공법(reverse engineering)을 통해 자체 운반체를 개발하는 연구에 착수했다.

● 스커드 미사일 역공학공법(reverse engineering) 개발

◆ 1976년 이집트에서 소련제 스커드 미사일(B형, 사거리 234km) 2기를 불법으로 도입하여 미사일 개발에 착수하였다. 1984년 4월 스커드 미사일(B형) 시험 발사에 성공하는 등 리버스 엔지니어링을 통해 자체 기술 개발에 성공하였다.

◆ 북한은 1970년대 말 독자적인 탄도미사일 개발에 착수한 지 40여년 만에 미사일 전력의 완성 단계에 들어섰다. 현재 북한이 남한, 일본 등 근거리 타격의 목표로 삼는 모든 표적을 맞힐 수 있는 수준이 됐다. 미국 본토를 겨냥하는 대륙간탄도미사일(ICBM)의 실전화도 시간문제다.

◆ 소련제 스커드-B를 기반으로 다양한 표적을 공격할 수 있는 미사일을 제작할 수 있는 수준에 도달했다. 표적에는 한국군, 주일미군 기지, 오키나와, 괌, 하와이, 미국 본토, 한반도 주변에 진입하는 미 항공모함 등이 모두 포함된다. (첨부 2 북한의 미사일)

다. 농축 우라늄 기반 핵무기 개발 (1990년대 - 현재)

1990년대에 파키스탄 핵무기 개발의 대부 압둘 칸(Abdul Khadeer Khan) 박사로 부터 원심분리기 본체와 관련 부품 및 설계도를 입수하여 농축우라늄을 이용한 핵무기 개발계획도 추진하였다. *(2005년 8월 페르베즈 무샤라프 (Pervez Musharraf) 파키스탄 대통령 증언)*

● 파키스탄 칸 박사의 농축우라늄 기술 도입

◆ 압둘 카디르 칸 박사는 90년대 중반부터 북한을 드나들면서 우라늄 농축용 원심분리기 20기와 관련 설계도를 북한에 넘겨줬다. 칸 박사는 원심분리기를 넘겨줄 때 북한의 항공기가 동원됐으며, 파키스탄 군 당국이 선적을 감시했다고 말했다. 핵 기술 유출이 개인 차원이 아니라 파키스탄 군부가 개입된 조직적인 차원이었다는 것이다.

◆ 우라늄 농축 기술 도입은 플루토늄 프로그램이 제대로 작동되지 않거나 영변 핵 시설이 폐쇄될 경우에 대비해 북한이 별도의 핵무기 제조 기술을 확보하려 한 것으로 보인다. 파키스탄은 북한에 핵 기술을 건네 준 대가로 북한으로부터 미사일 기술을 도입하려 했다.

◆ **미국은** 2002년에 북한이 우라늄 농축을 시도하고 있다는 결정적인 증거를 확보했다. 2002년 10월 제임스 켈리 당시 국무부 동아시아태평양 담당 차관보를 평양에 보내 우라늄 개발계획의 존재를 확인했다. 그 결과 미-북 제네바 합의는 깨졌고 이른바 '제2차 핵 위기'가 시작됐다. 북한은 그동안 우라늄 농축 프로그램의 존재를 부인해왔으나 2010년 11월 북한을 방문한 미국 과학자 지그프리드 헤커 박사에게 영변의 우라늄 농축 시설을 공개했다.

라. 1차 핵 실험, 대포동 2호 미사일 시험 발사 (2006년)

북한은 2006년 7월 대포동 2호 미사일을 시험 발사하고, 이어서 10월 9일 제1차 지하 핵실험을 실시했다.

2007년에는 9.19 공동성명 이행을 위한 2.13 합의, 10.3 합의를 연이어 도출하는 등 6자회담을 통한 외교적 해결에 협조적인 자세를 취했다.

2008년에는 영변 원자로 폐쇄 조치의 일환으로 원자로 냉각탑을 폭파하기도 했으며, IAEA 검증단의 핵시설 접근을 허용하고 핵 연료봉을 제거하는 핵 불능화 작업도 재개하는 등 비핵화에 협조적인 자세를 취했다.

마. 원자로 건설기술 불법 수출 (2007년)

◆ 2007년 시리아가 북한과 합작으로 시리아 동북부에 건설 중이던 알-키바르 원자로는 북한 영변원자로와 같은 모델로 알려졌으며, 북한이 해외에 원자로 건설 기술을 불법 수출한 첫 사례였다.

◆ 2007년 9월 6일 알-키바르 원자로를 이스라엘 F-15 전투기 7대가 기습 폭파하였다.

◆ 2007년 2월 서방으로 망명한 이란의 전 국방차관은 "북한과의 협력으로 시작된 시리아 핵개발에 이란이 협조하고 있다"며 북한-시리아-이란의 삼각 협력관계를 폭로한 바 있다. 이후 이스라엘은 자체 첩보로 알-키바르 원자로 시설은 이란이 시리아에 건설 중인 중수로의 예비 시설이며, 이란이 10억 달러를 지원한 사실을 밝혀냈다.

◆ 알-키바르 원자로는 무기급 플루토늄을 생산하기 위한 것이었다. 이란 과학자들은 우라늄 농축 기술은 보유하고 있으나 플루토늄 분야에는 경험이 부족해 이 분야에서 북한의 도움이 필요했던 것으로 보인다. 그러나 시리아 정부는 당시 원자로 건설을 부인했으며 이스라엘의 공습에 대해 아무런 반박도 하지 않았다.

◆ 국제원자력기구(IAEA)는 2011년 보고서에서 이스라엘이 공습한 원자로는 북한 영변 흑연 감속로 방식과 같다고 밝혔다. 북한에 의해 핵무기 제조기술이 중동지역에 불법 전파된 첫 사례로 국제사회의 주목을 받은 사건이다.

바. 2차 핵실험, 광명성 2호 위성 발사 (2009년)

● 2009년 4월 5일 장거리로켓 시험발사 (광명성 2호 위성 발사), 5월 25일에는 제2차 핵실험 실시 (함북 길주군 풍계리)

● 북 외무성은 6월 13일 성명을 통해 다음과 같이 주장했다.

• **첫째,** 새로 추출되는 플루토늄을 전량 무기화한다. 현재 폐연료봉은 총량의 3분의 1이상이 재처리되었다.

• **둘째,** 우라늄 농축 작업에 착수한다. 자체의 경수로건설이 결정된 데 따라 핵연료 보장을 위한 우라늄 농축 기술개발이 성과적으로 진행되어 시험단계에 들어섰다.

• **셋째,** 미국과 그 추종세력이 봉쇄를 시도하는 경우 전쟁행위로 간주하고 단호히 군사적으로 대응한다.

사. 김정은 정권 출범 이후(2011년 - 현재)

1) 핵실험 (4회)

- 3차 핵실험 (2013.2.12.)
- 4차 핵실험 (2016.1.6.)
- 5차 핵실험 (2016.9.9.)
- 6차 핵실험 (2017.9.3.) - ICBM 장착 가능한 수소 폭탄 주장, 250kt

2) 중장거리 미사일 발사 (7회)

- '광명성 3호' 2호기 발사 (2012년 12월 12일)
- 중장거리 탄도미사일 북극성2형 발사, 500km 비행 (2017년 2월 12일)
- 대륙간탄도미사일급 화성-13형 1발 발사, 930km 비행 (2017년 7월 4일)
- 대륙간탄도미사일 화성-14형 1발 발사, 10,000km 비행 (2017년 7월 28일)
- 중장거리탄도미사일(IRBM) 화성-12형 발사, 2,700km 비행 (2017년 8월 29일)

  3,700km 비행, 최고 고도 770km, 일본 홋카이도 상공 넘어 태평양 해상 낙하
- 탄도 미사일 4기 발사(2017.3.6.), 3기는 일본 해안 200마일 지점 낙하

3) 영변 원자로(5MWe) 재가동 선언 (2013.4.2.)

4) 2019년 5-10월 중-단거리 미사일 발사 (12회)

- 2019.05.04. = 국방부 "北 5월4일 발사한 미사일은 1발 아닌 2발"
- 2019.05.09. = "북한 단거리 미사일 추정 발사체 발사"
  - 북한, 미사일 발사모습 공개… 미 국방부 "300㎞이상 비행"
- 2019.07.25. = 北, 원산서 신형미사일 추정 발사체 2발 발사… 430㎞ 비행
  - 합참 "北발사체 2발, 단거리 미사일. 고도 50여 ㎞"
- 2019.07.31. = 靑, NSC 긴급 상임위 소집… 北 미사일 발사 '대응수위' 주목
  - 합참은 오전 5시 6분, 5시 27분경에 북한이 원산 갈마 일대에서 동북방 해상으로 단거리 탄도미사일 2발 발사.
  - 北, 미사일 고도 30㎞로 저각 발사… 요격회피·비행성능 시험

- 2019.08.02. = 북, 이틀 만에 또 발사체 발사··· "단거리 탄도미사일 추정"
    - 발사 장소는 함경남도 영흥 일대, 발사체의 비행 속도는 마하 6.9,
    - 비행거리는 220km로 추정, 최고 고도는 25km로 분석
- 2019.08.06. = 北, 한미연습 시작하자마자 동해로 미상발사체 2회 발사
- 2019.08.10. = 軍 "北발사체, 단거리탄도미사일 추정"··· 보름여 사이 5회 발사
    - 고도 48-400여㎞비행·마하 6.1 이상 'KN-23' 추정
- 2019.08.16. = 신형 단거리탄도미사일 고체연료 방식, ATACMS와 유사
- 2019.08.24. = 한미훈련 종료에도 北 미사일 발사
- 2019.09.10. = 올해 들어 10번째··· "北, 평남서 미상발사체 2회 발사"
- 2019.10.02. = 북, SLBM 발사
- 2019.10.31. = 단거리 탄도 미사일, 유도장치 탑재

04.

- ◆ 정상회담
- ◆ 중재자 외교
- ◆ 6자 회담

'날강도' 트럼프

1994년 제1차 북핵 위기가 발생하자 미국이 당사국으로 전면에 나섰다. 북한도 미국과의 양자대화를 원했고, 그 결과 1994년 10월 미-북 제네바 기본합의(Agreed Framework)가 체결되었다.

2002년 미국은 북한이 제네바 합의를 위반하여 우라늄 농축프로그램을 운용한 것을 확인하였다. 제네바 합의는 효력을 잃었고, 미국은 북한에 대한 중유공급을 중단했다. 그러자 북한이 중유공급을 전제로 취했던 핵동결을 해제하고 핵시설 가동과 건설을 즉각 재개한다고 맞대응하였다. 이후 미국은 대북 압박정책을 강화해 나갔고, 북한은 국제원자력기구(IAEA) 사찰단 추방, NPT 탈퇴선언 등 벼랑 끝 전술을 구사하여 2차 북핵 위기를 일으켰다.

가. 협상의 당사자

2차 북핵위기 이후 2003년부터 2008년까지 5년간 6자회담이 열렸고, 6자회담이 북핵 협상을 주도했다. 그리고 2018년부터 현재까지 1년여간 한국대통령이 미-북간 중재자 역을 자임하며 북핵 협상에 잠시 모습을 나타내는 듯 하였다. 그러나 실제 협상에 참여하지는 않았다. 그러므로 북핵 협상 25년 가운데 6자회담이 열린 5년 남짓한 기간을 제외한 나머지 20년간 북핵의 협상 당사자는 미국이었다. 북한은 미국과의 양자 협상을 원하는데 그 이유는 북한의 적화통일 전략과 관련이 있다. 적화통일 전략의 핵심은 북한이 핵무기로 미국본토를 위협하여 미군이 한반도 분쟁에 개입하지 못하도록 저지하는 가운데 북한군이 한국을 점령하는 것이다. 그러므로 북한은 적화통일 전략의 핵심요소인 핵무기 문제는 미-북 간에 논의할 문제라고 주장한다.

최근 북한 외무성 미국담당 고위관리의 담화가 이를 뒷받침한다:

"조미대화의 당사자는 말 그대로 우리와 미국이며 조미 적대관계의 발생근원으로 보아도 남조선당국이 참견할 문제가 전혀 아니다. 세상이 다 알고 있는 바와 같이 조미관계는 우리 국무위원회 위원장동지와 미국대통령 사이의 친분관계에 기초하여 나가고 있다.

우리가 미국에 련락할 것이 있으면 조미 사이에 이미 전부터 가동되고 있는 련락통로를 리용하면 되는 것이고 협상을 해도 조미가 직접 마주앉아 하게 되는 것인 만큼 남조선당국을 통하는 일은 절대로 없을 것이다."

(2019년 6월27일, 조선민주주의인민공화국 외무성 미국담당 국장 권정근의 담화)

미-북 양자대화 방식 이외의 협상 - 중재자 외교, 6자 회담 등 다자외교 -이 소기의 성과를 거두지 못하는 이유가 여기에 있다.

나. 톱 다운 방식의 정상외교

톱 다운 방식의 정상외교는 때로는 어려운 현안을 일괄 타결하는 방법이 될 수 있다. 그러나 사태를 잘못 파악한 지도자들이 내린 잘못된 결정 때문에 역사적 오점이 남은 사례들이 있다. 1938년 영국 수상 네빌 체임벌린(Arthur Neville Chamberlain)이 히틀러(Adolf Hitler)와 체결한 뮨헨 평화협정이 대표적인 사례라고 할 수 있다. 1973년 1월27일 미국, 베트남, 월맹 간에 체결한 파리평화협정 (Paris Peace Accord) 그리고 파리평화협정에 입각해 1월29일 리처드 닉슨 대통령이 내린 베트남전쟁 종전 선언도 역사적 오류로 기록된다.

1974년 미군이 철수하자마자 월맹 군은 평화협정을 위반하여 베트남에 대한 총공세를 개시하였고, 결국 1975년 남부 베트남이 함락되었다.

정치지도자는 국내 정치 목적을 위해 외교 성과를 과시하려 하는 경향이 있고, 그 결과 잘못된 결정을 내릴 위험이 크다. 각종 스캔들과 탄핵의 위협 때문에 국내정치적으로 곤경에 처한 트럼프 대통령이나, 국내정치 목적을 위해 친북 화해 정책을 추구하고 있는 문재인 대통령이 조기에 북핵 해결이라는 외교적 성과를 달성하기 위해 북한의 핵 보유국 지위를 인정해주거나, 한미연합군사훈련 취소에 이어 주한미군철수와 같은 치명적으로 잘못된 결정을 내리게 되면 세계 평화와 동북아 안전이 위협받을 가능이 크다.

● 김정은의 친서 외교

2018년 2월 싱가폴에서 개최된 미-북 정상회담은 북한 핵문제를 의제로 하는 최초의 정상회담이었다. 그런데 세계 언론의 각광을 받은 미-북 정상회담이라는 화려한 외교이벤트를 탄생시키는 데 가장 크게 기여한 것은 세계 무대에 전혀 알려지지 않은 은둔형 독재자 북한 김정은이었다. 김정은은 평창올림픽을 계기로 한국을 방문하는 동생 김여정을 통해 문재인 대통령에게 남북정상회담 의지를 담은 친서를 보내 문재인 대통령을 움직였다. 문재인 대통령은 평양에 특사를 파견해 김정은 위원장의 의사를 확인하였고, 이어서 평양에 파견했던 정의용 특사를 트럼프 대통령에게 보내 김정은 위원장의 비핵화 의지와 미-북 정상회담 제안을 담은 친서를 전달하였다. 이에 트럼프 대통령이 즉각 정상회담 제안을 수락함으로써 싱가폴 미-북 정상회담이 극적으로 성사되었다.

이와 관련 미-북 정상회담은 문재인 대통령이 평양과 워싱턴에 특사를 파견함으로써 김정은 위원장의 비핵화 의지를 트럼프 대통령에게 전달하는 등 중재자 역할을 해서 성사시켰다고 문재인 대통령의 중재자 역할을 강조하는 주장도 있다. 그러나 사실상 싱가폴 미-북 정상회담은 의사결정의 키를 쥐고 있는 김정은 위원장과 트럼프 대통령의 의지에 따라 열리게 된 것으로 보아야 하며, 김-트럼프 양자 중에서도 회담 제안을 받아들인 트럼프 대통령보다는 친서를 보내 문재인 대통령을 움직이고, 정의용 특사를 통해 비핵화 메시지를 트럼프 대통령에게 전달하는 등 회담을 성사시키기 위해 막후에서 노력한 김정은 위원장이 더 큰 기여를 했다고 할 수 있다.

지금도 김정은은 트럼프 대통령에게 수시로 친서를 보내 트럼프 대통령의 마음을 움직이고, 트럼프 대통령의 말과 트위터 메시지를 통해 미-북정상회담에 대한 언론의 관심과 호기심을 자극해 북한에 호의적인 여론을 조성하고 있다. 김정은은 트럼프 대통령이 북핵 협상의 성과를 국내정치에 이용하려 한다는 것, 문재인 대통령이 내년 4월 총선 승리를 위해 매진하고 있으며 총선승리를 위해 남북관계에 가시적인 성과를 내야 하는 다급한 입장이라는 것을 잘 알고 있다. 김정은은 하노이 정상회담이 노 딜로 끝난 이후 꺼져가고 있는 미-북 정상회담의 불씨를 살리기 위해 친서를 통해 트럼프 대통령을 평양으로 초청하는 등 3차 미-북 정상회담 개최를 위해서도 노력하고 있다.

● **1년에 정상회담 11회 개최**

지난 1년여 사이에 김정은은 트럼프 대통령과 3회 (판문점 회동 포함), 문재인 대통령과 4회 그리고 시진핑 주석과 4회 등 총 11회의 정상회담을 했다. 이상 11회에 달하는 정상회담이 김정은의 의지와 주도 하에 성사되었다는 것은 김정은이 한편으로는 비밀리에 핵개발을 추진하면서, 다른 한편으로는 국제사회의 핵확산 저지 압력에 어떻게 대응할 것인지에 대해서도 대비해 왔다는 것을 보여준다. 김정은의 최종목표는 북한이 핵보유국임을 인정받는 것이다. 이를 위해 김정은은 3차 미-북 정상회담에서 트럼프 대통령에게 영변 핵시설 플러스 알파와 같은 외교적 성과를 안겨주고, 북한이 보유하고 있는 "핵의 동결"을 묵시적으로 승인받기를 원하는 것으로 보인다.

제3차 미-북 정상회담의 특징은 실무협상과 정상회담이 약 3개월 시차를 두고 추진된다는 점, 그리고 협상 시한이 1년 남짓 남은 미국 대선 일정과 맞물려 있다는 점이다. 북한은 지난 4월 12일 김정은 국무위원장의 최고인민회의 시정연설 이후 3차 미-북 정상회담 개최 시한을 연말로 못 박았다. 2020년 11월 대선에서 재선을 노리는 트럼프 대통령을 압박해 양보를 이끌어 내려는 계산이 깔려 있다고 하겠다.

● '새로운 길' 모색?

친북 재일조선인연합회(조총련) 기관지 조선신보는 "실무협상이 결렬되고 대화가 중단된다면 미국측에 시한부로 주어진 연말까지 수뇌 회담이 열리지 못한다."고 위협하면서 그렇게 되면 "미국 대선이 실시되는 2020년 '새로운 길'을 모색하지 않을 수 없게 된다"고 하면서 미국을 압박한다. 연내 3차 회담이 무산되면 트럼프 대통령의 '레드라인'(금지선)인 핵실험과 대륙간탄도미사일(ICBM) 시험 발사에 나서겠다는 것이다. 미국을 향해 서둘러 '새로운 계산법'을 가지고 협상에 나서라는 것이다.

트럼프 대통령도 북한 문제를 '외교적 치적'으로 내세워 백악관을 떠나지 않겠다는 의도를 숨기지 않는다. 스티브 비건 미 국무부 대북정책특별대표는 최근 "대통령이 앞으로 1년 동안 목표(비핵화와 평화정착)를 향한 중대한 진전을 이루는 데 전적으로 전념하고 있다"고 했다. 대선 전에는 반드시 성과를 내겠다는 뜻이다.

한편 문재인 대통령과 더불어 민주당은 미국보다 더 다급한 입장이다. 경제정책의 실패로 민생이 어려워지고, 지지세력 이탈의 조짐이 보이기 시작하는 마당에 조국 법무장관 사태 등 악재가 터지고 있기 때문이다. 내년 총선에서 승리하고, 차기 재집권 기반을 굳히려면 경제실정, 집권 세력의 부패상, 인사 적폐 등 실정을 덮을 큰 가시적 성과가 남북관계에서 이루어져야 하기 때문이다.

다. 중재자 외교

북핵협상에서 처음 중재자가 등장한 것은 1차 핵위기 발발 직후인 1994년이었다. 북한이 NPT를 탈퇴하고 핵안전협정을 파기하자 미국은 북한 핵시설에 대한 정밀타격(surgical attack) 등 군사작전에 돌입할 태세를 갖추었다.

● 지미 카터 전 미국대통령

다급해진 김일성은 지미 카터 전 미국대통령을 평양에 초청하여 환대하고, 카터를 통해 미국에 핵폐기 메시지를 전달했다. 지미 카터 전대통령의 중재 덕분에 북한은 동해에 진출한 미 항공모함 5개 전단에서 발진한 막강한 미공군 전력의 포화 속에 모든 핵 관련 시설, 주요 탄도미사일 발사 및 제조 공장, 그리고 북한 주석궁이 초토화되는 막대한 손실을 입을 위기를 무사히 넘겼다.

이렇게 해서 조성된 화해분위기에 편승해 김영삼 당시 대통령이 김일성과 정상회담을 제의했다. 사상 첫 남-북 정상회담이 되었을 이 회담은 돌연한 김일성의 사망으로 성사되지 못했다. 이후 김대중, 노무현 대통령이 2000년과 2007년에 김정일과 정상회담을 가졌으나 이 두 번의 남북정상회담은 남북관계 개선을 위한 회담이었지 북핵문제 해결을 위한 회담은 아니었다. 비록 정상회담 합의문에 비핵화를 언급한 조항이 있으나 합의문에 나온 '비핵화'는 북핵 개발 중단이나 폐기를 의미하는 것이 아니고 막연한 선언적 표현이었다.

● 문재인 대통령의 중재 노력

북핵 협상에 두 번째로 중재자로 등장한 인물이 문재인 대통령이다. 문 대통령은 남-북한이 "한반도 운명의 주인"이라며 "냉전의 잔재인 남북 분단을 깨고, 평화와 화합의 시대"를 열겠다고 선언했다:

"우리가 추구하는 것은 오직 평화다. 평화로운 한반도는 핵과 전쟁의 위협이 없는 한반도, 남과 북이 서로를 인정하고 존중하며 함께 잘사는 한반도다. 우리는 북한의 붕괴를 바라지 않으며 어떤 형태의 흡수통일이나 인위적인 통일도 추구하지 않을 것이다" (2017. 7. 6, 독일 쾨르버재단 초청연설)

그리고 북핵문제 해결을 위한 다자 대화에서도 "우리가 주도적으로 미국 등 주변국들의 협조를 이끌어 낼 수 있다"고 하면서 '중재자' 역할을 자임할 것임을 천명하였다.

문 대통령의 중재 노력이 탄력을 받기 시작한 결정적 계기는 평창 동계올림픽이었다. 국제 스포츠제전의 개막을 축하하려 온 마이크 펜스 미국 부통령과 북한 김정은 위원장의 여동생 김여정 특사를 맞은 문 대통령은 양측 사이에서 대화를 유도했으나 막판에 불발됐다. 북한의 비핵화 의지 표명을 전제조건으로 삼는 미국과 비핵화를 의제로 한 북미대화에 소극적이었던 북한의 입장 차 때문이었다.

그러나 문 대통령은 집요하게 중재 노력을 이어갔다. 문 대통령은 김 위원장의 평양방문 초청을 수락하면서 폐막식에 참석한 김영철 북한통일전선부장을 통해 북한이 비핵화 대화에 나서달라는 뜻을 전했다. 이어 정의용 청와대 국가안보실장을 수석으로 하는 특사단을 평양에 보내 김 위원장에게 친서를 전달하고 비핵화에 나서달라고 설득했다.

이에 김 위원장은 한반도 비핵화가 선대의 유훈이고 "체제 안전이 보장된다면 핵을 가질 이유가 없다"고 강조하면서 북미대화에 응하겠다는 뜻을 피력하고, 트럼프 대통령에게 보내는 '친서'를 특사단에 전달했다. 문 대통령은 서울에 귀환한 특사단을 곧바로 워싱턴으로 보내 트럼프 대통령에게 김위원장의 '친서'를 전달하도록 했다. 김 위원장의 친서를 접한 트럼프 대통령은 북한의 비핵화 의지를 '진정성 있게' 받아들이고 5월말 정상회담을 개최하자는 뜻을 밝혔다.

문 대통령의 중재자 외교가 다시 빛을 발한 것은 북한 외무성 관리의 펜스 부통령 비난 발언으로 싱가폴 정상회담이 좌초될 위기에 빠졌을 때였다. 트럼프 대통령은 5월 24일 김정은 위원장에게 보내는 공개 서한을 발표했다. 트럼프 대통령은 김정은 위원장에게 "당신을 몹시 만나고 싶었지만 슬프게도 당신이 최근의 담화문에서 드러낸 엄청난 분노와 공개적인 적대감을 볼 때, 나는 이번에는 오랫동안 계획해온 회담을 하는 건 부적절하다고 느낀다"고 말했다. 그는 "따라서 이 편지는 우리 양쪽을 위해, 그러나 세계에는 손해를 끼치지 않으면서, 싱가포르 정상회담이 열리지 않을 것임을 밝히는 것"이라고 말했다.

문제가 된 발언은 김계관 북한 외무성 제1부상이 '리비아 모델'을 거론한 존 볼턴 백악관 국가안보보좌관을 비난하면서 북-미 정상회담을 "재고"할 수 있다고 한 것과 이어 5월 24일 최선희 외무성 부상이 거듭 같은 기조의 담화를 발표한 것이었다. 최 부상은 담화에서 "미국이 우리의 선의를 모독하고 계속 불법무도하게 나오는 경우 나는 조-미(북-미) 수뇌회담을 재고려할 데 대한 문제를 최고지도부에 제기할 것"이라고 밝혔다. 그는 또 마이크 펜스 미국 부통령을 겨냥해 "핵보유국인 우리 국가를 고작해서 얼마 되지 않는 설비들이나 차려놓고 만지작거리던 리비아와 비교하는 것만 보아도 그가 얼마나 정치적으로 아둔한 얼뜨기인가를 짐작하고도 남음이 있다"고 비난했다.

● 판문점 회담 – 북 – 미 회담 취소 번복

트럼프 대통령이 회담 19일을 앞두고 돌연 회담 취소를 발표한 이틀 후, 5월 26일, 문 대통령은 김정은 위원장과 판문점 북측지역 판문각에서 예고 없이 깜짝 회담을 가졌다. 그리고 북한의 비핵화 의지와 미-북 정상회담 개최의사를 재확인하였다. 이에 트럼프 대통령도 자신의 회담 취소 결정을 번복하고 싱가폴 정상회담 준비에 착수했다. 당시 워싱턴포스트(WP) 등 미국 언론은 문 대통령의 중재외교를 "외교 쿠데타", "전술의 달인" 등으로 높이 평가했다.

2차 북·미 정상회담이 합의 불발로 끝나면서 문재인 정부의 '중재 외교'가 고비를 맞고 있다. 남북관계 개선을 통해 북·미 관계 진전을 추동하겠다는 문재인 정부의 구상은 미국의 금강산 관광과 개성공단 재개 반대에 부닥쳐 진전을 보지 못하고 있다.

하노이회담 결렬 이후 미국 정부는 북한 비핵화에 대해 '일괄타결식 빅딜' 해법 외에는 수용할 수 없다는 입장을 강화하고 있다. 대북 강경파인 존 볼턴뿐만 아니라 협상파로 분류되는 마이크 폼페이오 국무장관, 스티븐 비건 국무부 대북특별대표도 일괄타결식 빅딜을 '포스트 하노이' 원칙으로 삼고 있다. 비건 대표는 2019년3월11일 워싱턴DC에서 열린 카네기국제평화기금 주최 핵 정책회의에서 "북한 비핵화를 점진적으로 진행하지 않을 것"이라며 "모든 것이 합의될 때까지 아무것도 합의될 수 없다"고 말했다.

반면 북한은 '단계적·동시 행동'이라는 대미 협상의 기조를 유지하며 미국의 일괄타결론을 수용하지 않겠다는 입장을 분명히 하고 있다. 북한 대남선전매체인 '우리 민족끼리'는 "우리의 비핵화 조치(영변 핵시설 폐기)와 그에 상응한 부분적 제재 해제 요구는 현 단계에서의 미국의 요구도 충분히 반영한 것으로서 이보다 더 좋은 방안은 있을 수 없다"고 주장했다.

● 남-북 대화 거부

북한은 하노이 '노 딜' 이후 남쪽과의 대화 자체를 거부하는 것을 넘어 정부의 중재외교 노선을 조롱하기까지 했다. 김정은 북한 국무위원장이 4월 12일 열린 최고인민회의 시정연설에서 문재인 정부의 중재자론에 대해 원색적인 비난을 쏟아냈다. 김 위원장은 "오지랖 넓은 '중재자', '촉진자' 행세를 할 것이 아니라 민족의 이익을 옹호하는 당사자가 돼야 한다"고 지적했다. 그리고는 5월부터 9월 사이에 10회에 걸쳐 20여 발의 유도형 단거리 미사일, 대구경 방사포 등 요격이 어려운 4종의 신형무기를 동해를 향해 시험 발사하는 무력시위를 이어나갔다.

그간 미·북 사이에서 중재자 혹은 촉진자 역할을 자임하던 문재인정부에 선택의 순간이 다가오고 있다. 김정은의 친서를 받고도 서두르지 않겠다고 느긋하게 여유를 부리는 트럼프와 연이어 트럼프에게 구애의 편지를 쓰는 김정은 어느 쪽도 문 대통령의 중재 노력에는 관심이 없다. 양측 공히 이제는 중재자역을 그만 두고 "자기편에 서라"고 요구하고 있다. 중재자 입지가 이전 같지 않은 상황에서 이제는 문 대통령의 용단이 필요해졌다

라. 6자회담

6자 회담은 북핵 문제를 평화적으로 해결하기 위해 당사국인 북한과 한국, 중국, 일본, 미국, 러시아 등 6개국이 참여한 다자간 회의 체제다. 2003년 8월 베이징에서 첫 회담이 열렸고, 이듬해인 2004년에도 베이징에서 두 차례 회담이 열렸다. 2005년 2월 북한이 핵무기 보유를 선언하며 6자회담이 중단의 위기를 맞았다. 그러나 같은 해 7월 북한이 다시 협상 테이블에 앉으며 회담이 재개됐고, 2005년 4차회담에서는 북한이 모든 핵무기와 핵 프로그램을 포기

한다는 '9 · 19 공동성명'이 채택되는 등 진전을 이루기도 하였으나 합의가 이행되지는 않았다. 이후 6자회담은 북한이 핵실험과 장거리 로켓 발사를 감행하는 가운데, 2008년 12월 6차 회담을 마지막으로 중단되었다.

6자회담을 처음 제안한 것은 미국이다. 미국은 혼자 북핵 폐기를 외치는 것보다 5개국이 같이 설득하면 북한이 좀 더 말을 잘 듣지 않을까 하는 생각과 외교적으로 북한에게 우호적인 러시아, 중국을 통해 다각적인 접근을 하기 위함이었다. 러시아와 중국은 동맹국인 북한의 핵문제에 간섭하는데 어려움이 있었으나, 등거리 외교를 표방하고 있는 한국과의 협력 관계, 동북아 지역 내 영향력 유지 등을 이유로 참여하게 되었다. 중국은 회담장소를 제공하고 의장국 역할을 충실하게 이행하였다.

미국은 당시 1994년 제네바합의가 붕괴되는 것을 보면서 북한의 핵폐기 의지를 신뢰하지 않게 되었고, 북한도 부시 미 행정부의 이라크 전쟁 수행과 대북 강경노선을 지켜보면서 정권의 안전을 위해서는 핵무기를 보유해야 한다는 신념을 굳히게 되는 등 양국 간에는 불신의 골이 깊어졌다.

● 9.19 공동선언, 2.13 합의, 10.3 합의

베이징에서 열린 1~3차 회담에서 미국은 '선 핵포기-후 보상' 입장을 고수했고, 북한은 핵 동결과 불가침 조약 및 경제지원의 '동시행동'을 주장하며 맞섰다. 우여곡절 끝에 2005년 7~9월에 열린 4차 회담에서 북한이 핵을 포기하는 대가로 체제 안전을 보장하고 국제사회로부터 경제적 지원을 받을 수 있도록 하는 '9.19 공동성명'이 나왔다. 2007년에는 9.19 공동성명의 구체적인 이행계획서인 '2.13 합의'와 '10.3 합의'가 마련되는 성과도 있었다.

이들 합의는 북한이 핵시설 폐쇄, 봉인, 불능화 및 신고를 이행하는 데 따라 나머지 5개국이 중유 등의 경제 및 에너지 지원을 한다는 일정표가 담긴 구체적인 약속을 내용으로 하고 있다. 그런데 북한의 핵 프로그램 신고 대상에 핵무기와 고농축우라늄개발계획도 포함되었는지 여부가 명확하지 않았고, 신고 이행과 경제지원 간의 선후 관계도 불분명했다. 결국 북한과 미국이 의무 불이행 책임을 상호 전가하는 상황이 발생하면서 합의는 제대로 이행되지 않았고, 결국 2008년 12월 수석대표 회의를 마지막으로 6자회담은 개점휴업 상태로 들어갔다.

현재까지 11년 6자회담이 열리지 않는 동안 북한은 5차례의 핵실험을 추가로 단행했고 장거리 탄도미사일을 7차례 발사했다. 북한이 핵 및 미사일 도발을 감행할 때마다 유엔 안전보장이사회는 과거보다 강력한 대북제재결의를 발표했고, 북한이 이에 반발하는 악순환이 반복됐다. 여러 가지 한계에도 불구하고 6자회담은 한반도를 안정적으로 관리하는 다자회담으로 나름의 역할을 한 것으로 평가할 수 있다.

● 6자 회담 비판론

그러나 6자회담 체제 출범 후 북한이 6차례나 핵실험을 하면서 사실상 핵무기 보유국이 됐다는 점에서 성공적인 회담은 아니었다. 북한의 핵개발을 지연시키는 역할은 했지만 결국 처음에 목표로 했던 핵 프로그램 폐기를 이루지 못했고, 북한의 핵보유를 막지도 못했다.

6자회담은 합의문 도출이라는 정치적 성과에 쫓겨 상황을 대충 봉합하는 회의를 위한 회의를 했다는 비난, 북한에게 합의를 파탄 낼 빌미만 주었다는 비판을 받는다. 또한 북핵 해결을 위해서는 근본적인 북한 체제 문제를 함께 다루어야 하는데 그러기에는 수석대표의 급이 너무 낮다는 지적도 있었다. 북한이 일차적으로 관계 개선에 주력하는 대상이 미국이므로, 북미, 북중, 미중, 한미 등 양자협상을 통해 담판의 가능성을 높인 뒤에 6자회담을 하는 것이 좋았을 것이라는 견해도 있다.

그러나 회담의 성공을 위해 무엇보다 중요한 것은 북한의 비핵화 의지라고할 수 있다. 지금이라도 북한이 한미가 요구하는 '9.19공동선언' 이행에 동의하고, 비핵화에 진정성을 보인다면 6자회담은 재개될 수 있다. 2007년 10월에는소위 '10.3 합의'로 북한의 비핵화를 향해 한걸음 다가갔다. 북한 영변 핵 시설을 IAEA와 미국의 핵 전문가의 사찰을 받도록 한 후 단계적으로 폐기하는 절차를 밟는 것이다. 그에 대한 보상으로 미국은 북한을 테러지원국 명단에서삭제하고, 북한의 금융자산 동결을 해제하기로 하였다. 이후 2007년 연말 북한은 사찰을 받아들였고 다음해 8월 원자로 냉각탑을 폭파하는 등 비핵화 순서를 밟았다.

그러나 2008년 검증의정서 작성 시에 북한은 시료채취 등 검증의 핵심사항에 대한 반대 입장을 굽히지 않았다. 북한은 나무의 나이테처럼 북한의 핵 능력을 속속들이 보여줄 수 있는 시료 채취 등 핵심 검증 방법을 받아들일 수 없다고 완강하게 반대했다. 북한은 "시료 채취는 우리 핵 능력을 까발리는 것"이라며 강하게 반발하여 결국 10.3 합의는 이행되지 못했다.

2009년 1월 20일 조지 부시 미국 대통령 임기가 종료하자 북한은 2009년 초2.13 및 10.3 합의 등 과거 6자회담 합의를 사실상 파기하고, 불능화 중이던 영변 핵시설을 복구했다. 2009년 5월 25일 북한이 2차 핵실험을 강행하였고, 2005년 중국이 북한을 압박하여 이끌어낸 9.19 공동성명에 의해 채택된 해결방식이 모두 파기되고 말았다.

마. 트럼프 대통령의 등장

2016년 도널드 트럼프 미국대통령의 등장은 북핵 협상에 돌풍과 같은 변화를 일으키고 있다. 북한에게 핵보유는 정권의 안전을 지키는 생존 전략이다. 따라서 북한에서 핵문제는 김정은 이외에는 어느 누구도 감히 의견조차 낼 수 없는 엄중한 문제다. 북한은 김정은이 직접 협상에 참여하여 결정을 내리는 톱다운 방식을 선호할 수밖에 없다.

북한의 이런 특성이 트럼프의 협상 철학과 맞아 떨어진다. 트럼프는 "중요한 협상을 하려면 최고위층을 만나야 한다"는 신념을 가지고 있다. 그리고 그 최고위층과 담판을 통해 단번에 빅딜(big deal)을 시도하는 것이 트럼프식 협상의 기술이다. 협상의 달인 트럼프와 북한의 최고지도자 김정은의 만남은 쌍방 모두가 바라는 담판의 장으로 그 귀추가 주목된다. 비즈니스 협상에서 통하던 트럼프의 협상 기술이 국제정치 협상 현장에서도 통할 지 두고 볼 일이다. 단, 트럼프가 초강대국의 수뇌라는 입지가 트럼프의 뒤를 든든히 받쳐준다는 것은 그에게 유리한 점이다. 제3차 북-미 정상회담은 세계의 이목을 집중시키는 빅 이벤트가 될 것이다.

우리가 염려하는 것은 트럼프의 협상 기술이 김정은의 벼랑 끝 전술에 밀리는 것이다. 트럼프가 북한의 영변 핵시설+장거리 미사일 폐기와 같은 불완전한 비핵화 조치를 받아들이고 북한의 핵 동결을 인정하는 협상에 동의할 가능성 때문이다. 북한에 핵 보유국 지위를 부여하면 NPT 체제는 붕괴하고, 동북아에는 핵확산 도미노가 일어날 것이다. 그렇게 되면 한국과 일본은 핵 무장의 길로 가는 수밖에 없다.

● '날강도' 트럼프

미국 내 여론도 북한의 핵을 동결시켜 핵 보유를 인정하는 불완전한 비핵화에 비판적이다. 외교적 방법이 실패할 경우 북한 핵시설을 공습하는 방안에 46%가 찬성하는 강경한 반응을 보이고 있다. 그런데 김정은이 20여 년간 북한 정권의 체제수호를 위해 수백만 명이 굶어 죽은 고난의 행군 기간에도 멈추지 않고 개발에 매진하였고, 그리고 최근에야 드디어 완성을 본 핵무기와 운반체 등 핵무기 체계 모두를 폐기하라는 요구를 받아들일 리 만무하다. 북한이 그런 요구를 하는 트럼프를 "날강도"라고 비난하는 것도 이유가 있어 보인다.

반면 북한이 완전한 비핵화에 동의하고, 그에 대한 보상으로 주한미군 철수를 포함하는 소위 "북한 적대시 정책" 포기를 요구하는 경우, 미국이 이를 받아들이는 것도 어렵다. 주한미군은 동북아에서 미국의 국익을 지키는 첨병이며, 동맹 한국과 5천만 한국민의 안전을 지키는 보루이기 때문에 미국이 단독으로 결정할 수 있는 문제가 아니기 때문이다. 또한 북한의 모든 핵 무기, 물질, 핵 관련 시설, 인원 그리고 방대한 양의 생화학 무기 등 모든 대량살상무기를 완전히 폐기하고 이를 검증하는 것은 장구한 세월과 방대한 인원과 장비와 경비가 필요한 어려운 과제다.

● '뻔뻔한' 문재인

결국 트럼프는 진퇴양난에 빠진 셈이다. 당초 차관보 레벨에서 실무적으로 처리하던 북핵 문제에 수퍼 파워의 지도자가 발을 디딘 것이 잘못이다. 만약 '뻔뻔한' 문재인이 김정은의 '비핵화 의지'를 과장해 트럼프와 세계 최악의 독재왕조 지도자의 정상회담을 주선하지 않았더라면 이런 일이 없었을 것이다. 일단 시작했으니 지금은 로켓맨 김정은, 날강도 트럼프, 그리고 '뻔뻔스럽게'

거짓말로 트럼프와, 김정은 그리고 국제사회를 오도한 문재인 3 지도자가 해답을 찾아야 한다.

많은 전문가들은 북한 핵의 불완전한 비핵화에 대한 대가로 평화선언 등 북한의 체제 보장 조치와 북한경제에 부담이 되고 있는 5개 유엔 제재를 해제해주는 선에서 합의가 이루어질 것으로 예상하고 있다. 그 결과 트럼프는 정치적으로 타격을 입겠지만 가장 큰 피해를 입는 것은 사실상(de factor) 핵보유국의 핵무장 위협 아래 놓이게 될 5천만 한국민과 그 간접적인 영향을 받을 일본이 될 것이다.

● 한국, 일본의 핵무장

북핵 협상이 많은 전문가들이 예견하는 것과 같이 북한이 de facto 핵보유국이 되는 것으로 결말이 지어지면, 한국과 일본은 핵무장의 길로 가는 수밖에 없다.

05.

북한의 협상 전술

'로켓맨' 김정은

북한 핵무기 개발의 설계자는 김일성이다. 김일성은 6·25전쟁 당시 인천상륙작전으로 북한군이 패퇴한 후 1950년 12월 자강도 만포시 별오리에 은거해 있었다. 12월21일 김일성은 "현 정세와 당면 임무" 제하 당 중앙위에서 행한 연설에서 "미군 개입에 대처할 준비를 못했다" 고 고백했는데 이 연설이 북한이 핵무기 개발을 주요 과제의 하나로 채택하게 된 동기가 되었다.

김일성은 1963년 소련에 핵무기 개발계획 지원을 요청하였으나 거절당했다. 소련은 핵무기 대신 북한의 평화 목적 원자력 이용 계획을 지원하는 데 동의하였다. 1963년 영변에 5Mw실험용 원자로 건설에 착수하여 1965년 가동에 들어갔다.

핵무기 개발은 1980년대부터 시작되었다. 핵무기 개발 공정을 완성하기 위해 북한은 우라늄 원료의 생산 및 변환을 위한 설비를 운용하였으며, 고폭 실험도 실시했다. 북한은 1985년 핵확산방지조약(NPT)을 비준하였으나 1992년까지 IAEA의 핵 안전협정(Nuclear Safeguards Agreement)을 체결하지 않았다. 1993년 IAEA가 북한의 NPT 준수 선언을 확인하는 과정에서 북한이 핵안전협정을 체결하지 않은 사실을 적시하고 특별사찰 실시를 요구하자 북한은 IAEA의 특별사찰을 거부하였다. IAEA는 북한의 사찰거부 사실을 안보리에 보고했다.

그러자 북한은 안보리에 NPT탈퇴 방침을 통보하였으나 탈퇴 방침이 효력을 발휘하기 직전에 이를 철회하였다. IAEA는 1994년 강도 높은 사찰을 실시하고 특별사찰 실시를 거부하는 북한을 제재하는 결의안을 채택하였다. 북한은 이에 반발해 동년 6월 13일 NPT 탈퇴를 선언해 1차 북핵 위기가 발발했다.

가. 벼랑 끝 전술

1994년 1차 북핵(北核) 위기 이래 북한 외교에는 '벼랑 끝 외교'라는 별명이 붙었다. 북한이 핵 협상 상대인 미국을 온갖 험한 비난과 협박을 통해 가파른 벼랑 끝까지 끌고 가서 미국에게 양보와 파탄 중 택일을 강요하곤 하던 북한의 상투적 협상 전술을 지칭하는 말이었다. 북한 핵 문제를 둘러싼 지난 25년간의 협상에서 북한은 난관에 봉착할 때마다 거의 어김없이 같은 수법을 사용해 미국을 위협하는 협상 전략을 구사했고, 대개는 성공했다.

● NPT 탈퇴

1994년 1차 북핵위기 당시 북한은 영변 원자로 가동 중단, 폐연료봉 인출, NPT 탈퇴 선언 등 벼랑 끝까지 끌고 가는 전술을 구사한 끝에 미국으로부터 100㎿ 경수로 2기 제공, 매년 중유 50만t 제공 등을 골자로 하는 제네바합의를 이끌어 냈다.

1998년 8월 대포동 1호 미사일 발사 역시 벼랑 끝 전술의 대표적 사례이다. 1998년 8월 31일, 북한이 함경북도 화대군 무수단리에서 3단계 추진 방식의 '대포동 1호' 미사일을 발사했다. 이는 이른바 '위협을 통한 협상 유도' 라는 벼랑 끝 전술이었다. 많은 논란 끝에 클린턴 행정부는 1998년 말 윌리엄 페리 전 국방장관을 대북정책조정관으로 임명해 북-미, 북-일 관계 정상화와 미사일 문제 및 핵 의혹을 동시에 푸는 이른바 '페리 프로세스'를 시작했다. 그 결과 2000년 6월 북한은 미국의 경제제재 완화에 대한 화답으로 미-북 간에 대화가 진행되는 중에는 미사일 발사를 유예하는 미사일 모라토리움을 선언하였고, 북·미는 상호 신뢰를 구축하며 협상 수준을 단계적으로 높여나가는 "페리 구상"에 한걸음 더 다가섰다.

2002년 10월 시작된 제2차 북핵 위기의 발화점이 된 강석주 외무성 제1부상의 '농축우라늄 핵개발 프로그램'의 존재를 전격 시인하는 발언도 벼랑 끝 전술로 설명될 수 있다. 2002년 10월 제임스 켈리 미국 대북 특사가 평양을 방문해 북한의 농축우라늄 핵개발계획을 추궁하였다. 강석주 외무성 제1부상은 처음에는 이를 부인하였다. 그러나 켈리 특사가 증거를 제시하자 "비밀리에 농축우라늄 핵무기 개발을 추진"하였음을 인정하고 "그보다 더한 것도 가지게 되어있다"라고 말했다. 미국은 북한이 제네바합의를 위반하였음을 선언하고, 대북 중유지원을 중단했다. 그러자 북한은 그에 대한 대응으로 '핵 동결 해제'와, 'NPT 탈퇴'를 선언하는 등 벼랑 끝 전술을 구사하여 2차 북핵위기를 일으켰다.

● 핵 실험 강행

북한은 이후에도 궁지에 몰리면 벼랑 끝 전술로 국제사회를 압박하여 북한의 이익을 극대화하는 전략을 썼다. 국제사회는 이를 알고도 속는 식으로 북한에 끌려 다녔다. 북한에 대해 강도 높은 압박을 가했던 부시 행정부는 2005년 마카오 소재 방코 델타 아시아(Banco Delta Asia) 은행의 북한자금 2,500만 달러를 동결하는 금융제재로 북한의 숨통을 조였다. 그러자 북한은 핵 개발을 포기하고 NPT에 복귀할 것을 약속한 9.19 공동선언의 이행을 거부하였고, 이어서 2006년 10월 9일 1차 핵실험을 감행하는 벼랑 끝 전술로 맞섰다. 결국 미국은 북한이 돈세탁 수단으로 활용한 BDA에 동결되어 있던 북한 자금의 인출을 허용했다.

북한이 미국을 벼랑 끝으로 몰고 가기 위해 빈번하게 사용한 위협 수단들은 협상 거부, 핵시설 재가동, 미사일 실험, 핵실험 등이었다. 북한이 항상 같은 협상 전술을 구사하는데도 미국이 이에 끌려 다닐 수밖에 없었던 이유는 두 가지로 꼽을 수 있다. 먼저, 미국 측 협상 대표가 자주 바뀌는 바람에 그것이 상투적 협상 전술이라는 점을 잘 알아차리지 못했기 때문이다. 다음으로는, 북한이 항상 자신에게 유리한 시기에 벼랑 끝 전술을 쓰기 때문에 미국은 불리한 합의를 통해서라도 북한의 핵 개발 진척을 지연시켜야 했기 때문이었다.

나. 트럼프의 '미치광이'전략

북한의 '벼랑 끝 전술'에 맞선 도널드 트럼프 미 대통령의 거친 수사와 행동이 나름 효과적인 대응 전략으로 통할 수 있다는 주장이 나왔다. 상식적인 차원의 설득이나 위협이 도저히 통하지 않는 북한에게는 트럼프의 '미치광이' 전략이 의외로 통할 수도 있다는 것이다. 미국 언론과 정치권에서 그동안 트럼프 대통령의 협상 스타일을 '미치광이 이론' 에 빗대 해석하면서 나온 전략이다.

● 예외적 결단

시사주간 뉴스위크 국제뉴스 편집자를 지낸 마이클 허시는 2017년 10월 6일자 워싱턴포스트(WP) 기고문을 통해 과거 리처드 닉슨, 존 F. 케네디 대통령 당시 상황을 설명하면서 현재 북핵 상황도 그 때와 같은 예외적 결단이 필요한 시점이라고 지적했다. 현실적으로 예방 전쟁이 쉽지 않다면 북한 김정은에게 기존의 제재 이상의 결과가 있을 수 있음을 예견케 해야 한다는 것이다.

또 한 가지 이점은 '미치광이 전략'으로 중국을 움직일 수 있다는 점이다. 중국은 한반도에서 실제 전쟁이 발발할 위험이 있다는 것을 감지하지 않는 한 움직이지 않을 것이지만, 북한이 붕괴하고 한반도에 강력한 친미정권이 들어설 가능성이 있다고 판단할 경우에는 움직일 것이라는 것이다. 이런 측면에서 중국을 겨냥해 트럼프식 벼랑 끝 전술은 쓸 수도 있다는 것이다.

싱가폴 북·미 정상회담을 앞두고도 북한은 "미국이 일방적인 핵 포기를 강요하기 위해 우리를 코너로 몰아가려 한다면 수뇌 상봉(정상 회담)에 대해 재고할 수 있다"고 강수를 뒀다. 그러자 미국이 북한의 벼랑 끝 전술을 차용했다. 도널드 트럼프 대통령은 정상회담을 볼모로 하는 북한의 위협에 '공개 서한'이라는 형식으로 강수를 두었다. 북한보다 한 술 더 떠 회담 무산도 감수하겠다는 의지를 분명히 밝혔다. 미국식 '벼랑 끝 전술'인 셈이다.

● 공개 서한

트럼프 대통령은 공개서한에서 "당신(김 위원장)과 만나길 굉장히 기대하고 있었다"면서 "북한이 최근 발표한 성명에 담긴 극도의 분노와 공개적인 적대감에 비추어 지금 회담을 개최하는 건 부적절하다는 생각이 들었다"고 했다. 전날 북·미 정상회담 개최 여부를 "다음주에 알게 될 것"이라고 밝힌 것과 달리 불과 하루 만에 전격적인 취소 통보를 했다. 다만 "정상회담에 대해 마음이 바뀐다면 한 치의 망설임 없이 전화나 이메일을 주길 바란다"고 덧붙이며 여지를 남겼다.

북한은 트럼프 대통령의 서한이 공개된 지 약 9시간 만에 "우리는 아무 때나 어떤 방식으로든 마주앉아 문제를 풀어나갈 용의가 있다"고 반응했다. 북한이 더 강경하게 나올 것이라는 예상도 있었으나 빗나갔다. 오히려 이례적으로 신속하게 우호적 제스처를 보이며 북-미 정상회담을 이대로 무산시키고 싶지 않다는 속내를 드러냈다.

다. 위장 평화공세

공산주의자들에게 협상이란 목적달성을 위한 '일시적 수단'에 지나지 않는다. 대표적인 '일시적 수단' 으로서의 협상 전술이 위장 평화 공세이다. 위장 평화 공세는 앞에서는 평화를 이야기하면서, 뒤에서는 전쟁을 준비하는 이중전술이다.

북한은 1950년대에는 남북 단일 국회 구성 제의 등 위장평화공세를 펼치다 6.25 남침 전쟁을 일으켰다. 1960년 8월 14일에는 남북 연방제 통일을 제의한 가운데 1.21 무장공비 청와대 습격사건 과 울진, 삼척 무장공비 침투사건을 일으켰다. 1971년 평화통일 3대 원칙을 제시한 7.4 남북공동성명을 발표할 때에도 남침용 땅굴을 파고 있었다. 1975년 조국통일 5대 강령을 제시하며 남북한 평화협정체결을 주장하면서도 박정희 대통령 암살 시도를 이어갔고, 남북한 군대를 각각 10만 명으로 감축하는 군축 회담을 제의하면서도 판문점 8.18 도끼 만행 사건을 저질렀다.

1983년 10월 전두환 대통령을 암살하기 위해 미얀마 아웅산 묘소에 폭탄테러를 자행하기 하루 전까지 북한은 미국을 포함하는 3자회담을 제의했다. 북한은 1987년 서울 올림픽 남북한 동시 개최를 제의하는 가운데에도 KAL 858기 폭파 테러를 저질러 탑승객 115명 전원을 살해하는 만행을 저질렀다.

김대중 정부 시절인 1999년 북한은 남북 고위급 정치회담을 제의하는 등 대화 공세를 펴면서도 제1차연평해전을 도발했고, 2002년 한일 월드컵을 계기로 각종 국제경기에 남북한 동시입장, 남북통일 축구경기 개최 등 축제 분위기에 들떠 있을 때에도 6월 29일 제2차 연평해전을 감행했다. 북한은 겉으로는 평화 공세를 이어가면서도 한반도 공산화의 목적을 포기한 적이 없다. 북한의 평화적인 제스처는 대남적화통일을 달성하기 위한 화전양면전술인 것이다.

1994년 1차 핵위기 당시 북한은 "서울 불바다" 운운하며 벼랑 끝 전술로 한국과 미국을 위협했다. 그러나 미국이 군사대응으로 전략을 바꾸고 북한 주요 핵시설, 군사시설, 주석궁 등에 대한 정밀타격(Surgical Strike) 작전을 수행하기 위해 한반도 근해에 항공모함 전단을 파견하자 전술을 바꾸었다. 김일성은 급히 지미 카터 전 미국대통령을 평양으로 초청했다. 그리고 카터를 통해 미국에 핵을 폐기하겠다고 평화 메시지를 띄우는 평화공세를 펼쳤다. 덕분에 북한은 주요 전략거점들이 초토화 되고 공산 왕조가 몰락하는 것을 피할 수 있었다.

김정은은 2018년 신년사를 통해 갑자기 평창올림픽에 선수단을 파견하겠다고 선언했다. 분명 김정은이 IOC 권고를 준수하기 위해 선수단을 파견하기로 결정한 것은 아니었다. 북한은 평창올림픽에 참가하면 한미합동군사훈련을 올림픽이 끝날 때까지 연기할 것을 미국에 제안하겠다는 문재인 대통령의 제안에 구미가 당겼던 것이다. 북한이 평창올림픽 참가 제안을 받아들인 이유는 다음 두가지였다.

첫째, 한미합동군사훈련이 연기되면 핵무기 개발을 마무리하는데 필요한 시간을 벌 수 있다. 당시 북한은 핵 탄두 개발을 완료하였으며, 미국 본토에 있는 목표까지 핵탄두를 운반할 장거리 미사일도 보유하고 있다고 호언하고 있었다. 단, ICBM이 대기권에 재진입할 때 고도의 기술을 요하는 탄두의 안정성 문제에 미진한 부분이 있었다. .

둘째, 전세계를 상대로 대대적인 평화공세를 펼칠 수 있기 때문이다. 세계의 시선이 집중된 평창올림픽에 선수단, 공연단, 응원단, 태권도 시범단, 참관단 등 500여명의 인원을 파견해 선전활동을 벌여 북한의 호전적 이미지를 개선하는 기회로 활용할 수 있기 때문이다.

역사에는 전쟁을 피하기 위해 평화협상을 체결했다가 적의 속국으로 전락하는 등 오점을 남긴 사례가 많이 있다. 영국수상 네빌 체임벌린은 1938년 아돌프 히틀러에게 평화를 구걸하는 뮌헨 협정에 서명하였으나 히틀러는 다음해에 2차세계대전을 일으켰다. 남부 베트남은 파리평화협정이 체결되고 미군이 철수한 후 1년반 만에 패망했다. 지금 우리나라 상황이 베트남 패망 당시의 상황과 너무 유사하다고 걱정하는 사람들이 많다. 공산주의자 들이 적을 속이기 위해 일시적으로 쓰는 위장평화 전술을 경계해야 한다.

라. 통미 봉남 – 남과 북, 누가 친미국가인가?

'통미 봉남'은 북한의 대표적인 대남 전략 겸 협상전략으로 꼽는다. '미국과 통하고 한국은 막는다'는 뜻으로, 미국과는 수교를 지향하면서 한국 정부와는 단절하는 외교전략이다. 북한의 이같은 대남 전략은 지난 1994년 1차 핵위기 때부터 시작됐다고 보는 것이 일반적이다.

1994년 10월 북한은 미국과 제네바 기본합의를 위한 협상을 진행하면서 한국을 철저히 배제하고 오로지 미국과 대화를 했는데, 그것이 바로 '통미 봉남' 전략이었다. 이후 북한은 핵 협상에서 '통미 봉남'을 기본 전략의 하나로 삼았다.

김대중 정권이 대북 '햇볕정책'을 펴자 북한은 다시 한국과 대화를 이어갔고, 김정일 국방위원장은 김대중 대통령, 노무현 대통령과 각각 정상회담을 열었다. 그러나 이후 이명박 정권에서 상황은 다시 바뀌었다. 남북관계 개선에 적극적이었던 전임 정권들과는 달리 이명박 정권은 대북 강경 자세를 취했고, 북한은 다시 한국을 배제하는 정책을 폈다.

이명박 정권이 2010년 3월 천안함 폭침 사건의 배후로 북한을 지목하며 사과를 요구하자, 북한은 2011년 5월 국방위원회 대변인 명의 성명을 발표하며 "남측과 더 이상 상종하지 않겠다"고 선언했다.

김정일 국방위원장의 뒤를 이어 집권한 김정은 위원장은 한국의 정권에 관계없이 상황에 따라 전략을 바꿨으며, 박근혜 정권 당시에는 미국을 향해 포문을 열기도 했으나, 문재인 정권 들어 다시 한국을 겨냥해 비난의 화살을 쏘기도 했다.

통미 봉남 전략은 널리 알려지기는 했지만 그 용어의 전략적 의미는 상대적으로 잘 알려지지 않았다. 북한이 시도하는 통미 봉남 전략은 그 범위가 크고 내용도 정교하다. 북한 정권의 궁극적 목표는 한반도의 적화통일이며 북한정권이 통일의 주역이 되는 것이다. 북한 정권은 자신들이 한반도를 통일하기 위해서는 무엇보다도 미국의 동의가 필요하다는 사실을 잘 알고 있다. 그렇기 때문에 북한은 미국에게 한반도 통일의 주역이 북한정권이어야 한다는 것을 온갖 이유를 대며 설득하려 하고 있다. 북한이 미국을 설득하는 논리 중에는 '통일 후 북한이 미국과 좋은 관계를 맺을 수 있으며, 그럴 경우 미국은 중국을 견제하기 아주 좋을 것' 이라는 지정학적 현실을 배경으로 하는 그럴 듯한 이론이 포함되어 있다.

사실 미국의 전략은 대단히 현실주의적이며 미국이야말로 적과 동지를 한순간에 바꿀 수 있는 나라다. 미국은 과거 일본을 핵무기로 폭격한 나라지만 현재 미국과 일본은 가장 가까운 동맹국이다. 미국은 2차 대전 이후 중국과 경합했지만 본래 미-중 관계는 우호적 관계였다. 미국은 소련이 몰락할 때 중국과 거의 준 동맹 수준의 좋은 관계를 유지하고 있었다. 미국 정책결정자들의 현실주의적 국제정치관과 미국의 유리한 지정학적 위치는 미국을 필요에 따라 언제라도 적과 친구를 쉽게 바꿀 수 있는 나라로 만들었다. 미국은 누구하고도 전쟁할 수 있고 누구와도 동맹이 될 수 있는 최고로 유연한 국제 전략을 가지고 있는 나라다.

● 남과 북, 누가 미국 편인가?

미국의 이 같은 속성을 파고드는 것이 북한의 통미 봉남 전략이다. 북한은 한반도 통일에 대한 미국의 최소한의 조건은 '통일된 한반도는 미국 편이어야 한다' 라는 사실을 잘 알고 있다. 우리는 미국이 대한민국이 주도하는 통일을 이룩하기를 원한다고 알고 있지만, 미국은 '미국 편인 국가가 한반도 통일의 주역이 되기를 원한다'고 말하는 것이 더욱 현실적일 것이다.

북한의 통미 봉남 전략은 북한이 통일을 이룩할 경우에도 통일한국은 확실한 친미 국가가 될 수 있다는 것을 미국에게 확신시켜가는 작업이다. 미국은 중국의 부상에 대비하기 위해 한반도에 미국 편인 통일국가가 들어서야 한다는 전략적 필요성을 가지고 있다. 미국은 통일된 한반도가 자신 편일 것이라는 조건이 충족될 경우 통일의 주역이 누구든 관계없다. 같은 논리로 대한민국 주도로 통일을 이룩했는데 그것이 반미적인 성격의 국가가 된다면 미국은 그런 통일을 용납하지 않을 것이다.

미국은 현재 '한국은 무조건적인 친미 정권, 북한은 무조건적인 반미 정권' 이란 등식을 더 이상 믿지 않는다. 미국은 통일 후 한반도가 반미 국가가 된다면 결코 그 같은 통일을 용인하지 않을 것이며 통일된 한반도가 친미적인 국가일 경우라면 누가 통일할 것이냐의 문제를 따지지 않을 수도 있을 것이다. 남한 정부가 미국과의 관계를 회복하면 북한이 확실한 친미 국가가 될 터이니 자신을 통일의 주역으로 삼아 달라는 황당한 꼼수를 쓰는 것이 더 이상 불가능하게 될 것이다. 그러나 한국에 심각한 반미 정권이 들어설 경우 북한의 통미 봉남 전략은 언제라도 다시 작동될 수 있을 것이다.

북한은 대남 압박을 통해 한국 정부가 더 적극적으로 북한 입장을 대변하도록 만드는 전술도 구사했다. 2018년 6월 북한은 돌연 남북고위급회담을 취소하고 북-미 정상회담 취소까지 위협했다. 북한은 한국 정부를 더 궁지에 몰아넣으면 한국 정부가 다급하게 미국을 푸시할 것이라고 계산한 것으로 보인다. 한국 정부가 남북 관계 개선에 적극적이라는 점을 이용해 대남 강경노선을 펴서 더 많은 양보를 얻어내려는 것이었다. 북한이 풍계리 핵실험장 폐기 행사에서 한국 취재진만 소외시킨 데 이어 남북 회담도 계속 어깃장을 놓았다. 북한 입장을 대변하는 재일본 조선인총연합회 기관지 조선신보는 2018년 6월 22일 "조미(북ㆍ미) 대화에서 진전이 이루어지면 (남북) 고위급 회담을 중지시킨 사태도 저절로 해소되리라고는 볼 수 없다"고 주장했다. 북한은 6월16일 판문점에서 남북 고위급 회담을 열기로 합의했으나 당일 새벽 갑자기 취소했다.

조선신보는 "북을 겨냥한 전쟁 소동이 계속된다면 북-남 고위급 회담의 중단 상태도 이어질 수밖에 없을 것"이라고 말했다. 북한이 문제 삼은 건 6월 25일까지 진행되는 맥스 선더 한-미 연합훈련이다. 그러나 북한은 정작 미국에 대해선 발언을 자제하면서 한국에게만 비난의 화살을 쏘았다. 북한이 또 통미봉남 전략을 펼친 것이다. 2019년 2월 하노이 회담이 결렬된 이후 원하던 제재 완화를 얻지 못하자 북한은 또 다시 한국을 향해 비난의 수위를 높였다:

"오지랖 넓은 중재자, 촉진자 행세를 할 것이 아니라 민족의 일원으로서 제정신을 가지고 제가 할 소리는 당당히 하면서 민족의 이익을 옹호하는 당사자가 되어야 한다" [김정은 위원장 시정연설 대독 (2019년4월)]

이후 한-미 연합군사훈련을 빌미로 지난 2019년 5월부터 10월까지 12번의 발사체 도발을 감행한 북한은 급기야 "남조선 당국자들과 더 이상 할 말이 없고 다시 마주 앉을 생각도 없다"며 다시 '통미 봉남'에 나설 것임을 예고했다.

● 통미 봉남 vs. 등거리 외교

강대국 틈바구니에 낀 샌드위치 신세를 역이용하는 북한의 외교적 생존술은 정평이 나있다. 냉전 시절 사회주의 맹방 소련과 혈맹 중국 사이에서 '등거리 외교'로 자주노선을 편 것이 대표적이다. 김일성의 등거리 외교는 당시 상황에선 현명한 선택이었다. 첨예하게 대결하던 중-소 양국의 경쟁을 유도하며 경제적, 군사적 지원을 이끌어 낼 수 있었기 때문이다.

중-소 양국 사이에서 편 등거리 외교와 한-미 사이에서 펴는 통미 봉남에는 차이점도 있지만 공통점도 있다. 정세 변화에 따라 어느 한쪽에 붙어 북한의 이익을 도모한다는 점이 같다. 차이점은 등거리 외교에서는 이념적으로 중국이나 소련 어느 쪽에 치우치지 않고 자주 노선을 견지하는 것이 중요했다. 그 결과 북한이 주체사상을 견지하는 독자노선을 견지할 수 있었다. 그러나 결과적으로는 그것이 북한을 국제사회에서 고립시키고 그래서 후진성을 탈피하지 못하게 만든 원인이 되었다.

● 통미 봉남 vs. 중재자 외교

반면, 통미 봉남 외교는 한국을 배제시킨 가운데 북-미 관계를 증진시켜 북한의 적화통일 전략에 유리한 조건을 조성하는 데에 목적이 있다. 북-미 관계가 순조로으면 한국을 멀리하고, 북-미 관계에 진전이 없을 때에는 한국을 통해 대미관계를 개선하기 위해 남-북 관계를 진전시킨다. 문 재인 대통령의 "중재자 외교"는 북한의 통미 봉남 외교가 남-북 관계를 개선하는 쪽으로 방향을 전환한 시기에 등장했다. 2016-2017년 북한이 연달아 3회 핵실험을 실시하고, 중-장거리 탄도 미사일을 발사하자 국제사회에 북한을 성토하는 분위기가 팽배하였고 북-미 관계도 험악한 상황이었다. 이와 같은 상황에 2017년 말 문재인 대통령이 북한이 평창올림픽에 참가하면 올림픽 기간 중 한미합동군사훈련을 연기할 것을 약속하는 유화 제스처를 보냈고 북한이 이에 호응하면서 남북화해 분위기가 조성되었다.

2018년 평창 동계올림픽을 계기로 같은 해 4월 문재인 대통령과 김정은 위원장이 판문점에서 정상회담이 추진되는 등 남-북 관계에 획기적인 진전이 이룩되자 북한과 관계에 자신감을 갖게 된 문재인 대통령은 미-북 간 북핵 협상에 중재자 역할을 자임하고 나섰다. 이어서 6월에는 미-북 정상회담이 성사되면서 문 대통령의 중재자 외교가 북-미 간 비핵화 협상을 견인하는 듯했다.

그러나 트럼프 대통령은 싱가폴회담을 19일 앞둔 5월24일 김정은 위원장에게 보내는 공개 서한을 통해 회담을 취소했다. 트럼프 대통령이 회담 취소를 발표한 이틀 후 문 대통령은 김정은 위원장과 판문점 북측지역 판문각에서 예고 없이 깜짝 회담을 가졌다. 그리고 북한의 비핵화 의지와 미-북 정상회담 개최의사를 재확인했다. 이에 트럼프 대통령도 자신의 회담 취소 결정을 번복하고 싱가폴 정상회담 준비에 착수했다. 문재인 대통령의 중재자 외교가 빛을 발했다. 당시 워싱턴포스트(WP) 등 외신은 문 대통령의 중재자 외교를 "외교 쿠데타", "전술의 달인" 등으로 높이 평가했다. 그러나 문 대통령의 중재자 외교는 미국이 한국에 신뢰를 보내는 가운데 북한이 남북관계를 개선할 필요를 느낄 때에 한하여 가동된다는 한계 때문에 효용성이 떨어지는 정책이다.

마. 코리아 패싱 : 신 통미 봉남

'코리아 패싱'은 북한의 연이은 핵실험과 미사일 발사로 북핵 위기가 고조되던 2016년부터 북핵에 대한 논의 과정에 한국이 미국 등 주변국을 비롯한 국제사회에서 소외되는 현상을 일컫는 신조어이다.

● 미국이 한국을 배제

북한에 상대적으로 우호적인 문재인 후보가 대선에서 승리할 가능성이 높아지자, 트럼프 정부는 새로 들어설 정부가 대북 제재에 소극적일 것을 우려하였다. 트럼프대통령의 사드 비용 청구 발언에 대해 대선 후보간에 상반된 의견이 존재하였기에, 미국은 대북 제재에 소극적인 후보가 당선될 것을 우려하였고 그것이 현실화된다면 미국이 한국을 뺀 채 한반도 문제에 강력 대처하는 '코리아 패싱'이 발생할 수 있다는 시각이 존재하였던 데서 유래한다.

도널드 트럼프 대통령은 2017년 11월 7일 개최된 한미 정상회담 뒤 공개 기자회견에서 코리아 패싱 이 없다는 것을 밝혀달라는 한국 기자의 질문에 "한국은 나에게 매우 중요한 국가이며 한국을 우회하는 일은 없을 것이라고 이 자리에서 바로 말해 줄 수 있다"며 코리아 패싱은 없다고 일축했다.

● 북한이 한국을 거부

한편 북한은 문재인 정부 초기부터 문재인 정부의 남북회담 제안을 거부하면서 통미봉남전술을 펼쳤다. 문재인 대통령이 직접 만나서 악수까지 한 북한의 장웅 IOC 위원은 평창 남북 단일팀 제안에 시간이 촉박하다, 스포츠만으로 관계가 풀릴 거라고 보는 건 천진난만한 것이라고 면박을 줬다. 아세안 포럼에서 북한 외무상 리용호는 강경화 외교장관에게는 별다른 의견을 표시하지 않은데 반해, 같은 회의에서 만난 일본의 고노 외상에게는 트럼프 행정부와의 관계가 좋은 일본이 미-북 직접 담판을 위한 가교가 되어달라는 식의 의사를 피력하며 대화를 제의하는 등 한국을 소외시켰다.

2017년 8월 30일 월스트리트저널은 도널드 트럼프와 김정은이 대한민국을 무시한다고 느끼는 한국인들이 코리아 패싱이라는 신조어를 만들었다고 보도했다. 미국 입장에서는 한국이 북한의 비핵화를 촉진하는 역할을 한다면 존중하겠지만 북한을 대변하고 대북제재 완화를 주장하면 무시할 수밖에 없을 것이다. 반면 북한 입장에서는 한국이 같은 민족의 입장에서 미국을 설득해 북한에 대한 제재를 완화하는 데 기여하기를 바랄 것이다. 중재자 역할을 자임한 한국은 그 어느 쪽도 만족시키지 못하였기 때문에 미국과 북한 양쪽으로부터 소외되고 있는 것이 현실이다. 특히 하노이 북-미정상회담이 '노 딜'로 끝난 이후 북한은 그 원인이 한국이 잘못된 정보를 주었기 때문이라고 판단하고 문 대통령을 직접 거명하면서 온갖 비난을 늘어 놓고 있다.

북한은 2019년 8월 11일 시작된 '후반기 한-미 연합 지휘소 훈련'을 두고 한국을 향해 "훈련 중단이나 성의 있는 해명 없이는 남북 간 접촉을 할 수 없다"고 못을 박았다. 그러면서 청와대를 '개'로, 한국군의 훈련을 '똥'으로 표현하며 원색적으로 비난했다. 북-미 비핵화 실무협상을 앞두고 한국의 중재 없이도 미국과 협상에서 자신들의 요구를 관철할 수 있다는 자신감을 드러낸 것이다.

북한은 이날 권 정근 외무성 미국담당 국장 명의로 발표한 담화문을 통해 한국 정부를 비난했다. 권 국장은 "군사연습을 아예 걷어치우든지 군사연습을 한 데 대해 하다못해 그럴싸한 변명이나 해명이라도 성의껏 하기 전에는 북-남(남북) 사이의 접촉 자체가 어렵다는 것을 생각해야 한다" 고 경고했다. 이어 "청와대의 이러한 작태가 남조선 국민들의 눈에는 안보를 제대로 챙기려는 주인으로 비쳐질지는 몰라도 우리 눈에는 겁먹은 개가 더 요란스럽게 짖어대는 것 이상으로 보이지 않는다" 고 막말을 했다. 한 - 미 연합훈련 명칭을 바꾼 것에 대해서도 "똥을 꼿꼿하게 싸서 꽃 보자기로 감싼다고 해 악취가 안 날 것 같은가" 라고 비난했다. 또 한국 정부 당국자들을 '바보'로 지칭하기도 했다.

● 중재자 역할 배제

권 국장은 "앞으로 대화로 향한 좋은 기류가 생겨 우리가 대화에 나간다고 해도 철저히 이러한 대화는 조-미(북·미) 사이에 열리는 것이지 북-남 대화는 아니라는 것을 똑바로 알아두는 것이 좋을 것"이라고 강조했다. 조만간 재개될 것으로 보이는 북-미 협상에서 그동안 중재자 역할을 맡아온 문재인정부를 배제하겠다는 것이다.

북한은 여러 차례의 정상회담을 통해 북-미 정상 간 소통 채널이 구축됐으니 한국의 중재로 괜한 오해를 낳을 필요가 없다고 판단하는 것으로 보인다. 북한문제 전문가들은 "북-미 정상이 친서 등을 이용해 직접 소통하면서 이전만큼 한국의 중재가 필요하지 않은 상황"이라고 지적했다. 북한이 자신들만의 계산법이 있는데, 한국이 이를 잘 파악하지 못하고 중재에 나서고 있다고 생각하는 것 같다는 것이다.

● '하노이 노 딜' 이후

북한의 코리아 패싱에는 '하노이 노 딜' 사태를 재연하고 싶지 않은 김정은 북한 국무위원장의 의지가 담겼다는 분석도 있다. 지난해 9월 남북 정상회담을 통해 마련한 평양공동선언에 영변 핵시설 폐기 안을 넣고 미국과 정상회담을 했는데, 미국이 이를 거부하면서 영변 핵시설의 '값'만 낮아졌다는 게 김 위원장의 인식이라는 것이다. 한 외교 소식통은 "하노이 노 딜 이후 '한국이 개입하면 일이 더 복잡해진다'는 인식이 북한 지도층 사이에 팽배한 것 같다"고 평가했다.

청와대는 북한의 잇따른 미사일 도발과 대남 비판 메시지에도 불구하고 김 위원장이 우리 정부나 미국과의 대화의 판을 엎지는 않을 것으로 보고 있다.

청와대 관계자는 "북한은 항상 정상회담 등 협상을 앞두고는 긴장을 증폭시키는 방법을 써 왔다"고 설명했다. 북한이 통미 봉남을 노골적으로 밝힌 것에 대해서도 "북한은 최근 계속 비슷한 기조의 성명을 내왔다. 새로운 얘기는 아니다"고 말했다. 이어 "남-북-미는 빠른 대화 재개가 필요하다는 데 인식을 같이하고 있다"며 "북-미가 활발히 친서를 교환하고 있는 것도 긍정적인 신호"라고 했다.

끝없이 대화를 요구하던 문재인에게 북한은 2019년 8월 27일 노동신문으로 반응을 내놨는데 "운전석이니 뭐니 헛소리하지 말고 입 다물어라"는 폭언을 퍼붓는 걸로 답했다. 8월 28일에도 문재인 정부에 대한 독설을 퍼부었다. "허섭스레기들만 꺼내들고 있는 남조선 당국은 업적쌓기, 인기몰이에만 정신이 팔려있음을 오롯이 보여준다." 9월 1일에는 문재인 정부의 대화, 제재 병행론에 정신감정이나 받으라며 아예 정신병자 취급까지 했다. 북한으로선 한미공조에 발이 묶여 옴짝달싹 못하는 남한 당국이 답답할 것이다. 어차피 미국 말을 들을 텐데 굳이 따로 대화할 필요를 못 느낄 수 있다. 북한이 앞으로도 한국을 '패싱'하는 '신(新) 통미 봉남' 행태를 계속한다면 한국의 입지가 크게 어려워질 것이다.

06.

국제사회의
북핵 대응 전략

'날강도' 트럼프

북핵 저지 전략은 채찍과 당근으로 대표되는 제재와 회유정책이다. 빌 클린턴 미국행정부 시절 대북정책조정관을 지내며 대북 협상을 주도했던 웬디 셔먼은 2011년 9월 상원 외교위 국무부 정무차관 후보자 청문회에서 "버락 오바마 대통령과 힐러리 클린턴 국무장관은 6자회담의 지속과 함께 두 갈래(협상과 제재) 접근을 계속해 왔다"고 말했다. 클린턴행정부에서부터 오바마 행정부에 이르기 까지 미국의 대북 정책은 협상과 제재 두 갈래였다.

웬디 셔먼은 "북한이 되돌릴 수 없는 방향으로 핵무기 및 장거리 미사일 프로그램을 없애고, 주민들의 인권을 개선하고, 국제사회와 관계를 정상화하는 길을 걸을 것인지, 아니면 파탄 국가로서 고립의 길을 걸으며 국제사회의 분노를 살 것인지는 북한의 선택에 달려 있다"고 강조했다. 또 북한이 2005년 9·19 공동성명 및 비핵화 약속을 먼저 이행해야 한다며 "북한이 이러한 방향으로 움직인다는 사실을 행동으로 보인다면 대화는 다소간 의미를 지닐 것"이라고 말했다.

트럼프행정부도 이와 같은 미국의 대북정책 기조를 이어받았다. 도널드 트럼프 대통령은 2017년 4월 26일 새로운 대북정책을 확정했다: "북한이 핵을 포기하도록 고강도 압박을 계속하되 북한의 태도 변화 시 대화도 할 수 있다"는 '채찍과 당근' 투 트랙 전략이다. 미국의 전문가들은 트럼프 행정부가 '대북 최대압박과 관여' 정책에서 '관여'에 더 무게를 두고 있다고 분석한다. 미국은 대화의 문을 열어놓고 있지만, 불행하게도 북한이 대화로 나오는 것을 꺼리고 있다고 지적한다. 게리 세이모어 전 백악관 대량살상무기 담당 조정관은 트럼프 행정부가 북한을 협상장으로 끌어내기 위해 대북정책의 기조인 '최대 압박과 관여'에서 압박의 힘을 빼고 있다고 말했다.

세이모어 전 조정관은 하노이 정상회담 이후 재무부가 북한의 제재 회피를 도운 중국 선박 회사를 제재 명단에 추가한 지 하루 만에 트럼프 대통령이 대북 추가 제재 취소를 지시했던 사례를 상기시켰다. 이런 조치들은 미국이 북한이 요구하면 제재 완화를 할 수 있다는 것을 보여줘 대북협상의 지렛대를 높이는 효과를 가져온다. 미국은 기회 있을 때마다 북한이 비핵화를 위한 실질적인 조치들을 취하면 제재 완화와 관련해 협조할 수 있다는 의향을 보이는 등, 초점은 제재가 아닌 대화에 있다는 것을 암시한다. 특히 미국이 동원할 수 있는 강력한 제재들이 있지만 실무 협상을 재개할 수 있을 것이라는 희망 때문에 해당 조치들을 동원하지 않고 있다.

대통령은 북한과의 관여를 더 강조하고 있으나, 관료 조직은 제재 위반 사례를 발견하면 제재를 가하는 정책을 따르고 있다. 그래서 트럼프 행정부가 추구하는 대북 정책의 기조가 북한을 협상 테이블로 이끌어내는 데 효과적이지 않다는 지적이다. 트럼프 행정부 관리들은 압박과 관여 정책이 효과를 내기까지는 오랜 시간이 걸린다며, 북한의 비핵화 조치 없이 어떠한 것도 양보해선 안 된다고 말한다.

가. 최대 압박(Maximum Pressure)정책

트럼프 행정부는 지난 1년 간 경제와 외교 분야에서 북한에 대한 전방위적 압박 캠페인을 펼쳤다. 북한을 고립시켜 대화 테이블로 나오도록 한다는 전략인데, 실패할 경우 군사적 옵션이 고려될 것이라는 점도 분명히 했다.

트럼프 대통령은 취임을 며칠 앞둔 2017년 1월 김정은 국무위원장이 신년사에서 대륙간탄도미사일 시험발사가 마감 단계에 있다고 주장하자, 트위터를 통해 "그런 일은 없을 것"이라고 말하며 본격적인 대응을 예고했다. 이후 4월에 공개된 트럼프 행정부의 대북정책 '최대 압박과 관여(Maximum Pressure and Engagement)'에는 실제로 이러한 의지가 잘 반영되어 있다.

마이크 펜스 부통령은 미국은 북한에 압박을 가할 필요가 있으며, 국제사회가 외교와 경제적 압박을 통해 북한이 지난 세대 동안 피해왔던 협상의 자리로 되돌아오게 할 수 있다고 말했다. 그러면서 한반도의 비핵화라는 목적을 달성할 때까지 미국은 쉬지도, 느슨해지지도 않을 것이라고 강조했다. 북한에 영향력을 가진 나라들과 함께 북한에 최고 수위의 압박을 가하고, 이를 통해 북한이 핵을 포기하도록 한다는 접근법이다.

이 접근법의 성공을 위해 사실상 가장 먼저 지목된 영향력 있는 나라는 중국이다. 북한 무역의 90%를 차지하는 중국이야말로 최대 압박의 성패를 가르는 '지렛대'를 지닌 나라라는 인식이 바탕이 된다. 이를 위해 트럼프 대통령은 취임 이전부터 약속했던 미국의 대중국 경제 제재, 즉 중국을 환율조작국으로 지정하는 문제도 유보하면서까지 북한 문제에 집중했다.

● 중국의 안보리 제재 이행

이런 노력 속에서 북한의 대중 수출액은 2017년 하반기에 접어들면서 큰 폭으로 떨어졌고, 이에 따라 북한의 대중 무역적자폭도 사상 최대를 기록했다. 또 중국이 안보리가 채택한 대북제재를 이행하면서 북한과의 합작사업이 중단되고, 북한으로 보내던 정제유공급이 끊기는 등 '최대 압박'의 결실로 평가할 만한 정황들이 점차 드러나기 시작했다. 트럼프 행정부의 대북 압박 노력은 중국을 넘어 북한과 직간접적으로 관계를 맺고 있는 다른 나라들에게도 이어졌다.

● 북한과 관계 단절 등 조치 20여개국

트럼프 대통령 스스로 워싱턴을 방문한 해외 정상들에게 북한 문제 해결을 요구했고, 마이크 펜스 부통령은 남미 나라 등을 순방하면서 북한과의 관계 단절을 공식 요청할 정도로 본격적인 대북 압박 노력을 펼쳤다. 이런 노력의 결과 자국에 주재하고 있는 북한 대사를 추방하거나 북한과의 무역을 끊는 등의 실질적인 조치를 취한 나라만 20여개국에 이른다.

트럼프 행정부는 이처럼 북한과 외교관계를 맺고 있는 나라 들에 대한 '외교'를 통해 북한을 압박하는 적극적인 전략을 취 했다. 이는 북한과의 직접적인 대화나, 대북 협상과는 다른 차원의 외교적 노력이다. 이런 가운데 트럼프 행정부 당국자들이 북한 문제를 언급할 때 빠지지 않고 등장하는 문장이 있다. 바로 '모든 선택지가 테이블 위에 있다'는 말이다. 이런 상황에서 트럼프 행정부 당국자들이 할 일은 대통령에게 다양한 선택지를 제공하는 것이 될 것이며, 여기에는 군사적 선택지가 포함될 것이라는 것이다.

결과적으로 한반도에서 전쟁을 피하기 위해서는 각국이 미국의 외교적 노력인 '최대 압박'에 동참해야 한다는 것이 트럼프 행정부 대북정책의 기조다. 트럼프 대통령은 군사 공격을 암시하는 발언을 하는 데 주저함이 없었다. 특히 북한에 대해 '화염과 분노에 직면할 것'이라는 발언이나 '북한이 파괴될 것', '내 핵 버튼이 더 크다'는 등의 말은 북한과의 '말 폭탄' 논란으로 이어지기도 했다.

트럼프 대통령의 강경 발언들은 모두 미국에 대한 북한의 핵미사일 위협이나 북한의 협박성 발언에 대응하는 과정에서 나왔기 때문에 이를 단순히 '말 폭탄'으로 보기에는 무리라는 주장도 있다. 트럼프 행정부는 '최대 압박'과 더불어 군사적 선택지를 내세우고 있지만 동시에 북한과의 대화가 열려 있다는 기조를 유지하는 것도 사실이다.

이처럼 미국 정부가 최대 압박과 동시에 대화를 언급하는 것은 제재의 끝이 결국은 대화라는 인식 때문이다. 북한에 압박을 가하고, 고립시켜 그들 스스로 대화 테이블로 나오도록 한다는 것이다. 이런 맥락에서 트럼프 대통령은 최근 한국과 북한이 고위급 회담을 열고, 북한이 평창 동계올림픽에 참가하기로 결정한 것 또한 미국의 '최대 압박' 캠페인에 따른 결과라고 말하기도 했다. 아울러 '대화'와 '협상'이 서로 다른 개념이라는 점도 주목해야 할 부분이다. 북한과 대화하는 데는 아무런 제약이 없지만, 북한과 협상을 하기 위해선 '비핵화'가 전제돼야 한다는 것이다. .

● 당근과 채찍 그리고 자존심

트럼프 행정부 초기 외교안보 분야에서 활동했던 캐슬린 맥팔랜드 전 국가안보회의(NSC) 부보좌관은 "트럼프 대통령은 북한과 협상하는 과정에 당근과 채찍 외에 세 번째 도구로 EGO, 즉 자존심을 이용한다"고 평가했다. 맥팔랜드는 "트럼프가 김정은을 세계 무대에서 걸출한 지도자로 대접해줬기에, 김정은은 트럼프 대통령과 만나는 것을 매우 좋아했다. 자신을 띄워주는 듯한 그런 분위기를 매우 좋아했다"고 말했다. 이어 "트럼프 대통령은 과정보다 결과를 더 중요하게 여기는 승부사"이며, 그래서 로켓맨이라고 조롱하던 김정은에게 "멋진 세계적 리더"를 만나서 기쁘다는 구애 편지를 쓰기도 했다고 소개했다.

미국의 한반도 전문가들은 트럼프 대통령이 지난 2년 동안 추진한 대북 압박 정책을 긍정적으로 평가하면서도 정제되지 않은 수사로 필요 이상 긴장을 고조시킨 것은 실책이라고 지적했다. 최대 압박뿐 아니라 관여에도 비중을 둘 필요가 있었다는 의견이 있는가 하면, 더욱 강력한 행동으로 정책을 뒷받침했어야 했다는 의견도 있다.

전문가들의 우려는 주로 북한 지도부를 겨냥한 트럼프 대통령의 자극적인 발언과 북한과의 대화 부재에 집중된다. 백악관 국가안보회의 한국 담당 보좌관을 지낸 수미 테리는 북한을 경제적, 외교적으로 고립시키려는 트럼프 대통령의 노력은 높이 평가하지만 "자살 임무"나 "로켓맨" 등의 과격한 수사는 도움이 되지 않는다고 비판했다.

최대 압박 정책에 대한 전문가들의 긍정 평가는 다음과 같다.

- 유엔 안보리 결의 등을 통해 대북 제재 수위를 강화했고 중국을 비롯한 국제사회의 동참을 얻어냈다.

- 중국을 포함한 국제사회와 협력하고 대북 압박을 가해 북한이 자유롭게 행동하는 것을 제한했다.

- 최대 압박 캠페인이 전임 오바마 행정부의 정책보다 확실히 더 큰 영향을 끼치고 있다.

- 북한은 그 어느 때보다 국제사회에서 고립됐고 강화된 제재의 영향을 느끼고 있다.

- 트럼프 대통령이 압박과 억제, 그리고 강력한 미사일 방어 정책을 보여주고 있다. 이런 과정에서도 북한과의 직접 대화 옵션을 남겨 두고 있는 효과적인 정책이다.

반면 비판적인 평가도 있다:

- 최대 압박 정책은 지지하지만 외교적 노력이 뒷받침돼야 한다.

- '최대 압박과 관여'를 표방 헸는데 아직 관여 정책을 못 봤다. 북한 문제 해결을 위해선 관여와 장기간의 노력이 필요하다.

- 트럼프 행정부의 대북 정책 1년은 '혼란과 모순'이다. 트럼프 대통령과 고위 관리들이 북한에 대한 예방공격과 외교적 대화 가능성이라는 서로 다른 입장을 내놨다.

나. UN 제재

국제적인 대북 제재는 'UN안보리를 통한 제재'와 개별회원국이 취하는 '양자 제재'로 나눌 수 있다. 현재까지 대북 경제제재 관련 유엔 안보리 결의안 (UNSCR: UN Security Council Resolution)은 총 10차례 채택되었다. 2016년 채택된 제재 2270호 이전 유엔 제재들은 북한 민생에 직접적인 영향을 미치지 않는 핵 또는 대량살상무기 관련 제재의 성격이 강했으나 제재 2270호부터는 경제 일반에 영향을 끼치는 방향으로 제재의 성격이 변했다.

하노이 북-미 정상회담이 결렬된 직후 하노이 현지에서 가진 기자회견에서 리용호 북한 외상이 협상결렬의 책임이 미국측에 있다고 전가하면서 북한이 미국에 요구한 제재완화는 유엔 제재 가운데 극히 일부에 불과하다고 주장했다. 리용호는 북한은 단지 2016년 이후 채택된 6개 제재 결의 가운데 민생과 관련된 5개 제재를 풀어달라고 했다고 주장했다. 이것만 보아도 유엔 제재가 북한 정권과 경제 일반에 얼마나 큰 부담이 되고 있는지 잘 알 수 있다.

대외경제정책연구원이 2018년 발간한 "국제사회의 대북제재 현황과 전망" 자료는 '안보리 대북제재'와 '양자제재'에 대해 다음과 같이 평가했다:

- ◆ 2016년 이후 6차례 채택된 '안보리 대북제재'는 단계적으로 북한의 주요 수출품에 대한 제재를 강화했다. 제재 2270호에서는 민생 목적 이외의 대북 무연탄 및 철광석 수입을 금지시켰으나, 민생과 비민생의 구분이 모호하여 실질적 효과는 제한적이었던 것으로 평가되었다.

- ◆ 중국은 한반도 사드 배치 결정 이후 '민생 목적' 조항을 이용하여 대북 무연탄 수입을 크게 늘린 바 있다. 제재 2321호에서는 '민생 목적' 등 유보조항을 삭제하고 무연탄 수출 쿼터 제재(4억 달러 또는 750만 톤 중 작은 쪽)를 도입함으로써 대북제재의 실효성을 뒷받침했다.

◆ 이어 제재 2371호에서는 북한으로부터 무연탄, 철, 철광석, 납, 납광석, 수산 물 수입을 전면 금지했고, 제재 2375호에서는 직물 및 의류 완제품 수입도 금지했다. 제재 2397호에서는 더 나아가 식품, 농산품, 기계류, 전자기기, 토석류, 목재, 선박 수입을 전면 금지했다.

◆ 북한으로부터의 수입뿐만 아니라 북한으로의 연료 수출 역시 단계적으로 제한했다. 제재 2270호에서는 인도주의적 용도 및 북한 민항기의 해외 급유를 제외한 항공유 수출을 금지했다. 제재 2375호에서는 북한으로의 정제유 수출량을 2017년 4/4분기에 50만 배럴, 2018년부터 매년 200만 배럴(현 공급량의 55% 수준)로 제한했고 원유는 현재 수준인 400만 배럴로 동결했으며, LNG와 콘덴세이트 수출은 전면 금지했다. 제재 2397호에서는 원유를 민생용에 국한해 매년 400만 배럴 이하만 수출할 수 있도록 했으며, 석유제품은 민생 용에 국한해 매년 50만 배럴 이하만 수출할 수 있도록 30일마다 보고하는 조건으로 추가 제한했다.

◆ 북한의 노동자 파견 및 경협 금지 등 무역 외 외화획득 통로를 차단하는 조항들도 포함했다. 제재 2371호에서는 북한 노동자 고용을 동결했으며 대북 합작사업도 동결했다. 제재 2375호에서는 북한 노동자 신규 취업허가를 금지하고, 대북 합작투자도 금지했으며, 기존 합작사는 120일 이내 폐쇄할 것을 명령했다. 제재 2397호에서는 결의안 통과일부터 12개월 이내 북한 노동자를 본국으로 송환할 것을 명령했다.

개별 회원국이 취한 '양자제재' 가운데 한국과 미국이 취한 조치는 다음과 같다:

◆ 한국은 2008년 7월 금강산 관광 중단, 2010년 5·24 조치, 2016년 2월 개성공단 폐쇄로 현재 전면적인 금수조치를 시행 중이다.

◆ 공식적인 남북경협은 전무하나 중국을 통한 우회무역 형태의 임가공 무역이 지속되는 것으로 추정된다. 주로 의류 제품으로 한국업체가 중국 중개업

체를 통해 임가공 요청을 한 후, 임가공품은 북·중 접경지역의 보세창고를 경유해 중국산 형태로 한국에 수입된다. 2015년에 중국을 경유한 우회무역으로 한국에 반입된 북한의 총 수출액은 6.9억 달러로, 북한 총 수출액의 16.7%를 차지하는 것으로 추정된다. 그러나 안보리 제재 2375호에서 대북 섬유제품 수입을 금지함에 따라 중국을 경유한 남북한 간 우회무역의 급감은 불가피할 것이다.

◆ 미국은 2017년 8월에 이란·러시아·북한 제재 현대화법 제정, 재무부 제재 대상 확대 발표, 대통령 행정명령 발표 등을 통해 북한과 거래하는 제3국 기업 또는 개인도 제재 대상에 포함했다.

◆ '제재를 통한 미국의 적성국들에 대한 대응'(Countering America's Adversaries Through Sanctions Act: HR.3364)이라고도 불리는 이란, 러시아, 북한 통합 제재법은 유엔안보리 제재에서 더 나아가 러시아 및 중국 기업을 겨냥한 2차 제재의 발판을 마련했다. 대부분의 조항 앞에는 '직간접적인 인지 하에서(knowingly, directly or indirectly)'라는 조건이 붙는다. 대북 원유 제공, 북한 노동력 고용, 북한 어장에 대한 입어료 제공은 2차 제재 대상에 해당한다. 북한 내 임가공 금지는 미국 업체에만 해당(2차 제재 대상에 포함되지 않음)한다.

◆ 미국 재무부 해외자산통제청(OFAC)은 2017년 8월 22일 북한과 거래하는 중국, 러시아 및 싱가포르 기업 10곳과 개인 6인 등 제재 대상 명단을 발표했다. 지명된 기업 및 개인의 미국 내 재산이나 미국인 소유의 재산은 동결되며 미국인과 거래할 수 없다. 트럼프 정부는 2017년 9월 21일 행정명령 13810호를 발표, 지정된 북한기업 또는 은행과 실물·서비스 또는 기술 등의 거래를 하는 개인이나 기업 재산을 동결했다. 북한과 거래한 외국 기업과 거래한 미국 내 기업이나 개인도 제재 범위에 포함한다. 외국기업이 북한과 미국 중 하나를 강제로 선택하도록 하는 2차 제재 효과를 가진다.

다. 국제 공조

유엔에서 대북 제재 결의가 채택되면 그 다음 단계는 유엔제재를 실행에 옮기는 일이다. 이때 중요한 것은 국제공조가 이루어져야 한다. 그동안 유엔 제재가 실효를 보지 못한 주원인은 중국이 국제공조에 적극 가담하지 않았기 때문이었다. 경제적 대북제재가 실효를 거두려면 북한과 교역량이 많은 중국이 북한에 대한 식량과 석유의 공급을 중단해야 하는데 중국은 전통적인 우방 북한에 대한 지원 중단을 꺼리는 것이다. 그 결과 모든 유엔 회원국들의 참여를 전제로 하는 경제제재는 실효를 거두지 못하거나, 제한적인 효과를 거두는 데 그쳤다.

● 중국의 대북제재 이행

미 의회조사국이 최신 보고서에서 중국의 유엔 안보리 대북 제재 이행은 일관적이지 않다고 지적했다. 미국은 중국으로부터 오는 위협에 대응하는 동시에 북한문제에 있어선 중국의 협조를 구하고 있다.

트럼프 행정부는 중국의 대북 제재 이행이 "때때로 일관되지 않지만 핵심적"이라고 보고 있다. 중국은 지난 2006년부터 2017년까지 유엔 안보리가 제안한 북한의 핵무기와 미사일 프로그램에 대한 강력한 제재에 찬성했다. 그러면서, 미-북 대화와 관련해 비핵화와 평화협정을 동시에 추구하는 '쌍궤 병행'을 촉구하고 있다. 일부 전문가들은 중국이 철저히 유엔이 요구하는 사안들만 따르고 그 이상의 역할은 하지 않는다고 지적했다.

미 의회보고서는 또, 미-북 정상회담이 북-중 관계에 영향을 끼친 점에도 주목했다. 미-북 싱가포르 정상회담이 경색됐던 북-중 관계에 자극을 주어 양국 관계의 완화로 이어졌다는 것이다. 이에 대한 사례로 2018년 3월 이후 김정은 위원장이 네 차례 중국을 방문하고, 시진핑 중국 국가주석이 북한을 한 차례 방문한 점을 들었다.

　대북 금융제재와 관련해서도 미국이 직면한 도전은 중국이다. 국제사회가 오랜 기간 핵과 미사일 등 대량살상무기의 확산을 줄이는 데 우선순위를 뒀지만, 확산을 막기 위한 자금 조달 금지 방안을 마련하는 데 미흡했다. 특히 북한이 핵 프로그램을 개발하는 과정에서 국제 금융망을 이용한 불법 거래를 해왔기 때문에 미국과 국제사회가 이에 대처할 필요가 있다. 전문가들은 대북 금융제재가 미국의 힘을 증명한 최대 압박의 첫 성공 사례라고 평가했다. 국제 금융망 접근이 매우 제한적인 북한의 핵심 목표만 공략하면 되기 때문에 금융제재가 더 큰 충격을 줄 수 있었다.

　대니얼 글레이저 전 미국 재무부 테러금융담당 차관보는 북한의 불법 자금 조달을 막고자 하는 미국의 노력이 직면한 가장 큰 문제로 중국을 꼽았다. 글레이저 전 차관보는 대북 금융제재가 역할을 하고 있지만, 북-중 간 금융ㆍ무역 거래가 여전히 이뤄지고 대북제재에 대한 중국의 정치적 의지가 우선순위에서 멀어지기 때문에 제재 효과도 떨어질 수밖에 없다고 진단했다.

　북ㆍ중 무역의 최대 중심지인 중국 단둥시는 전체 무역량의 40%를 북한에 의존하기 때문에 지역 경제 차원에서 이를 무시할 수 없다. 또 무역과 경제 지원 등으로 북한의 안정을 유지하는 것이 중국의 이익에 부합하기 때문에 중국을 통한 북한의 불법 금융거래의 확산은 계속되고 있다. 실제로 2018년 김정은 북한 국무위원장의 방중 이후 국가 차원에서 북ㆍ중 간 대규모 밀수는 계속되고 있다.

　최근(2019년 1월 10일) 일본의 언론매체인 '아시아프레스'에 따르면 압록강 상류인 장백현을 중심으로 밀수가 활발하게 이뤄지고 있다고 한다. '아시아프레스'는 직접 밀수 현장을 목격한 취재협조자를 인용해 수백 명의 북한 사람과 중국인이 트럭에 물건을 싣고 얼어붙은 강을 오가는 데 철강과 의약품, 자동차 등 대북제재 품목도 거래되고 있다고 전했다.

2019년 4월 북한의 대 중국 수출액이 대북 제재가 본격 가동된 이후 최대치를 기록했다. 국제무역센터(ITC)의 수출입 현황 자료에 따르면 지난 4월 북한의 대중 수출액은 2226만5000달러를 기록했다. 이는 2017년 12월 유엔 안보리가 채택한 대북 결의 2397호의 유예기간이 끝난 지난해 2월 이후 가장 많은 액수다. 전달인 3월의 1621만달러보다 37% 가량 증가한 수치다.

안보리 대북 결의 2397호가 발효된 2018년 2월 북한의 대중 수출액은 942만 달러로 사실상 최저치를 기록했다. 이어 다음달인 3월 1237만 달러, 6월 1071만 달러 등 대중 수출액은 월 1000만달러 수준에 머물렀다. 하지만 2018년 8월부터 상승세에 접어들면서 11월과 12월엔 각각 2004만 달러와 2146만 달러를 기록했다. 다만 이런 수치는 대북 제재가 본격화하기 전과 비교하면 상당히 적은 수준이다. 북한의 대중 수출액은 제재가 본격화하기 이전 시점까진 월 1억~2억 달러대로, 지금의 10배 수준이었다.

라. 포용정책

최근 북한의 미사일 발사가 잇따른 가운데 북한이 도발을 중단하고 북미협상을 재개하기 위해선 북한의 체제보장과 제재완화와 같은 '당근'을 제시해야 한다는 주장이 제기되고 있다. 최대 압박으로는 더 이상 북한의 비핵화에 성과를 내기 어렵다는 것이다.

국제사회가 북한에 핵 포기를 압박하지 않고 김대중, 노무현 정부 때처럼 경제 지원을 하고, 평화 협정 체결 등 체제보장 조치를 약속하는 등 북한을 포용하면 북한이 핵을 포기할 것이라는 주장이다. 이 같은 주장은 결과적으로 틀린 주장이라는 것이 입증된 바 있다. 김대중 정부 때 햇볕정책을 내걸고 북한에 대해 대대적인 지원을 하던 시기에도 북한이 몰래 핵개발을 추진했고, 친북정책을 편 노무현 정부 시절인 2006년에는 장거리미사일 발사와 핵실험을 석 달 간격으로 하는 등 핵을 포기할 의사가 없다는 것을 확인해 주었을 뿐이다. 남북관계가 좋았을 때 북핵 문제에 진전이 있었고, 한반도 상황도 안정적으로 관리됐다는 주장은 근거가 없다.

● 체제 보장, 제재 해제

북한이 비핵화 전에 원하는 체제보장과 제재해제 가운데 체제보장은 종전선언을 평화협정으로 바꾸고, 미국과 국교정상화 하는 단계를 거치고, 궁극적으로는 유엔사를 해체하고 주한미군을 철수하는 것을 말한다. 북한은 한때 대북 적대시 정책 철폐 등 체제 보장 조치를 중점 요구하였으나 최근에는 제재해제 요구로 중심이 바뀌었다.

반면 미국은 비핵화 전에 제재 완화는 못해주지만 인도적 지원 확대, 대화 확대, 연락사무소 개설 등 낮은 단계의 체제 보장은 가능하다는 입장이다. 현재 북한에 제공할 수 있는 가장 높은 수준의 체제 보장 조치는 종전선언이나 평화협정 협상 개시 정도라고 볼 수 있다. 이를 넘어서는 조치는 한·미 동맹에 직접적 영향을 줄 수 있기 때문이다.

한편 북한이 원하는 제재완화 조치는 매우 구체적이다. 북한의 절박한 내부 사정을 반영하는 것으로 보인다. 북한 리용호 외상은 하노이 정상회담 결렬 직후 가진 회견에서, "구체적으로는 유엔 제재 결의 11건 가운데서 2016년부터

2017년까지 채택된 5건, 그 중에서 민수경제와 인민생활에 지장을 주는 항목들만 먼저 해제하라는 것입니다." 라고 말했다.

2016년 이전에 가해진 유엔제재들은 핵실험과 미사일 시험발사 금지, 그리고 각종 무기의 판매 금지 등 무기 개발과 확산 방지에 초점이 맞춰져 있었던 데 반해 최근에 채택된 5개 제재 결의에는 전례 없이 강한 금수 조치들이 다수 포함돼 있다. 북한의 수출, 즉 외화 수입을 막는 게 주 목적이다. 석탄 수출량에 제한을 두고, 그 밖에 동과 니켈, 은, 아연 등 광물과 북한산 헬리콥터와 선박 등의 판매도 금지하면서 추가적으로 북한의 외화 수입 근절에 초점이 맞추어져 있다.

2016년과 2017년에 부과된 5건의 제재가 북한에게 큰 피해를 입힐 수 있었던 것은 중국이 제재에 동참했기 때문이다. 중국이 석탄 등 북한산 광물 수입을 중단하고, 북한의 노동력을 이용한 섬유 관련 제품 등을 더 이상 구매하지 않는 것이 큰 영향을 미쳤다. 실제로 대북제재의 효과가 본격적으로 드러나기 시작한 2017년 이후 북한의 대중국 수출액이 급감하고 있다. 중국 해관총서는 2017년 북한의 대중국 수출액이 2억1천만 달러라고 밝혔는데, 이는 2016년 북한의 대중 수출액 26억3천만 달러의 8% 수준이다.

2018년 4월 노동당 전원회의에서 '핵·경제 병진노선'을 포기하고 '경제건설 총력 집중노선'을 채택한 김정은 북한 국무위원장에게 현재 가장 필요한 것은 자금이다. 특히 김정은 취임 이후 역점적으로 추진하고 있는 각종 관광지 건설에 필요한 자금 유입이 절실하다. 북한은 현재 80억 달러(약 8조9000억 원) 규모의 투자를 받아 금강산과 원산 지역을 2025년까지 국제관광지대로 개발, 연간 100만명 수준의 외국인 관광객을 유치하겠다는 목표를 밝히고 개발을 진행 중이다. 또 금강산국제여행사는 최근 북측 강원도 고성군에 워터파크인 '금강산 수영관'과 '내금강 700석 호텔' 등을 건설할 계획이라며 홈페이지에 투자

안내서를 게재했다. 현재 북한 관광 자체는 제재 대상이 아니지만 대량의 현금 송금이나 북한 개인·단체와의 합작 사업은 금지돼 있다.

광물·수산물·섬유 등 주력 수출품의 무역 정상화도 시급한 제재 완화 대상 가운데 하나로 꼽힌다. 한국은행에 따르면 지난해 북한의 실질국내총생산(GDP)은 전년 대비 3.5% 감소한 것으로 추정되는데, 감소폭이 1997년(-6.5%) 이후 20년 만에 최대치다. 수출은 전년보다 37.2%나 줄었는데, 특히 광물과 섬유제품의 수출이 각각 55.7%, 22.2% 감소했다. 2018년에는 교역량이 더 감소했기 때문에 북한의 경제성장률은 더 낮아질 것이다.

리용호 외무상이 '일부 제재 해제'와 관련해 민수경제와 인민생활에 지장을 주는 항목을 구체적으로 언급했지만, 기본적으로 제재는 북한 정권의 외화 수입을 줄이면서 핵 개발 등을 막고자 하는 게 주요 목적이다. 현금 유입을 막음으로써 주민들에게 피해가 갈 수 있지만, 동시에 북한으로 유입되는 현금은 정권의 핵 개발 자금으로 사용될 수 있기 때문에 이 둘을 구분하기 어렵다. 대북제재는 북한의 핵과 탄도미사일에 필요한 자금과 물품을 끊는다는 매우 구체적인 이유가 있다. 북한으로 유입되는 현금은 북한의 무기 프로그램에 사용되는 것이지 북한 주민들을 돕기 위한 것이 아니다.

마. 문재인의 '한반도 평화 프로세스'

'한반도 평화 프로세스'는 분단 이후 70년 가까이 지속돼 온 남북간 적대적 긴장과 전쟁 위협을 없애고, 한반도에 완전한 비핵화와 항구적인 평화를 정착하기 위한 문재인 정부의 한반도 정책이다. 남북한이 새로운 경제 공동체로 번영을 이루며 공존하는 '신 한반도 체제'의 미래를 만들어나가는 일련의 노력과 과정을 통칭한다.

한반도 평화 프로세스는 2017년 7월 문재인 대통령의 '베를린 구상'에서 시작됐다. 이후 2018평창 동계올림픽 북한 선수단 참가, 2018년 세 차례의 남북정상회담, 2018-19년 두 차례의 북미 정상회담 등의 과정을 거치며 구체화되고 있다. 북한의 풍계리 핵 실험장 폐기(2018.5.24.), 남북 정상회담 합의 사항인 군사 분야 합의 조치 이행, 이산가족 문제 해결과 체육·문화 부문 남북 교류, 철도 등 경제협력 사업 등을 통해 진전을 이루는 것을 목표로 한다.

한반도 평화 프로세스는 과거와 달리 남북한뿐만 아니라 미국까지 포함하는 일련의 대화를 통해 진행되고 있다. 정상회담을 통해 서로에 대한 신뢰를 쌓아가며 한반도와 동북아의 공동번영을 향한 역사적인 출발점을 만들어 내는 것을 목표로 한다. 이 과정에 북-미 사이에서 문재인 대통령의 '중재자' 역할이 한때 중요하게 작용하기도 하였다.

그러나 2019년 하노이 북-미 정상회담이 결렬된 이후 문 대통령의 중재자 역할이 빛을 잃기 시작하였고, 북한은 노골적으로 문 대통령을 비하하는 말을 쏟아 내기 시작했다. 북한은 문 대통령의 8.15 경축사를 "삶은 소대가리도 앙천대소할 노릇"이라고 비하하였고, 문 대통령을 "정말 보기 드물게 뻔뻔스러운 사람", "아랫사람들이 써준 것을 졸졸 내리읽는 남조선 당국자."라고 비난했다.

북한의 태도 변화는 개성공단과 금강산관광 재개가 성사되지 못한 데 대한 불만이 가장 큰 이유로 보인다. 아울러 북한은 스스로 대화의 테이블로 나온 것은 미국의 대북제재 압력에 밀리거나 문 대통령의 한반도 평화 프로세스에 영향을 받은 것이 아니라 2013년 3월 "국가 핵 병진 노선" 채택 이후, 핵 무력 완성을 달성했기 때문에 경제 분야에 집중하기 위해 나왔다고 주장한다. 그리고 그런 자부심 때문에 남한을 낮추어 보는 듯한 태도를 취하고 있다.

북한은 4.27 판문점선언과 6.12 북미정상회담, 그리고 9.19 평양공동선언에서 대북제재 해제에 대한 언급이 없었다는 것이 불만이다. 대신 한국과 미국은 남북관계 발전과 군사적 신뢰구축, 그리고 종전 선언과 평화체제 구축과 같은 체제안전보장 문제에 더 관심을 두었다.

미국은 북한의 주장과 달리 북한이 대화의 테이블로 나온 것은 미국이 주도한 유엔안보리 대북 제제와 미국의 양자 제재 때문이라고 생각한다. 그리고 미국은 비핵화라는 최종 목표에 도달하기 까지는 제재 해제를 고려하고 있지 않다.

반면 한국은 미국과 달리 부분적인 대북 제재 해제에 긍정적이다. 강경화 외교부 장관이 "5.24조치 해제 검토 발언"을 한 직후 미국의 트럼프 대통령은 외교적 논란에도 불구하고 "우리의 승인 없이 하지 않을 것" 이라며 "승인"(approve)이라는 단어를 두 차례 반복해서 말했다. 이것은 백악관의 대북 제재에 대한 인식을 보여준다. 폼페이오 국무장관은 지난 유엔총회에서 "우리는 무엇이 여기까지 오게 했는지 잊지 말아야 한다"며 제재가 북한을 대화의 테이블로 나오게 했다는 점을 강조했다.

최근 미 재무부는 지난 10월 12일 '세컨더리 보이콧'의 위험을 적시한 제재 대상 466곳을 공개하면서 한국의 주요 은행(산업, 기업, 국민, 신한, 농협, 우리, 하나)과 직접 화상회의를 통해 대북 제재 위반에 대해 설명했다.

문재인 대통령은 유럽방문 중 프랑스 마크롱 대통령을 만나 북한이 비가역적인 비핵화 조치를 취하면, 유엔 안보리 대북제재를 먼저 완화할 것을 요구했다. 북한의 『조선중앙통신』도 북한이 핵과 미사일 시험을 중단한 만큼 "이를 걸고 조작한(발동한) 제재들도 그에 맞게 사라지는 것이 순리" 라며 재제 완화를 요구했다.

● 한반도 평화 프로세스의 한계

문재인 정부는 한반도 평화 프로세스가 내포하고 있는 한계를 인식해야 한다. 한반도 평화 프로세스는 남북한 관계의 영역과 북미관계의 영역에 대한 구분이 없다. 문재인 정부는 남북관계의 진전이 북미관계를 추동할 수 있으며 그것이 한반도 평화 프로세스의 진수라고 믿고 있다. 한때 한반도 평화 프로세스가 그런 역할을 성공적으로 수행하는 듯해 보이기도 했다. 문제는 어디까지가 우리의 역할인가에 대해 의견이 나누어 진다는 것이다. 일각에서는 남북관계를 먼저 추진하여 북미협상을 계속 이끌어야 한다는 의견이 있는 반면 다른 일각에서는 북미 협상의 중재자로서의 역할에 충실해야 한다는 의견도 있다.

미국은 대북제재가 북한의 비핵화를 추동하는 가장 핵심적인 요인이라고 인식하고 있다. 따라서 제재의 해제와 완화 그리고 유예는 자신의 영역이라고 인식하고 있다. 트럼프가 "승인"이라는 단어를 쓴 것도 이런 이유 때문이다. 미국은 대북제재를 북한이 상당한 정도의 비핵화 (문재인 대통령의 표현을 빌리자면 "돌이킬 수 없는 비핵화")를 이루지 않는 한 해제하지 않겠다는 입장이 확고하다. 대북제재는 북미간의 협상을 통해 풀어 가야 할 과제이며, 우리 정부가 대북제재의 영역에 지나치게 개입하는 것은 오히려 북미협상 과정에 한미 간의 충돌을 야기할 수 있다.

따라서 대북제재의 영역은 북미 관계에 맡기고 우리 정부는 북한에 대한 인도주의적 지원 그리고 한반도 종전선언, 평화체제로의 이행 등과 같은 평화 분위기 조성에 노력할 필요가 있다.

07.

북핵 협상
어떻게 되고 있나?

'뻔뻔한' 문재인

북핵 협상의 최종 목표는 북한이 모든 핵무기와 운반체 그리고 핵개발 관련 시설을 신고하고, 이들 핵무기와 관련 시설이 국제 감시하에 폐기되는 '최종적이고 완전하게 검증된 비핵화(FFVD)'가 이루어지는 것이다. 그리고 비핵화의 대가로 북한에 대한 모든 유엔 제재와 양자 제재가 해제되고, 북한이 요구하는 정전협정의 평화협정으로의 전환, 북-미 연락사무소 설치 등 체제보장 조치가 이루어지는 것을 말한다.

가. 하노이 정상회담 결렬 이유

그러나 현실적으로 북한이 완전한 비핵화에 나설 가능성은 희박하다. 2019년2월28일 하노이 2차 북-미정상회담에서 트럼프 대통령은 김정은 위원장의 완전한 비핵화 약속을 거론하면서 영변 플러스 알파를 요구했다. 트럼프 대통령이 요구한 플러스 알파는 영변 이외의 규모가 큰 핵시설, 북한이 보유하고 있는 미사일, 핵탄두 등의 목록 작성과 신고 문제 였다. 또한 핵과 탄도미사일, 생화학무기에 이르는 '광범위한 무기체계의 폐기와 비핵화' 요구를 담은 문서도 김정은 위원장에게 전달했다. 최종적이고 완전하게 검증된 비핵화(FFVD)를 위한 첫 단계인 핵 무기와 핵 시설의 신고와 검증을 받으라는 것이다. 이것이 포괄적 타결 방식이다.

● 포괄적 타결 방식 vs. 단계적, 동시적 해결 방식

이에 맞서 김정은 위원장은 북한의 핵 능력에 비추어 영변 핵시설이 차지하는 비중과 중요성이 크다는 점을 설명하고, 영변 핵시설을 "미국 핵 전문가들을 초청해서 명백하고, 투명하게 폐기" 하겠다 고 제안했다. 그리고 대신 2016년이후 채택된 유엔 안보리 결의 가운데 민생 및 민수와 관련된 제재의 완화를 요구했다. 핵 무기와 핵시설의 신고에는 관심이 없고 북한의 숨통을 조이고 있는 유엔 안보리 제재 5건을 풀어달라는 것이었다. 영변 핵시설 폐기와 유엔 제재 5건을 맞바꾸자는 제안이며, 단계적·동시적 해결 방식이다.

이에 대해 미국은 북한이 요구한 제재 완화 대상은 양적으로 보면, 유엔제재 11건 중 5건에 불과하지만, 질적으로 보면, 대북제재의 전부나 마찬가지이므로 이 요구를 수용하기 어렵다는 입장 이었다. 2016년 채택된 제재 2270호 이전 유엔 제재들은 북한 민생에 직접적인 영향을 미치지 않는 핵 또는 대량살상무기 관련 제재의 성격이 강했다. 그러나 유엔 제재 2270호부터 채택된 유엔 제재 5건은 단계적으로 석탄, 철, 철광석, 수산물, 직물 및 의류 등 북한의 주요 수출품에 대한 제재를 강화했다. 이와 같이 북-미 양 정상이 의제에 대해 현격한 입장 차이를 보여 회담은 결국 결렬되었다.

김정은 위원장은 정상회담 이전에 실무회담에서 만들어진 최소 합의 수준의 합의문이 관철될 것이라고 낙관했던 듯하다. 합의문 초안은 북한이 영변에서 핵 물질 생산을 중단하고 미군 유해를 송환하면 그 대가로 미국은 평화선언, 연락사무소 설치, 남북경협 재개에 필요한 일부 제재 완화 등 조치를 한다는 소위 '스몰 딜'이었다. 그러나 막상 회담이 시작되자 트럼프 대통령은 미리 준비한 플랜B를 밀어붙였다. 트럼프 대통령이 스몰 딜을 통해서라도 북한이 일부 조치를 취하도록 하는 것이 비핵화에 도움이 될 것이라고 판단했더라면 회담을 결렬시키지 않았을 것이다. 그러나 하노이 회담을 결렬시키는 것이 장기적으로 비핵화 목표를 달성하는 데 유리할 것이라는 인식이 있었기 때문에 자리를 박차고 나온 것이다.

트럼프 대통령은 2차 북-미 정상회담을 앞두고 협상을 서두를 필요가 없다는 입장을 지속적으로 밝혀왔다. 북한이 핵실험을 하거나 장거리 탄도미사일을 발사하지 않는 한 협상을 서두를 필요가 없다는 것이다. 심지어 2월28일 일

대일 회담 직전에도 "시간에 연연하지 않겠다"고 말했다. 이러한 트럼프 대통령의 속도조절론의 바탕에는 시간은 미국의 편이라는 인식과 대북제재의 효과에 대한 자신감이 깔려 있었다.

● 스톡홀름 실무협상

2019년 10월 5일 스웨덴 스톡홀름에서 열린 실무협상에서도 비슷한 상황이 재연되었고 협상은 소득 없이 끝났다. 북한은 "미국이 빈손으로 나왔다"고 비난한 데 대해 미국은 "창의적인 아이디어들을 가지고 갔다"고 반박했다.

북한 측 실무협상 대표 김명길대사는 "미국은 그동안 유연한 접근과 새로운 방법, 창발적인 해결책을 시사하며 기대감을 한껏 부풀게 하였으나 아무것도 들고 나오지 않았으며, 우리를 크게 실망시키고 협상 의욕을 떨어뜨렸다"고 비난했다. 이어서 김명길은 북한이 취한 소위 선제 조치에 대해 미국측이 "성의 있게 화답하면, 다음 단계의 비핵화 조치들을 위한 본격적인 논의에 들어갈 수 있다"고 말했다. 김명길이 나열한 선제 조치들은 "핵 실험과 대륙간 탄도 미사일 시험 발사 중지, 북부 핵 시험장(풍계리) 폐기, 미군 유골 송환" 등이다. 이에 대해 북측이 상정하고 있는 상응 조치는 한미연합훈련의 영구 중단, 전략 폭격기 등 최첨단 무기의 배치 중단, 핵 항모 등 전략 자산의 한반도 전개 중단 등이다.

반면 미국측은 영변 플러스 알파에서 알파를 북한의 농축 우라늄 활동으로 특정해 이의 폐기를 요구했다. 그리고 모든 핵 무기와 핵 물질을 미국에 인계하고, 모든 핵 시설, 생화학무기, 탄도 미사일 시설을 해체할 것을 요구했다. 이에 대한 상응 조치로 미국은 북한의 석탄 및 섬유 제품의 금수에 관한 제재를 3년간 유예하고, 인도적 협력과 종전선언, 연락사무소 교환 설치 등 교류협력 조치를 취할 것을 제안했다.

양측이 상호 상대방이 '빈손'으로 나왔다, 아니다 '창의적인 아이디어'를 제시했다며 공방을 주고받았지만, 실무협상이 결렬된 근본 원인은 북한이 선제 조치에 대한 상응조치를 요구하는 등 단계적, 동시적 해결 방식을 고수한 데 반해 미국은 영변 핵시설 폐기에 더해 모든 농축 우라늄활동의 폐기를 요구하는 선 핵폐기 방식, 포괄적 타결 방식을 요구하였기 때문이다.

미국이 '단계적 해법'을 경계하는 것은 과거 북한과 협상에서 실패한 경험에 토대를 두고 있다. 2005년 북한 핵 프로그램의 완전한 폐기와 북-미 관계 정상화 등 상응 조치를 포괄적으로 담은 9·19 공동성명이 나왔고, 2007년 1단계 이행 조치(영변 핵시설 폐쇄 등)를 담은 2.13 합의, 2단계 이행 조치(영변 핵시설 불능화 및 신고)를 담은 10.3 합의가 도출됐다. 그러나 북한이 제출한 과거 핵 활동에 대한 신고와 이에 대한 검증 문제를 놓고 북미가 갈등하다가 결국 6자회담은 좌초했고, 북한은 불능화했던 영변 핵시설을 신속하게 재건했다. 그러나 북한에 '비핵화 상응조치' 차원에서 제공한 유류 등 지원물자는 돌려받지 못했다. 미국은 '단계적 해법'을 재가동했다가 북한이 그때처럼 보상만 챙기고 핵시설은 원상복구 하는 것을 우려하고 있는 듯 보인다.

반면 북한은 북-미 간 신뢰가 부족한 상황에서는 단계적 해법이 불가피하다는 입장이다. 제재 해제 등 미국이 제공할 상응 조치는 돌이킬 수 있는 반면 자신들이 보유한 핵 무력은 폐기 후 되돌리기가 어려운 만큼 단계적으로 신뢰를 쌓아가며 나아가는 방법밖에는 없다는 게 북한의 인식이다. 이와 같은 북-미 간 불신과 큰 입장 차이에 비추어 단시일 내에 북핵 문제가 해결될 것으로 기대하기는 어려울 것으로 보인다.

북한에게는 두 갈래 선택의 길이 있다. 하나는 "김정은 위원장의 확고한 비핵화 의지"를 실천하는 길이고, 다른 하나는 "비핵화 의지"는 위장에 불과했음을 시인하고 파키스탄 모델의 비공식 핵 보유국의 길을 가는 것이다. 가능성이 대단히 희박하지만, 김위원장의 비핵화 의지를 실천에 옮기는 길로 간다면, 북한은 자발적으로 비핵화를 선택한 남아프리카 공화국의 사례를 따르게 될 것이다. 만약 북한이 끝까지 핵을 포기하지 않고, 국제사회의 반대와 제재를 무릅쓰면서 비공식적인 핵 보유국으로 남는다면 파키스탄 모델을 따르게 될 것이다. 후자의 경우 주변국가들도 각기 합당한 대응책을 세워야 한다. 자체 핵무기 개발, 미국의 전술 핵 배치, 혹은 미국과 핵 무기를 공유하는 핵 공유국이 되는 길을 모색해야 한다. 그렇게 되면 동북아에는 핵무장 도미노가 일어나게 될 것이다.

나. '비핵화 의지' 실천한 남아공 사례

남아프리카 공화국은 1960년대부터 1980년대까지 핵무기, 화학무기, 생물학무기를 개발해왔다. 그러나 1993년 3월 프레데리크 빌렘 데 클레르크(Frederik Willem de Klerk) 대통령이 의회 연설을 통해 "남아공은 핵무기 6개를 생산해 보유했으나 모두 폐기했다"고 핵폐기를 선언했다. 현재 전세계에서 완벽한 비핵화를 실행한 나라는 남아공뿐이다.

남아공에는 우라늄 매장량이 많다. 국제에너지기구(IEA)에 의하면 남아공은 호주, 카자흐스탄, 캐나다, 미국 다음으로 세계에서 5번째로 우라늄 매장량이 많은 나라다(세계 우라늄 총 매장량 474만 3천 톤 가운데 34만1천 톤). 남아공은 처음에는 플루토늄 핵폭탄 개발계획을 추진했다. 그러다 나중에 우라늄 핵폭탄 개발로 정책을 변경했다.

1977년 미국과 소련의 정보위성이 남아공 칼라하리 사막에서 핵실험으로 보이는 섬광을 포착했다. 이후 남아공은 비공식 핵보유국으로 간주되었다. 1979

년 9월 22일 남아공의 무인도 프린스 에드워드 제도 근처 해상에서 미국 인공위성 벨라에 의해 두 번의 섬광이 탐지되었다. 남아공과 이스라엘의 3차 합동 핵실험인 오퍼레이션 피닉스였다.

1980년대에 남아공은 포신형 핵 분열탄 6개를 조립했다. 1982년에 남아공 방위사업청은 핵폭탄 생산을 시작하였고, 1개의 실전용 핵무기를 생산했다. 암호명은 호보(Hobo)였으며, 나중에 캐봇(Cabot)으로 불렸다. 핵 출력은 TNT 6kt이었다. 방위사업청은 캐봇 다음에 TV 유도 활강 핵폭탄인 HAMERKOP 시리즈를 개발했다.

남아공은 1975년 앙골라 공산정권 지원을 위해 쿠바군 5만명이 앙골라에 주둔하는 등 안보 위협이 증대하고, 흑백 인종차별정책에 대한 국제사회의 압력이 커지자, 내부 결속력을 강화할 필요 등 정치적 이유로 핵폭탄을 개발했다.

남아공이 자발적으로 핵 포기를 선언한 데에는 소련이 붕괴하고 앙골라에서 쿠바군이 철수하는 등 외부 위협요인이 해소된 것과 대내적으로 1989년 9월 14일 당선된 프레데리크 빌렘 데 클레르크(FW de Klerk) 대통령이 비핵화 정책을 추진한 때문이었다.

당시 남아공은 고농축우라늄(HEU) 기반 핵폭탄을 6개 보유하고 있었다. 남아공의 비핵화는 모든 핵무기 및 고농축우라늄 관련 시설 해체→핵확산금지조약(NPT) 가입→국제원자력기구(IAEA) 안전조치협정 체결→IAEA 사찰→핵 포기 완료 선언의 수순을 밟았다. IAEA는 1991년 11월부터 남아공의 모든 핵 관련 시설에 대해 100여 차례의 사찰을 실시했다. 남아공은 1989년 비핵화 정책 채택부터 1993년 핵 포기 선언까지 전체 과정에 4년이라는 비교적 단기간에 이루어졌다. 남아공은 자발적 비핵화 달성, 최단 시간 내 신속한 핵 폐기 완료, 핵무기 개발 완료 후 자진 폐기를 달성한 유일한 사례로 기록된다.

　남아공이 핵폭탄 6개와 농축우라늄 기반 핵시설 그리고 부대시설과 관련자료를 자발적으로 폐기하는 데 4년 걸렸다는 사실은 북한의 비핵화에 많은 시사점을 던져준다. 북한은 핵탄두 숫자가 남아공보다 5배 많은 30개이며, 더하여 30-60개 핵 탄두 제조가 가능한 핵물질, 그리고 다량의 중-장거리 미사일을 보유하고 있다. 남아공은 농축우라늄 기반 핵개발 시설 한 가지인데 반해 북한은 플루토늄 시설과 우라늄농축 시설을 모두 보유하고 있으며, 생화학 무기 등 다른 대량살상 무기나 미사일 등 핵무기 운반체의 개발 및 제조 시설을 보유하고 있다. 또한 수천 명에 달하는 과학자, 기술자의 처리 문제, 방대한 양의 기록, 자료의 폐기 등 해야 할 일이 많다. 이 모든 것을 폐기하고 처리하려면 수십 년이 걸릴 것으로 예상된다. 북한이 자발적 비핵화의 길을 간다고 하더라도 비핵화가 완결될 때까지는 많은 시간과 우여곡절을 겪게 될 것이며, 한국민들은 그 긴 기간 동안에 북한이 보유한 핵무기의 위협 아래 놓이게 될 것이다.

다. '비핵화 의지' 위장하고 핵 보유국 지향

　북한은 이미 핵무기의 소형화에도 성공하였고, ICBM급 장거리 탄도미사일, 각종 중-단거리 탄도미사일 등 운반체의 개발에도 성공한 것으로 평가받고 있다. 북한이 20여년 노력해 성취한 핵무장 능력을 일시에 포기할 것으로 기대하기 어렵다.

　2019년 6월 30일 북-미 정상간 판문점 회동 이후 미국이 북한을 핵보유국으로 받아들이게 될지 모른다는 관측이 제기되고 있다. 뉴욕 타임스(NYT)는 6월 30일 "새로운 협상에서 미국이 북핵 동결에 만족할 수도 있다" 제하 기사에서 이번 판문점 회동이 있기 몇 주 전부터 트럼프 행정부 내에서 북미 협상의 새로운 라운드의 기반이 될 수 있는 방안이 구체화 되어왔다고 보도했다. 이는 핵 동결, 즉 현 상태를 유지하며 북한을 핵보유국으로 암묵적으로 인정하는 것이다.

북핵 동결론자들은 트럼프 대통령이 판문점 회동 직후 기자들과 만난 자리에서 핵 이슈를 전혀 거론하지 않은 점, 마이크 폼페이오 국무장관도 "김정은 북한 국무위원장이 뭔가 해결하길 원한다"라고 하며 신중한 속도(deliberate speed)를 거론한 점 등에 주목한다. 트럼프 대통령이 판문점 회동 후 "제재는 유지되지만, 협상의 어느 시점에 어떤 일들이 발생할 수도 있다"고 언급한 것도 미국이 2월 말 하노이 회담에서 걷어찬 '스몰 딜' 아이디어에 문이 열려있음을 내비친 것이라고 해석한다.

그들은 트럼프 대통령의 "협상의 어느 시점에 어떤 일들이 발생할 수도 있다"는 언급이 북측의 조치에 대한 대가로 제한된 범위 안에서 제재 완화를 고려하는 쪽으로 변화가 있을 수 있음을 시사하는 것으로 보인다며 기존 '빅딜론'에서 변화가 있을 수 있다고 풀이한다. 그러나 미국측 실무협상 대표인 스티븐 비건 국무부 대북특별대표는 "순전한 추측"이라며 관련 내용을 부인했다. (출처: 조선일보, 2019.7.2.)

북한의 핵 실험, 미사일 발사 중단 및 일부 핵시설 폐기 의향 표시가 비핵화라는 목표에는 한참 못 미치지만, 제재 완화 및 외교 교섭의 지속이라는 관점에서는 충분할 수 있을 것이다. 동결론자들은 비핵화도 결국 동아시아 안보체제 재구성이라는 최종 목표로 가는 하나의 수단이며, 여기에는 정전 협정의 평화협정으로의 전환, 남북 간 화해, 대일 적대감 완화 등이 포괄될 수 있다고 주장한다.

● 파키스탄 모델 핵 보유국

파키스탄의 핵 개발은 인도의 핵 보유를 계기로 시작되었다. 파키스탄은 1965
년 인도-중국 접경지역인 카슈미르에서 벌어진 제2차 인도-파키스탄 전쟁에
서 인도에 패배한 후 1971년 집권한 줄피카르 알리 부토(Zulfikar Ali Bhutto) 대
통령은 핵 개발에 착수했다. 하지만 자체 기술 부족과 인력 부재로 난항을 겪
고 있는 사이 1971년 3월 방글라데시 독립 전쟁이 발발했고, 방글라데시의 독립
을 지원한 인도군에 크게 패배 (제3차 인도-파키스탄 전쟁) 했다. 이후 파키스
탄은 절체절명의 위기에서 핵 개발에 국가적 사활을 걸고 나섰다.

파키스탄 핵개발의 아버지로 불리는 압둘 카디르 칸(A Q Khan)박사는 네덜
란드의 민간 핵 연구소 유렌코에서 일했다. 칸 박사는 1971년 조국 파키스탄이
인도와의 전쟁에서 참패하고, 동파키스탄이 방글라데시로 분리 독립했다는
소식을 듣고 큰 충격에 빠졌다. 파키스탄에 비해 국력이 압도적으로 큰 인도
를 견제하려면 핵을 반드시 가져야겠다는 생각을 한 칸 박사는 유렌코의 핵심
기술인 원심분리기 설계도를 빼돌려 파키스탄으로 귀국했다.

서방의 우라늄 농축 기술을 빼내는 데 성공한 파키스탄은 유럽으로부터 우
라늄 농축 기술과 장비를 들여오는 한편 중국으로부터 원자폭탄 설계도를 입
수해 본격적으로 핵 개발에 착수해 성과를 올렸다.

● 북한에 우라늄 농축 기술 제공

칸 박사는 핵탄두를 실어 나를 미사일 기술을 얻기 위해 중국을 자주 방문했
다. 북한에게는 노동 미사일 기술을 제공받는 대가로 우라늄 농축 기술을 제
공하여 북한의 핵개발에 큰 영향을 미쳤다. 이 우라늄 농축 기술은 1994년 제

네바 합의에 의해 동결된 플루토늄 기반 핵 개발 능력만 가지고 있던 북한에게 새로운 길을 열어주었다. 우라늄농축기술 도입 이후 북한은 비밀리에 농축우라늄을 이용한 핵개발을 추진하였다. 그러나 미국에 의해 농축우라늄 계획이 노출되면서 제2차 북핵위기가 발발하였다.

북한은 이미 1994년부터 파키스탄과 비밀리에 노동 미사일과 핵무기 기술 거래를 해 오고 있었다. 1993년 파키스탄 베나지르 부토(Benazir Bhutto) 총리는 중국 방문 후 평양을 들러 김일성을 만났다. 이 자리에서 북한과 파키스탄은 극비리에 북한의 노동미사일과 파키스탄의 핵 관련 기술을 거래하기로 합의한 뒤 파키스탄의 핵 과학자 압둘 카디르 칸 박사로 하여금 북한을 여러 차례 왕래하도록 해 파키스탄의 핵무기 기술을 북한에 넘겨주었다.

이후 칸 박사는 1994년 북한을 방문해 노동미사일 10기를 1억5천만 달러에 구매하는 문제를 협상했다고 밝혔다. 또 1999년 북한을 방문했을 당시에는 산속에 만들어진 터널 안에서 이미 개발이 끝난 핵탄두 3개를 봤다고 증언했다.
페르베즈 무샤라프(Pervez Musharraf) 전 파키스탄 대통령도 자서전을 통해 파키스탄이 북한에 원심분리기 등 우라늄 핵폭탄 기술을 넘겼다고 인정했다. 무샤라프 대통령은 칸 박사가 1980년대 말 북한에 핵무기 제조 필수 기술인 원심분리기 설계도와 완제품을 제공했다고 밝혔다.

파키스탄은 칸 박사의 지도하에 1998년 5월 핵실험에 성공해 이슬람권 최초의 핵 보유국이 되었으며, 칸 박사는 파키스탄의 영웅이 되었다. 그러나 그 후 칸 박사는 북한 등 다수의 국가에 핵 확산을 지원한 혐의가 드러나면서 가택연금을 당하기도 하였다.

● 9 · 11테러로 핵 보유 사실상 인정

파키스탄은 냉전 시대에는 미국과 동맹 관계에 있었다. 그러나 인도-파키스탄 전쟁을 겪으며 동맹이 약화됐는데 이때부터 비밀리에 핵 개발을 시작했다. 미국은 처음에는 파키스탄의 핵 개발에 반대했다. 그러다 1980년대 소련이 아프가니스탄을 침공하면서 미국은 파키스탄의 전략적 중요성을 인식하기 시작했다.

파키스탄은 아프가니스탄에서 소련에 맞서 싸우는 무자히딘 전사들을 훈련, 투입, 보급하려는 미국의 계획에 적극적으로 협조했다. 파키스탄 주둔 미군은 1989년 소련군이 아프가니스탄에서 철수할 때까지 파키스탄에 주둔하는 등 냉전 시기에 미국은 지정학적 요충지에 있는 파키스탄을 필요로 했다. 그런 배경 때문에 미국은 파키스탄의 핵개발을 암묵적으로 용인했다.

냉전 이후 소련이 아프가니스탄에서 철수하자 미국은 파키스탄의 핵 무기 개발에 제재를 가했다. 그러나 파키스탄의 핵 개발 기술은 이미 상당 수준에 도달한 상태였다. 파키스탄은 1998년 인도의 핵실험에 대응해 같은 해에 두 차례 핵실험을 하였고, 이로 인해 미국으로부터 무기금수 조치 등 강력한 제재를 받았다. 하지만 2001년 9.11 테러 발생 후 미국은 파키스탄을 테러와의 전쟁을 위한 기지로 사용하기 위해 제재를 풀었다.

라. '핵의 균형 시대'의 개막 – '한일 핵무장'론

핵에는 핵으로 대응할 수밖에 없다는 것이 핵 시대의 냉엄한 현실이다. 핵 시대가 열린 이래 군사적으로 대치하는 경쟁국들은 모두 상대방의 핵개발에 자체 핵개발로 응수했다. 적대국의 핵에 대해 핵으로 맞대응 할 수밖에 없는 것은 핵무기가 재래식 무기와 비교할 수 없는 가공할 파괴력을 가지고 있기 때문이다. 한 국가의 재래식 전력을 모두 쏟아 부어도 상대방의 수소탄 한 발을 당할 수 없는 것이 현실이다.

핵을 보유한 핵국과 그렇지 않은 비핵국 사이의 관계에서, 핵무기는 비핵국으로서는 방어가 불가능한 절대 무기인 것이다. 2017년 9월 3일 실시한 북한의 6차 핵실험은 수소탄 실험이었다. 핵분열 원리에 기초한 원자탄이 최대 수십 kt의 파괴력을 갖는 반면 핵융합 원리에 근거한 수소탄은 최소 수백 kt의 위력을 보유한다.

이제 대한민국은 북한의 비핵화에 기대를 걸고 지속해온 북핵 정책이 북한의 핵보유로 인해 와해되었음을 자각하고 이를 폐기해야 한다. 그리고 북한의 핵보유로 조성된 전략적 취약성을 핵무장을 통해 '핵 대 핵'의 균형을 맞춤으로써 '핵의 균형 시대'를 열어야 한다. '핵의 균형'이 회복되면 전략적 취약성이 해소되고, 공포의 불균형이 공포의 균형으로 전환될 것이다. 그리고 과거 냉전시대의 미-소, 미-중 관계와 같이 남-북관계도 안정적으로 관리되고, 한반도의 평화도 유지할 수 있을 것이다. 냉전시대에 미국의 핵이 신생 핵국인 소련과 중국에 위력을 미쳐 미국과 전략적으로 안정된 관계를 유지하도록 만든 것과 같이, 남-북한 간에 안정된 핵 균형을 유지하기 위해서는 대한민국이 핵무장을 추진해야 한다. 한 · 미 동맹과 미국의 핵 비확산 정책 및 관련 국제규범을 존중하며 북한 보유 핵의 범위 안에서 핵무기 반입을 추진하되 미국이 거부하면 국가 생존을 위한 자체 핵무장의 길로 나설 수밖에 없다.

이미 미국에서는, 현실적으로 핵을 보유한 북한을 받아들여야 하며, 북핵을 완전 폐기시키겠다는 비핵화 정책을 포기하고, 북한의 핵 위협을 억지하고 봉쇄하는 정책을 추진해야 한다는 주장이 제기되고 있다. 과거 미국이 신생 핵보유국으로 등장한 소련에 대해서 추진했던 '봉쇄 전략'(Strategy of

Containment)을 21세기 한반도의 현실에 맞게 구사해야 한다는 것이다. 소련의 위협과 공산주의 팽창을 저지하면서 소련이 내부의 모순으로 스스로 붕괴하도록 유도한다는 봉쇄 전략의 취지와 같이, 핵무기의 반입을 통해 남-북한 간에 '핵 대 핵'의 안정적 균형을 유지하면서 당면한 북한의 군사적 위협과 도발을 억지하고 장기적으로 북한 내부의 변화를 유도해서 궁극적으로 비핵화와 평화통일을 달성해야 한다는 것이다.

이는 핵은 핵으로 막는다는 '상호 확증 파괴(mutual assured destruction)'에 입각한 이론이다. 핵무기를 보유하고 대립하는 2개국이 있을 때, 둘 중 어느 한쪽이 상대방에게 선제공격을 받아도 상대방이 핵전력을 보존시켜 보복 핵공격을 할 수 있는 경우 핵무기의 선제적 사용이 쌍방 모두가 파괴되는 상호 파괴를 확증하는 상황이 되므로 이론적으로 상호확증파괴가 성립된 2개국 간에는 핵전쟁이 발생하지 않게 된다.

● '한일 핵무장'

북한과의 비핵화 협상을 실무적으로 총괄해온 스티븐 비건 미국 국무부 대북정책특별대표가 북한에 협상을 촉구하며 실패로 귀결될 경우 한국과 일본의 핵무장 가능성을 언급했다. 비건 대표가 미국 내에서 금기시돼 온 '한일 핵무장' 가능성을 입에 올린 것은 이례적이다.

비건 대표는 9월 6일 미시간대에서의 공개 강연에서 헨리 키신저 전 미 국무장관과의 대화를 언급하며, "키신저 박사는 북한 핵무기 제거를 위한 우리의 노력이 실패하면 이후엔 아시아 지역의 핵 확산 도전에 대응하게 될 것이라고 했다"고 밝혔다. 이어 "어떤 시점엔 한국과 일본, 다른 아시아 국가들에서 핵능력 제고의 필요성을 묻는 목소리가 나올 것"이라며 "실패에는 항상 결과가 따른다. 국제사회가 이 일(비핵화 협상)에 실패할 경우 '북한이 아시아에서 마지막 핵 보유국이 아니게 될 것'이라는 키신저 박사의 말이 맞을까 우려된다"
고 말했다. (출처: 매일경제, 2019년 9월 9일)

 미·북 협상이 교착상태에 빠지면서 미국 의회와 일부 전문가들 사이에
선 전술핵의 한반도 재배치는 물론 한-일의 핵 공유 주장 등이 나오고 있
다. 비건 대표의 발언과 같은 날 미 의회조사국(CRS) 또한 '비전략적 핵무기
(Nonstrategic Nuclear Weapons)' 보고서에서 아시아 국가들의 핵무장 요구
가능성을 언급한 것도 같은 맥락이다.
 이 보고서는 미국과 러시아 간 중거리핵전력(INF) 조약 탈퇴와 관련해 분석
하면서 "미국의 전술핵 등 핵 억지력을 믿지 못하는 동맹국들은 자신들이 핵
무기를 가질 수밖에 없다고 느낄 수 있다."고 지적했다.
 언론보도에 의하면 나경원 원내대표를 포함한 자유한국당 의원들은 지난 2
월 미국을 방문해 '핵무장론'을 거론한 바 있다고 한다. 이들은 "2차 북·미 정
상회담 이후 주한미군 축소나 철수 같은 안보 공백 우려와 관련해 국내에는
일부이긴 하지만 자체 핵무장 필요성을 주장하는 목소리가 있다."고 미국 조
야에 전했다.
 이에 월리스 그레그슨 전 미국 국방부 동아태 차관보는 면담 자리에서 "만약
북한의 완전한 비핵화가 이뤄지지 않을 경우 한국, 일본의 핵무장 추진 가능성
이 높아지는 심각한 정치적 위기가 발생할 수 있다"고 우려한 것으로 알려졌다.

 북한이 파키스탄 모델에 따라 비공식 핵무장 국가가 된다면, 결국 한국과 일
본은 물론 대만의 핵 무장도 예상할 수 있다. 자체적으로 핵 무기를 개발하거
나, 미국의 전술 핵무기를 도입하거나, 협정에 의해 미국과 핵 무기를 공유하
는 나토식 핵무기 공유의 길을 모색하지 않을 수 없게 될 것이다.

● 대안 1 : 핵무기 개발

한국은 상당한 수준의 원자력 설비 능력을 갖고 있다. 서균렬 서울대 원자핵공학과 교수는 한국이 핵개발을 결심하면 2년 내로 핵탄두 100개까지도 만들 수 있다고 주장한 바 있다.

"한국의 핵개발은 기술과 경제가 아니라 정치의 문제다." 서 교수는 2015년 <주간조선>에 기고한 글에서 이렇게 말했다. "국가가 결심하고 정치인들이 방패만 되어준다면 핵개발은 연탄 찍기처럼 간단할 수도 있다."

그러나 한국이 정말로 핵개발을 추진하게 되면 그 여정은 결코 순탄치 않을 것이다. 그 즉시 전세계가 한국을 제재하고 나설 것이기 때문이다. "NPT(핵확산방지조약) 체제가 확립된 1970년대 이후 공개적으로 핵무장을 선언했던 대부분의 나라들이 상당한 경제적인 고통을 겪었다." 황일도 국립외교원 교수는 한국이 제재로 겪을 고통은 북한이 겪는 것보다 오히려 더 클 수도 있다. 수출지향형인 한국 경제는 대외경제에 대한 의존도가 높기 때문이라고 말했다. 특히 중국의 제재는 매우 강력할 것이다. 한국의 핵무장은 중국에도 위협이 될 수 있다. 황 교수는 중국이 이를 빌미로 한국에 강도 높은 제재를 가할 가능성이 높으며 한국 경제가 사드 배치 문제 당시와는 비교도 할 수 없을 만큼 큰 타격을 입을 수 있다고 말했다. (출처: 주간조선, 2019.8.19.)

제재는 전력망과 의료 분야 등 전혀 생각지도 못했던 분야에서도 심대한 타격을 입힐 수 있다. 한국은 전체 발전량의 3분의 1 이상을 원자력 발전에 의존한다. 산업통상자원부의 자료에 따르면 2016년 기준 원자력의 발전 비중은 37.5%에 달하며 2024년에는 절반에 육박하는 48.5%까지 상승할 전망이다. 문제는 한국이 원전에 필요한 연료 전량을 수입에 의존한다는 데 있다. 한국에는 우라늄 광산이 없기 때문에 한국은 핵연료를 전량 수입에 의존해야 하는데, 미국, 호주, 프랑스 등이 가입돼 있는 원자력원료공급그룹(NSG)이라고 불리는 국제기관의 통제를 받는다. 한국이 핵무기 개발을 시작하게 되면 핵연료를 수입할 길은 막히게 된다. 노틸러스 연구소가 한국의 핵무장에 대해 쓴 2014년 보고서는, "한국은 일본이 전국의 원자력발전소 가동을 중지했던 2011년보다 더 심각한 전력난을 맞이하게 될 것"이라고 예상한다. 그러나 핵연료 수입에 대한 제재가 시행되더라도 곧바로 발전이 중단되지는 않을 것이다. 그간 운영되고 있던 원전들이 보유하고 있는 연료가 있기 때문이다.

오히려 핵연료에 대한 제재로 즉시 타격을 입게 될 부분은 의료 분야다. X선이나 CT, MRI 영상을 찍을 때 방사성 물질을 필요로 하는데 이런 물질들은 반감기, 다시 말해 유효기간이 짧다. 그렇기 때문에 NSG 차원에서 핵물질의 공급이 중단되면 며칠 내로 이런 의료기기를 못 쓰게 되는 사태가 벌어진다. 한국의 핵무장은 그것으로 얻을 수 있는 편익에 못지 않은 비용이 든다. 국제제재로 인한 경제적 피해뿐만 아니라 전력, 의료 분야에 미치는 피해까지 따져봐야 올바른 선택이 가능할 것이다. (출처: BBC뉴스/코리아, 2017.9.28.)

● 대안 2 : 전술 핵 재배치

전술핵(Tactical Nuclear Weapons)이란 대륙간탄도미사일(ICBM), 잠수함발사탄도미사일(SLBM), 전략폭격기 등 소위 핵전력의 3요소(Nuclear Triad)를 통해 사용되는 전략핵무기와 달리 아군이 위치한 가까운 거리의 전장에서 사용되는 핵무기를 의미한다. 따라서 전술핵무기는 핵전력 3요소를 제외한 모든 형태의 핵무기로서 예를 들어 전술 핵폭탄, 8인치 포탄, 155mm 포탄, 단거리 지대지 미사일, 대공 미사일, 대함 미사일, 핵지뢰, 핵어뢰, 핵기뢰 등 다양한 형태로 존재한다. 파괴력도 다양해서 핵탄두를 장착한 무반동포 '데이비 크로켓(Davy Crockett)'은 TNT 10~20t의 파괴력에 불과하지만, '랜스(Lance)' 단거리 핵미사일은 무려 100kt의 파괴력을 지니고 있다. 제2차 세계대전의 종식을 위해 히로시마와 나가사키에 떨어뜨린 원자폭탄들도 현대적 기준으로는 전술핵의 파괴력에 불과한 것이다.

한반도에 처음 전술핵이 배치된 것은 1950년대 후반 주한미군이 '어네스트 존(Honest John)' 전술핵 로켓을 배치하면서부터였으며 이후 1960년대에 들어서는 핵지뢰, 서전트 단거리 핵미사일, 155mm 핵포탄 등 무려 950여발의 전술 핵탄두가 배치되었다. 이 시기 주한미군이 핵전력을 이토록 확대한 이유는 베트남전 참전으로 인한 전력공백을 메우기 위해서였다. 그러나 1970년대 중반에 들어서면서 핵탄두 보유량은 540여 발로 줄어들었고 1980년대에는 대부분 전술핵무기들이 폐기되어 1985년에는 150여 발로 줄었으며, 1991년에는 약 100여 발의 핵폭탄이 남아있었던 것으로 알려지고 있다.

그리고 1991년에는 북한에 핵개발의 구실을 없앤다는 취지 아래, 나머지 전술핵도 철수하게 되었다. 소련과의 협의를 통해 한반도의 주한미군 핵무기를 폐기하기로 합의한 상황이었다. 그리하여 한국은 1991년에 미군 전술 핵 철수가 이뤄짐과 동시에 한반도 비핵화 공동선언을 하였고 현재까지 해당 선언을 준수하고 있다. (출처: 나무위키)

과거 재래식 군사력 균형 시대에 주한미군은 북한의 남침을 저지하는 인계철선으로 작용했다. 주한미군 전투기는 북한을 향해 포탄 한 발 투하하지 않으면서 대북 억지 임무를 충실하게 수행했다. 북한도 수많은 국지도발을 했지만 주한미군 기지에 대한 도발은 없었고, 미군을 겨냥한 도발도 1968년 푸에블로호 나포, 1969년 EC21 정찰기 격추, 1976년 8·18 판문점 도끼만행, 1994년 DMZ 정찰 헬기 격추 등 극히 제한되었다. 인계철선을 잘못 건드리면 미국의 대량 보복이 뒤따를 것임을 잘 알고 있었기 때문이다. 즉 재래식 군비경쟁 시대에 주한미군은 미국의 대한 방위 공약의 상징이자 징표로서 대북 억지 역할을 충실하게 수행했다.

전술핵 재배치로 핵 균형 시대가 열리게 되면 전술핵은 일부에서 우려하듯이 북한의 선제공격을 유발하는 것이 아니라 미국의 핵우산공약을 강력하게 뒷받침하는 핵 균형 시대의 인계철선 역할을 수행하게 될 것이다. 주한미군의 핵·재래식 겸용 이중용도전투기(DCA)도 북한에 대해 전술 핵탄두 한 발 투하하지 않으면서 대북 억지 임무를 충실하게 수행할 것이다. 핵 균형 시대에 북한이 계속 국지도발을 하더라도 전술핵을 겨냥한 도발은 하지 못할 것이다. 전술핵에 대한 공격은 핵의 인계철선을 건드리는 핵 도발이며 이 경우 미국의 핵 보복을 야기하고, 그 결과 북한정권의 소멸로 이어질 것임을 북한도 잘 인식할 것이다. 즉 핵 균형 시대에 전술핵은 미국의 한국에 대한 핵우산공약의 상징이자 핵의 인계철선으로서 대북 억지 역할을 충실하게 수행할 것이다. (출처: 아산정책연구원 전성훈, "전술핵 재배치로 한반도 '핵 균형시대'를 열다.")

정치적 의미에서 전술 핵의 재배치는 좁게는 '한반도 비핵화의 포기'라는 매우 큰 정치적 부담을 야기할 수 있는 문제다. 북한의 핵무장 규모가 현재의 20-30기 안팎에서 인도/파키스탄 수준인 수십~100발 이상으로 늘어나거나 핵무기의 위력이 메가톤급으로 상승하지 않는 이상, 한반도 비핵화가 한국과 국제사회의 목표로 추구되고 있는 현 시점에서 관련 전문가 중 전술 핵 재배치에 찬성하는 사람은 소수에 그친다.

일부 학자, 정치인들은 '북한의 핵 포기를 이끌어내기 위한 협상 수단'으로 전술핵 재배치를 주장하기도 한다. 1980년대에 미국과 소련이 동유럽과 서독에 배치된 전술 핵을 동시에 폐기한 전례를 따르자는 논리다. 하지만 미-소 두 초

강대국의 입장에서 SS-20과 퍼싱-2는 자신들이 보유한 핵전력의 일부에 불과했으며, 폐기해도 전체 핵전력 규모에 큰 변화는 없는 수준이었다. 자신들이 보유한 소수의 핵전력 모두를 협상 대상에 걸어야 하는 북한을 핵 포기로 유도할 협상 수단은 아니다.

냉전이 끝남과 동시에 미국에서도 핵무기의 감축과 퇴역이 이뤄졌으므로 한국에 만약 전술 핵이 재반입된다면 유일한 옵션은 마지막까지 한반도에 남아 있었던 항공기 투하 형인 B61이다. 현재 500여 기가 현역 상태이며, 유럽에 배치된 200여 기를 제외한 나머지 수량이 미 본토에 비축 분으로 남아있는 것으로 알려져 있다. 그런데 전술 핵의 재 반입은 파괴적인 전면전 가능성이 높은 한반도에서 쌍방의 적극적인 핵 사용을 부추길 수 있는 동시에 동아시아의 핵 군비경쟁을 초래할 수 있다는 우려가 있다.

전술 핵 배치 과정에 러시아를 비롯한 중국, 일본 등이 개입할 가능성이 크다. 단순히 미사일 방어체계에 불과한 싸드 배치에 대한 중국의 반응으로 미루어 아무리 위력이 작다 해도, 핵무기를 보유하는 것에 대한 반응은 예상하기 어렵지 않다. 중국뿐 아니라 일본과 러시아에도 정치적 부담과 경제적, 외교적 영향을 미칠 것이기 때문이다.

전술 핵을 재배치하면 더 이상 "한반도 비핵화"라는 타이틀이 없어지게 된다. 북한은 "한국이 미국의 도움을 받아 핵무장을 해서 우리를 위협하고 있다."라고 선전을 하여 체제를 공고히 함과 동시에 핵개발을 더욱 가속화할 수 있다는 위험이 있다. 그렇게 된다면 동북아 정세는 더욱 더 위험해질 수 있다.
또한, 전술 핵 재배치는 상대방의 핵보유를 인정해준다는 전제가 깔려 있다. 즉, 전술 핵 재배치는 북한의 핵보유를 용인하는 꼴이 된다. 이는 북한의 위협으로부터 일본을 방어해야 한다라는 명분하에 일본의 재무장과 핵보유를 합리화해 주게 된다. 더 나아가 대만, 몽골 등 동아시아 각국들의 핵무기 개발 및 보유 유혹을 부추길 가능성이 높다. 이러한 결과는 전세계의 핵무장 확산 방지와 더불어 일정한 선을 넘는 일본의 재무장을 경계하는 미국의 입장에서는 원하지 않는 시나리오다. 그래서 미국조차도 전술 핵 재배치를 최후의 수단이라고 언급할 뿐이지, 최선의 수단으로는 간주하지 않고 있다. (출처: 나무 위키)

● 대안 3 : NATO식 핵무기 공유

나토가 지난 70년간 군사동맹체를 유지할 수 있었던 것은 크게 두 가지 요인 때문이라고 볼 수 있다. 무엇보다 나토 회원국들이 단결해온 이유는 집단 방어체제 때문이다. 나토 조약 5조는 '어느 회원국이든 무력 공격을 받으면 전체 회원국에 대한 공격으로 간주해 군사적으로 지원한다'고 규정하고 있다. 또 다른 요인은 나토의 핵 공유(Nuclear Sharing) 전략 때문이다. 나토의 핵 공유 전략은 핵무기를 보유하지 않은 독일 등 유럽 5개 회원국들이 미국과 핵무기 공유 협정을 맺고 핵전쟁이 발발할 경우 핵확산금지조약(NPT) 체제에서 탈퇴해 자국에 배치돼 있는 미국의 전술핵무기를 사용할 수 있는 권한을 부여 받는 것을 말한다.

나토는 1953년 옛 소련의 막대한 재래식 전력에 대비하기 위해 미국의 전술 핵무기를 유럽에 배치하기로 결정했다. 하지만 소련이 1957년 10월 4일 세계 최초의 인공위성인 스푸트니크 1호를 발사하면서 유럽 회원국들은 미국이 워싱턴에 핵폭탄이 떨어지는 걸 각오하면서 유럽을 지킬 수 있을지 의구심을 제기하기 시작했다. 소련이 로켓을 우주공간으로 쏘아 올릴 수 있는 능력을 보유하게 됐다는 것은 미국 본토를 향해 대륙간탄도미사일(ICBM)을 발사할 수 있게 됐다는 의미였기 때문이다.

유럽에서 이처럼 미국의 핵우산에 대한 불신이 확산되자 미국 정부는 1961년 '탄력적 대응전략(Flexible Response Strategy)'을 나토에 제시했다. 이 전략은 전쟁의 진행 상황을 크게 재래전-전술핵-전략핵 사용의 3단계로 나눠 대응한다는 것을 말한다. 소련이 재래식 전력으로 서유럽을 침공할 경우 미국과 나토는 재래식 전력으로 대응하되, 소련의 공격에 더 이상 버티기 어려울 경우 전술핵을 사용하고, 그래도 격퇴가 불가능하다면 소련에 전략핵으로 공격한다는 것이었다.

나토가 이런 전략을 공식적으로 채택하자 프랑스 정부는 핵전쟁이 벌어져도 미국 본토는 아무런 피해도 입지 않을 것이라면서 독자적인 핵무장에 나섰다. 이후 핵무기 개발에 성공한 프랑스 정부는 소련이 어떤 무기로 공격하든 자국이 위험에 처했다고 판단되면 보유 전략핵을 모스크바에 한꺼번에 퍼붓겠다는 전략을 추진하겠다고 밝혔다.

반면 제2차 세계대전 전범국인 독일(당시 서독)은 독자적인 핵무장을 할 수 없는 입장이었다. 게다가 독일은 유럽의 중심 지역에 있다는 지리적 약점으로 인해 재래식 전쟁이나 전술핵을 사용한 전쟁이 벌어질 경우 독일 영토가 전쟁터가 될 수밖에 없었다. 이 때문에 독일 정부는 생존을 위해 자국에 배치된 미국의 전술핵에 대한 사용권을 실질적으로 공유할 수 있는 제도적 장치를 마련해달라고 미국 정부에 강력하게 요구했다. 이에 따라 미국 정부는 1966년 나토 핵계획그룹(Nuclear Planning Group · NPG)이라는 기구를 만들었다. 모든 회원국들의 국방장관들로 구성되는 NPG는 핵무기 운용에 대한 의사 결정을 하거나 핵무기 정보와 핵전략 등을 논의하고 조율하는 기구다. 이 기구의 결정은 만장일치제가 원칙이지만 핵무기 사용 여부의 최종 권한은 미국 대통령에게 있다. 그럼에도 나토의 핵 공유 전략에 따라 나토의 유럽 회원국 전투기들은 정례적으로 전술핵무기 인수, 인계, 장착, 발진 훈련 등을 실시한다.

미국이 보유한 대표적인 전술핵무기는 전투기에서 투하할 수 있는 B-61 계열 핵폭탄이다. 2016년 말 기준으로 B61-3, B61-4, B61-10, B61-11 등 네 종류 500여 발이 있는 것으로 추정된다. 이 중 160~240발은 독일 뷔헬(10~20발), 이탈리아 아비아노와 게디-토레(70~90발), 네덜란드 볼켈(10~20발), 벨기에 클라인 브로젤(10~20발), 터키 인지를리크(50발) 등 유럽 5개국의 공군기지 6곳에 배치돼 있고, 나머지는 미국 본토에 있다.

평상시에는 전술핵을 미국 공군이 관할하지만 전시에는 워싱턴에서 송신되는 긴급행동메시지(EAM) 발사 코드를 미군이 B-61에 입력하면 나토의 유럽 회원국들이 보유한 F-16과 PA-200 토네이도 전투기들이 이를 적군에 떨어뜨리는 방식으로 운용된다. 미국은 최근 러시아의 최신예 요격시스템인 S-400을 도입 중인 터키와의 관계가 악화되면서 터키에 배치된 전술핵을 다른 국가로 옮겼다는 설이 나오고 있지만 확인되지는 않았다.

전술핵 가운데 가장 위력이 큰 핵폭탄은 B61-11이다. '미니 누크(Mini-Nuke)'라고 불리는 이 핵폭탄은 길이 3.59m, 직경 34cm, 무게 315kg에 불과하지만 최대 위력은 340kt에 달한다. 지하 6m까지 파괴할 수 있어 적의 벙커나 지하 무기시설 등을 파괴하는 데 효과적이다. 미국 정부는 현재 차세대 전술핵폭탄으로 B61-12를 개발 중인데 2020년까지 대량 생산해 2024년까지 실전배치를 완료할 계획이다. B61-12는 스마트 전술 소형 핵폭탄으로 산악지대나 지하 60m에 은신한 적 지휘부를 정밀 타격할 수 있다. 게다가 폭발력을 4개 수준 (0.3kt · 1.5kt · 10kt · 50kt)으로 조절할 수 있어 불필요한 살상도 막을 수 있다. 원형 공산 오차(CEP)는 기존 핵폭탄의 20% 수준인 30m에 불과하다. 특히 적의 레이더망을 피할 수 있는 F-35A 스텔스 전투기에도 B61-12를 장착할 수 있다. (출처: 주간조선 2019.8.19.)

마. 새로운 대안 : '남북한 핵의 균형' 정책 도입

핵에는 핵으로 대응할 수밖에 없다는 것이 핵 시대의 교훈이다. 북한이 사실상 핵 보유국이 되는 경우에도 핵확산 방지 체제가 작동하고 있는 한 한국이 자체적으로 핵무장을 하는 것은 불가능하다. 그렇다고 1991년에 완전 철수한 전술 핵을 다시 들여오는 것도 쉽지 않다. 북한과 중국이 강력 반대할 것이기 때문이다. 북한은 핵무기 없는 한미합동군사훈련에도 촉각을 곤두세우고 반대하는데 하물며 전술핵 재배치에 결사반대할 것은 명약관화하다. 사드 배치에 보인 중국의 반발과 보복조치에 미루어 보아 중국이 전술핵 반입에 어떤 반응을 보일지 예상하는 것은 어렵지 않다. 미국을 위시한 국제사회도 전술핵 재배치가 일본의 재무장과 핵보유를 초래할 것을 우려하고 있다. 핵국과 핵무기를 공유하는 문제도 같은 이유에서 어려움이 예상된다.

해결 방안은 무엇인가? 한국에 핵무기를 반입할 필요가 있다는 데 대한 국제사회의 콘센서스를 구해야 한다. 핵무기 반입이 한국의 핵 무장을 위한 것이 아니라는 것, 북한의 비핵화를 촉진하기 위해 한국에 핵무기를 반입할 필요가 있다는 것에 대한 국제적 양해와 합의가 필요하다. 북한의 단계적 비핵화 추진과정에 소요되는 긴 기간 동안 한국과 동북아의 안전, 한국민의 생존권 보장을 위해 관련국들이 국제협정을 맺고, 그 협정에 따라 제한된 범위의 핵무기 반입을 허가하고, 반입한 핵을 핵국과 공동 관리할 것에 대한 국제적 합의가 필요하다.

북한이 비핵화하는 기간 동안 북이 보유한 것과 같은 수의 핵무기를 한국에 반입하는 것을 허용하고, 국제 관리하에 두는 '남북한 핵의 균형' 정책의 도입이 필요하다.

하노이 미-북 정상회담에서 미국이 제시하였으나 북한이 거부한 '빅 딜'은 포괄적 비핵화인데 반해 북한은 단계적 비핵화를 선호한다. 그런데 북한은 언제 비핵화를 완료할 것인지 날짜를 못박지 않았다. 단계적 비핵화가 진행되는 긴 세월 동안 한국은 북한의 핵무기에 노출된 상태가 되는데 한국군과 주한미군은 이미 포괄적 비핵화를 선이행한 상태이므로 핵무기가 없다. 한국민들은 북한의 핵무기를 막아줄 핵이 없는 무방비 상태에 있게 된다. 이른바 공포의 균형(balance of terror)이 유지되지 않는 상태에 놓이게 되는 것이다. 공포의 균형이 유지되면 '상호확증파괴' 논리에 입각해 서로가 서로에 대해 핵전쟁을 일으키는 것을 억제할 수 있다. 내가 핵무기를 사용하면 상대방도 핵무기를 사용해 나를 절멸 시킬 수 있다는 공포감 때문이다. 미국, 러시아, 중국 등 핵보유국들이 핵무기를 개발한 이후 현재까지 서로가 서로에 대해 핵전쟁을 일으키지 못하는 이유가 바로 여기에 있다. 한국민들이 장기간 북한 핵의 위협에 무방비 상태로 노출되지 않도록 '공포의 균형'을 유지해 줄 핵무기의 반입이 필요하다.

자발적으로 비핵화를 택한 남아프리카 공화국이 1989년 비핵화 정책을 채택한 후 4년이 지난 1993년 3월에 6개의 핵 무기를 폐기하고 모든 개발 정보도 파기하는 비핵화를 이룩했다. IAEA가 이를 검증하는 데에 만 2년 6개월이 걸렸다.

북한이 보유하고 있는 20-30개의 핵 무기와 30-60개의 핵폭탄을 제조할 수 있는 양의 핵물질, 방대한 규모의 재처리 시설, 우라늄 핵무기 개발 시설, 다수의 운반체 개발 시설 등을 모두 폐기하고, 검증하는 데에 수십 년이 걸릴 것으로 예상된다. 거기에 더하여 수천 명에 달하는 과학자, 기술자와 방대한 양의 관련 기록물 등 자료의 처리 문제도 있다. 이 모든 것이 이루어질 때까지 한국민들을 북한의 핵무기 위협 아래 방치해 둘 수는 없다. 전술 핵의 반입을 승인해야 한다.

핵무기의 반입이 승인된다면, 한국군도 북한과 동수의 핵무기를 보유할 수 있게 될 것이고, 그렇게 되면 북한과 동시적 단계적 핵군축을 하는 방식이 채택될 수 있다. 그렇지 않으면 한국군과 주한미군이 북한의 10% 핵군축에 상응하는 감축을 하려면 너무 많은 재래식 군대를 감축해야 하기 때문에 단계적 비핵화는 실현 가능성이 없는 방안이다. 핵무기의 파괴력이 그만큼 크기 때문이다.

● 북한의 핵보유국 특권의식

오늘날 우리가 직면한 위기상황은 한국전쟁 이후 최대의 안보위기라고 할 수 있다. 문재인 정부가 북한과 평화와 통일의 시대를 구가하고 있는 사이에 북한은 이미 막강한 핵 보유국의 반열에 올랐다. 그리고 이제 북한의 입장을 대변한다는 평가까지 받았던 문재인 대통령을 향해 "정말 보기 드물게 뻔뻔스러운 사람"이라고 하고, 문 대통령의 평화 경제 구상에 대해선 "삶은 소 대가리도 앙천 대소할 노릇"이라고 조롱하고 있다. 이것은 북한이 벌써부터 핵 보유국이라는 특권의식에 취해 핵이 없는 한국을 낮추어 보기 시작했다는 증거다. 하루 빨리 한반도에서 핵의 불균형을 제거하고 핵 균형 시대를 열어야 한다.

북한과 비핵화 협상이 실패로 끝나는 경우 한국이 국가보위와 국민의 안위를 위해 핵 무장을 하는 것에 대해 어느 나라도 반대할 수 없을 것이다. 북한이 단계적 비핵화 혹은 포괄적 비핵화를 추구하는 경우에도 비핵화가 완결될 때까지 오랜 기간 우리의 국가안보와 국민의 안위가 보호를 받을 필요에 대해서도 이의를 제기할 나라가 없을 것이다

우리 사회의 지도자들은 핵무기의 반입을 통해 북한의 핵 독점 시대를 극복하고 안정적인 핵 균형 시대를 열기 위해 국민의 마음을 하나로 모아야 한다. 핵무기의 반입은 특정 정파의 정치적 목적에 이용될 수 없으며 정쟁의 대상이나 남남갈등의 씨앗이 되어서도 안 된다. 오로지 국가보위와 국민 안위의 관점에서, 여야를 막론하고 계파와 정파를 초월해서 지혜를 모아 국민적 합의 하에 추진해야 한다.

미국이 방위비 분담금을 5배 더 내라고 요구하고 있다. 방위비 인상을 북한의 핵보유로 인해 발생한 안보상의 취약점을 보완할 방안과 연계시키는 것을 검토해야 한다. 핵 잠수함 보유, 사용 후 핵연료 재처리 등 원자력 이용 협정의 수정, 미사일 사거리 제한 해제와 고체연료 사용, 첨단 전략 자산의 보유 등 우리의 안보상의 취약점을 보완하는 계기로 활용해야 한다. 그리고 전술 핵무기의 재배치, 나토식 핵공유 협정의 체결 등을 통해 핵무기를 국내에 반입하는 방안을 수립해야 한다. 핵무기로 무장한 북한을 상대하려면 "남북한 핵의 균형"을 이루어야 한다.

● 문재인 정부의 결단

문재인 정부의 한반도 평화 프로세스는 북핵 문제 해결을 전제로 한 정책이었다. 북한이 핵으로 무장한 다음에 어떻게 할 것인지에 대한 대책이 없다. 북한이 핵으로 무장한 이후에도 한반도에서 평화를 유지하려면 우리도 핵을 보유하여야 한다. 문재인 정부는 이제 결단을 내려야 한다. 한반도에 핵의 균형을 유지하는 것이 5천만 한국민의 생존권을 지키고, 한반도에 평화를 유지하는 길이라는 것을 명심해야 한다.

2017년9월 여론조사기관 리얼미터가 실시한 여론조사 결과도 국민의 53.8%가 우리나라도 자체 핵무기를 개발해야 한다고 생각하는 것으로 나타났다. 핵무기 개발이 필요한 이유로는 응답자의 36.6%가 자주 국방을 위해서, 17.2%는 '북한이 핵을 보유하고 있기 때문에 개발해야 한다'고 대답했다. 지난 25년 동안 북핵 협상이 번번이 실패로 끝났기 때문일 것이다.

물론 핵무장을 하기 위해서는 미국의 동의가 필요하고 핵확산금지조약에서 탈퇴해야 한다. 핵확산금지조약 제10조는 '비상사태가 자국의 지상(至上)이익을 위태롭게 하고 있다고 판단할 경우, 본 조약으로부터 탈퇴할 수 있다'고 명시돼 있다. 정부는 미국의 동의를 얻기 위해 모든 노력을 다해야 한다.

당장 현실적으로 자체 핵무기 개발이 어렵다면 전술핵 재배치나 NATO식 핵무기 공유도 검토할 필요가 있다. NATO식 핵 공유는 괌 등 미군기지에 있는 전술핵을 협정에 의해 공유하는 경우도 상정할 수 있다. 문 대통령은 더이상 김정은의 '선의'와 '자비'에 의지해 북한 핵에 발목이 잡혀 끌려 다니는 일을 그만두어야 한다. 대통령이 국가와 국민의 안위를 진정으로 걱정하는 모습을 보고 싶다.

Korea JoongAng Daily

칼럼

● Korea JoongAng Daily 칼럼

필자가 중앙일보 Korea JoongAng Daily에 2003년부터 2019년 9월까지
기고한 북한 관련 칼럼을 주제별로 정리하여 수록하였습니다.
독자의 편의를 위해 영문 원문 앞에 국문 번역을 붙였습니다.

1. 북한의 핵무기 개발: 무엇이 목적인가?

3. 북한의 협상 전술

4. 국제사회의 북핵 대응 전략

01.

북한의 핵무기 개발 :
무엇이 목적인가?

가. 핵보유는 체제 보장을 위한 생존전략

A. 리비아 사태가 남긴 교훈 (Lessons from Libya)
게재일: 2011년 4월 4일(국문 번역)

누구나 사물을 자기에게 유리하게 해석하는 경향이 있는데, 북한도 리비아 사태를 자기합리화에 이용하는 것으로 보인다.

조선중앙통신은 외무성 대변인을 인용해 "리비아식 핵포기 방식이란 안전보장과 관계개선이라는 사탕발림으로 상대를 얼러 넘겨 무장해제를 성사시킨 다음 군사적으로 덮치는 침략방식이라는 것이 드러났다."고 주장했다. 그리고 북한이 2003년 "리비아식 핵포기"를 거부한 것은 올바른 선택이었고, "우리가 선택한 선군의 길은 천만번 정당하고 그 길에 마련된 자위적 국방력은 조선반도에서 전쟁을 막고 평화와 안정을 수호하는 더 없이 소중한 억제력이 되고 있다"고 자랑을 늘어놓았다.

심지어 북한은 자스민 혁명을 비하하는 논평도 서슴지 않았다. 평양방송은 "일부 나라에서 색깔혁명이 일어난 것은 그 나라 사람들이 제 정신을 잃고 제국주의자들이 불어대는 기만적인 자유와 민주주의 나발에 춤을 춘 것과 관련된다"고 주장한다. 노동자의 천국이며, 세계 사회주의 혁명의 선봉을 자처해 온 북한이 중동의 독재자들 편에 선다는 것은 실로 아이러니라고 하지 않을 수 없다.

그러나 북한이 중동의 독재자들과 군사적, 경제적 협력관계를 유지해온 것은 어제, 오늘의 일이 아니다. 1973년 무바락이 이집트 공군사령관이던 시절, 북한은 4차 중동전을 앞두고 있던 이집트 공군 전투기 조종사들의 훈련을 위해 북한 공군 조종사들을 파견했다. 무바락이 대통령에 취임한 후 북한은 이집트에 소련제 미사일을 판매하였으며, 이집트가 미사일을 자체 생산할 수 있게 될 때까지 수년간 북한 기술자들을 파견해 기술을 전수해주었다. 1991년 제1차 걸프전을 전후해서는 북한은 시리아, 이락, 이란에 유엔이 금지한 미사일 등 전략무기를 수출했다. 그리고 2007년에는 시리아의 원자로 건설을 지원한 것이 드러난 바 있고, 최근에는 리비아의 카다피에게도 미사일, 대공포 등 각종 군사장비를 수출했다는 사실이 드러났다.

북한은 처음부터 중동의 민주화에는 관심이 없었다. 북한에게는 은밀하게 북한의 핵 개발 기술과 미사일 등 전략무기를 구입해 준 중동지역 독재자들과 협력관계를 발전시키는 것이 더 중요했다. 시리아의 하파트 알 아사드와 그의 아들 바샤르 알 아사드, 이집트의 무바라크, 리비아의 카다피 등 독재자들은 북한이 핵무기 개발을 추진하는데 필요한 재원을 제공해주는 군사적, 경제적 협력자였다. 그 대가로 북한은 중동의 독재자들에게 국제사회가 금지하고 있는 전략무기를 공급해줌으로써 그들이 군국주의적 강권통치를 강화하는 데 협력해 왔다. 북한이 리비아 공습을 비난하는 이유가 여기에 있다.

그러나 리비아가 핵을 포기했기 때문에 공습의 대상이 되었다는 북한의 주장은 하나만 알고 둘은 모르는 주장이다. 카다피를 위시한 중동의 독재자들이 몰락한 이유는 공습 때문이 아니고 민주화를 갈망하는 시민봉기 때문이었다. 카다피가 핵무기를 보유하고 있다 한들 민중의 봉기를 핵무기로 막을 수는 없는 노릇이다.

그러나 국민보호(Responsibility to Protect)를 앞세운 리비아 공습에 대해서는 국제사회에도 찬반 양론이 있다. 먼저, 공습에 앞서 선행되었어야 할 외교적 노력, 비군사적 압력 등 조치가 생략되었다는 것이다. 그리고 사르코지가 국내 정치적 필요에 의해 앞장섰다는 비난도 있다. 카다피 군이 보스니아식 인종청소나, 르완다식 학살을 자행한 것도 아니라는 지적도 있다. 나토연합군은 공습에 앞서 서방이 리비아의 권력자 카다피에게 핵을 포기할 것을 종용하면서 안전보장을 약속했다는 사실을 상기하고 비군사적 압력 등 필요한 노력을 기울였어야 했다.

그렇다고 카다피에게 면죄부를 주자는 것은 아니다. 그러나 나는 자국의 핵 무기 개발 계획을 포기하기로 결정한 최초의 국가지도자에게 국제 사회가 어느 정도 배려하는 자세를 보이는 것이 필요하다고 생각한다.

그래야 국제사회는 북한 등 아직 핵을 포기하지 않은 나라 지도자들에게 그들이 핵무기 개발 계획을 포기하더라도 외부로부터 무력개입을 당하는 일은 없을 것이라는 것을 확신시킬 수 있을 것이다. 국제사회에서도 약속은 지켜져야 한다.

Lessons from Libya

Park Sung-soo

North Korea claimed that Libya became the target of air raids because it abandoned its nuclear development program. It's clear that North Korea is interpreting events in North Africa as a method of self-justification.

Quoting their foreign ministry spokesman, the North's Korean Central News Agency said that Libya is getting invaded because it was induced into abandoning its nuclear weapons with such promises as a national security guarantee and improved relations.

The North also boasted that its decision to reject abandoning its nuclear program in 2003 was the right choice, saying that "the military-first policy that we have chosen is the right policy and our ability of self-defense thanks to the policy has become a precious deterrent against war and safeguards peace on the Korean Peninsula."

North Korea has not even restrained itself from degrading the Jasmine revolution. Radio Pyongyang reported that the reason the Jasmine revolution broke out in the Middle East was because the people there have lost their minds and danced to the tune of the imperialists who deceived them with freedom and democracy.

It is ironic that North Korea, which claims to be a workers' paradise and the vanguard of the socialist revolution worldwide, sides with the dictators of the Middle East.

The NATO coalition should remember that Libya was given national security assurances when Qaddafi abandoned his nuclear program.

The North has long maintained close military and economic relations with the dictators of the Middle East. When Hosni Mubarak commanded the Egyptian air force in the early 1970s, he got North Korea to send pilots to train Egyptians before the fourth Mideast war with Israel in 1973. Egypt began importing Soviet-era missiles from North Korea around the time Mubarak became president, and North Korean technicians have trained Egyptians to produce them on their own over the years.

Around the time before and after the first Gulf War, North Korea exported missiles and other strategic weapons banned by the United Nations to Syria, Iraq and Iran. In 2007, it was revealed that North Korea helped Syria build a nuclear reactor. Now, it has been reported that Pyongyang exported military hardware, including missiles and antiaircraft guns, to Muammar el-Qaddafi.

From the beginning, Pyongyang was not interested in the democratization of the region. North Korea was more interested in collaborating with the region's dictators, who imported nuclear technology and strategic military hardware, including missiles, from the North. The dictators of the Mideast — such as Syria's Hafez al-Assad, his son and incumbent president Bashar al-Assad, Egypt's Mubarak and Libya's Qaddafi — have helped the North by providing it with vital financial resources for its nuclear program.

In return, North Korea helped them strengthen their power by providing them with military hardware in violation of the arms embargo. Herein lies the reason why Pyongyang is critical of the air raids on Libya.

But Pyongyang's claim that Libya was targeted because it abandoned its nuclear program is only one side of the story. The dictators of the Middle East, including Qaddafi, have fallen because of an uprising by people demanding democratization, not because of air raids by international forces. Even if Qaddafi had a nuclear arsenal, he could not stop a popular uprising.

The international community has debated the pros and cons of air raids on Libya. Some say that diplomatic efforts and nonmilitary measures should have preceded air raids. There is also criticism of French President Nicolas Sarkozy, saying he initiated military action because of political reasons at home. It has also been said that Qaddafi's army did not commit as harsh atrocities as the ethnic cleansing in Bosnia or the genocide in Rwanda.

The NATO coalition participating in the air raid should remember that the West gave national security assurances to Libya when they persuaded Qaddafi to abandon Libya's nuclear program.

I do not mean to say that Qaddafi should be granted immunity. But I think it necessary to show consideration to the first national leader who decided to abandon his country's nuclear weapons program.

Then the international community can provide leaders of countries that have not given up their nuclear program, like North Korea, with the assurance that there will be no military intervention even if they abandon their nuclear development program.

The writer is a visiting professor of communication at Sejong University.

B. 위기극복 위해 핵시설 재가동할 것 (The autarkic North)
게재일: 2008년 9월 24일 (국문 번역)

미국과 한국이 우려하는 최악의 시나리오는 김정일의 지도력 약화가 북한 내부에 정치, 사회적 혼란을 초래하는 것이다. 김정일 건강 악화설이 대두하자 한때 북한의 정권교체를 희망하였던 국가들이 지금은 주민을 기아에 허덕이게 만들고, 인권유린을 자행한 북한 정권이 존속하기를 두 손 모아 빌고 있다.

만약 북한 내 권력투쟁으로 야기된 정치, 사회적 소요사태가 무정부 상태를 초래하고 이로 인해 북-중 국경지대에서 대규모 탈북 사태가 일어난다면, 중국은 분명 개입할 명분을 찾게 될 것이다. 그리고 중국의 개입은 동북아 지역의 세력 균형과 평화를 깨뜨리게 될 것이다.

더욱 위험한 것은 김정일의 권력 약화가 북한 정권의 핵무기에 대한 장악력을 약화시키는 것이다. 북한은 지금 7 내지 12개의 핵 탄두 혹은 그에 상응하는 양의 플루토늄을 보유하고 있는 것으로 추정되고 있다. 만약 북한 군부의 강경파 혹은 어떤 불순 세력이 이 핵 물질들을 손에 넣게 되면 세계 평화가 위협받게 된다.

건강 악화로 김정일의 권력 장악력이 떨어진다는 조짐이 보이자, 북한 전문가들은 김정일이 권력의 일부를 일군의 당, 군 지도자들에게 위임할 것이라고 예측하고 있다. 다시 말해, 김정일의 지시 하에 움직이는 대리인들로 구성된 집단지도체제를 수립할 것이라는 것이다.

김정일이 지난 8월 중순 뇌졸중으로 쓰러진 후 실제 그의 대리인들에 의한 집단지도체제가 벌써 가동되었을 가능성이 점쳐진다. 한 가지 징후는 북한이 이미 8월 14일에 핵 불능화 조치를 중단했으며, 앞으로 영변에 있는 원자로의 시설을 복구하는 것을 고려 중이라는 것이 8월 26일 갑자기 발표된 것이다.

만약 북한이 건강 악화로 김정일의 지도력이 약화되고 있는 시기에 군 장성들과 핵심 당원들이 동요하지 않도록 하기를 원한다면, 핵 능력을 과시하여 그들의 충성심을 강화할 필요가 있을 것이다. 만약 북한이 군의 사기를 진작시키기를 원한다면, 핵무기 개발에 박차를 가하는 모습을 보일 필요가 있을 것이다. 북한이 서해안에 새로 조성한 미사일 발사대에서 장거리 미사일에 탑재할 엔진을 시험 가동했다는 사실도 최근 밝혀졌다.

1994년 김일성이 사망하기 전 북한 옵저버들은 김일성 사후 북한 정권은 짧게는 3일 길게는 3년 후 붕괴할 것이라고 예상했다. 그러나 예상을 깨고 김정일은 지난 14년간 권좌를 유지하고 있다. 김일성 사망 후 김정일은 외부세계로 통하는 문호를 봉쇄하고, 아버지 김일성의 유훈에 따라 통치하는 유훈 통치를 했다. 김정일은 스스로 초래한 고립 속에 살아 남았고, 북한정권이 붕괴하는 것도 막았다. 따라서 김정일의 건강이 좋지 않은 시기에 북한이 무슨 선택을 할 것인지는 명백하다 하겠다. 거북이가 머리와 팔다리, 꼬리를 몸통에 숨기듯 북한은 또 다시 고립을 선택해 지도력 위기를 극복하려 할 것이다.

북한은 핵개발계획에 관한 한 이미 전략 목표를 달성했다고 생각하는 것 같다. 비록 기술은 아직 초보단계이지만 2006년에 핵 실험도 실시했고, 대륙간 탄도탄을 포함한 일련의 미사일 발사 시험도 했다. 북한은 지금 핵 보유국으로 인정해 줄 것을 요구하고 있다. 북한이 6자 회담 합의를 어기고 영변의 핵 시설을 복구시킨다 해도 이를 징계할 마땅한 대응책이 없는 것 같다. 북이 핵 무기를 보유하고 있기 때문에 군사적 대응은 고려대상이 아니다. 결국, 김정일과 북한 군부가 원했던 것처럼 핵개발계획은 북한 정권의 존립에 필수적인 전략이 되었다. 북한 지도부가 핵무기를 포기할 의사가 전혀 없었다는 것도 입증되었다. 북한 핵 문제를 협상과 타협을 통해 해결하려고 한 것은 잘못이었다.

만약 북한이 영변 핵 시설을 복구하기 시작하면, 당근과 채찍 두 가지를 다 쓰는 압박 전술로 돌아가는 수밖에 없다. 경제, 금융, 무역 제재를 포함, 모든 가능한 비군사적 방법을 동원해야 한다. 중국의 역할이 중요하다. 북한은 대외 무역의 반 이상을 중국에 의존하고 있다. 최근 북한경제에 관한 연구에 의하면, 북한에서 거래되는 공산품의 70퍼

센트 이상이 중국 제품이며, 북한에서 가동 중인 생산설비의 80퍼센트 이상이 중국산
이라고 한다. 중국이 북한에 경제 제재를 가하면 북한은 오래 버티지 못한다.

전세계는 2005년 9월부터 북한이 외교적 승인과 경제 지원을 받고 그 대신 핵개발 계
획을 포기할 것을 기대하고 기다려왔다. 만약 북한이 그 합의를 파기하고 영변 원자로
를 복구하면 이제 북한 편에 설 나라는 없다.

The autarkic North

Park Sung-soo

*As a turtle
withdraws its
head, limbs
and tail into its
shell, North
Korea will
again go into
isolation to
overcome the
leadership
crisis.*

The writer, a former
editorial page editor
of the JoongAng
Daily, is a visiting
professor of media
studies at Myongji
University.

From the perspective of the United States and South Korea, a worst-case scenario in North Korea is that the weakening of Kim Jong-il's grip on power would create political and social unrest there. After rumors about Kim Jong-il's health emerged, it became clear that countries that once wanted regime change in the North now cross their fingers and hope for the survival of the regime that drove its own people to hunger and violated human rights.

If political and social unrest created by a power struggle in the North develop to a state of anarchy, causing a rush of defectors across the Chinese border, China will certainly find an excuse for intervention. This will in turn disrupt the power balance and peace in Northeast Asia.

What is even more dangerous is the weakening of Kim's control over nuclear weapons as a consequence of his loss of power. It is estimated that North Korea has seven to 12 nuclear warheads or equivalent amounts of fissile material. If radical factions in the North Korean Army or any other unsavory elements get hold of the nuclear arsenal, world peace will be threatened.

As there are signs that Kim's grip on power is weakening due to ill health, North Korea experts anticipate that Kim Jong-il will delegate some of his power to a group of military and party leaders. That is, he will establish a system of collective rule by officials who act under his guidance.

Actually, there is a possibility that collective rule by Kim's proxies has already started after Kim had a stroke in mid-August. One sign is the sudden but belated announcement on Aug. 26 that North Korea

suspended the disabling of its nuclear facilities on Aug. 14 and would consider restoring the facilities at its main nuclear complex in Yongbyon.

If North Korea wants to prevent unrest among military officers and party cadres at a time when Kim's leadership is weakening due to his poor health, it might be necessary to consolidate loyalty by showing off the country's nuclear capability.

If it wants to boost the military's morale, it might also be necessary to renew the drive to develop nuclear weapons. It was recently discovered that the North has tested an engine for a long-range missile at a new launching pad on the west coast.

Before the death of Kim Il Sung in 1994, Western observers predicted North Korea would collapse within three days to three years of his death. However, Kim Jong-il has been in power for 14 years.

After his father's death, Kim tightly closed the doors to the outside world and ruled the country using the precepts of his late father's teachings. Under this self-imposed isolation, Kim somehow managed to survive and save North Korea from collapse.

It is clear, therefore, what choice the North will make at a time when Kim's health is in question. As a turtle withdraws its head, limbs and tail into its shell, North Korea will again go into isolation to overcome the leadership crisis.

North Korea seems to feel it has accomplished its strategic target where nuclear weapons development is concerned. Although its technology is in a primitive stage, Pyongyang performed a nuclear test and test-fired a series of missiles in 2006, including an intercontinental one.

The North now demands that the world recognize it as a nuclear power.

Even if the North ignores the agreement from the six-party talks and restores its nuclear facilities in Yongbyon, few countermeasures seem available.

Military options are out of the question because of the North's nuclear arsenal. After all, the nuclear development program has become a vital strategy for the regime's survival, as Kim Jong-il and his military wished. It is also proven that the North's leadership never intended to give it up. It was not proper, therefore, to try to settle the North Korean nuclear issue through negotiations or compromises.

If the North starts to restore its main nuclear reactor in Yongbyon, there is no choice but to return to pressure tactics using both carrots and sticks. All possible nonmilitary means, including economic, financial and trade sanctions, should be mobilized.

China's role is important. North Korea relies on China for more than half of its foreign trade. According to the latest research on the North Korean economy, more than 70 percent of the manufactured goods sold in North Korea are made in China and 80 percent of production facilities in the North are for Chinese products. If China imposes economic sanctions, North Korea cannot last for long.

Since September 2005, the whole world has waited for the North to give up its nuclear weapons program in return for diplomatic recognition and economic assistance. If the North breaks that agreement by restoring the nuclear reactor at Yongbyon, no country will stay on its side.

C. 1차 핵위기의 교훈 (Lesson of the last nuclear drama)
게재일: 2003년 2월 22일(국문 번역)

국제원자력기구(IAEA)는 지난주 북한이 핵확산금지협정을 준수하지 않겠다고 선언하자 이 문제를 유엔 안전보장이사회에 회부했다. 국제원자력기구(IAEA), 북한, 워싱턴이 취한 일련의 조치들은 1993-94년 북한 핵위기 당시의 상황을 연상케 한다. 1994년 북한은 국제사회의 압력에 굴복해 핵확산금지조약(NPT)에 복귀하였고 국제원자력기구(IAEA)의 안전규범을 지킬 것을 서약했다. 이번에도 그렇게 할 것인가?

현재의 핵 교착상태는 2002년 10월 미 국무부 고위 관리 제임스 켈리가 평양을 방문했을 때 촉발되었다. 켈리 차관보가 미국이 핵무기용 우라늄을 농축하려는 평양의 핵 개발 계획에 대한 정보를 갖고 있다고 말하자, 북한은 1994년에 체결한 합의를 위반하여 핵무기 개발을 계속해 왔다고 시인했다.

부시 행정부는 1994년 북한과 체결한 합의를 파기하기로 결정하고 북한에 대한 중유 공급을 중단했다. 북한은 동 협정을 파기하는 대신 미국과 불가침 조약을 체결할 것을 요구하였으나 이 요구는 받아들여지지 않았다. 요구 사항이 충족되지 않자, 북한은 위협 수위를 높이기 시작했다. IAEA 감시장비들을 제거하고, IAEA 사찰단을 추방하였으며, 핵확산금지조약(NPT) 탈퇴를 선언하고, 5메가와트 영변 원자로를 재가동했다.

1993-94년 핵 위기 때에도 북한은 거의 같은 행동 방식을 따랐다. 북한은 1993년 3월 핵확산금지조약 탈퇴를 선언했고, IAEA 사찰 거부, 핵시설 봉인 파손, 사용 후 핵 연료봉 교체, 그리고 1994년 6월 IAEA 탈퇴를 선언했다.

1994년에는 지미 카터 전 미국 대통령이 김일성을 만나면서 드라마가 종결되었다. 카터 전 대통령은 워싱턴에 "북한은 북한과 국제사회 사이에 발생한 매우 심각한 문제에 대한 건설적인 해결책을 찾기를 원한다"는 메시지를 전달했다. 미-북 대화가 재개되었고 1994년 10월에 제네바 협정이 체결되었다.

1993-94년 핵 위기 동안, 평양은 미국과 협상을 타결하기 위해 열심히 노력했다. 유엔 제재가 불가피하다는 것이 명백해지자 김일성은 카터 전 대통령의 제안을 받아들였다. 카터 전 대통령은 북한에게 미국이 북한의 체면을 세워주고 경제적 이득을 얻게 해주는 대가로 핵확산금지조약에 복귀하라는 유엔의 요구를 수락하라고 했다.

그 사이 상황은 크게 달라졌다. 우선 북한의 잠재적 핵 능력이 크게 강화되었다. 1994년 북한이 보유했을 것으로 추정되는 탄두 1~2개 외에도 현재 냉각 수조에 있는 8,000개의 폐연료봉에서 6~8개의 무기를 생산할 수 있는 핵물질을 얻을 수 있으며, 파키스탄에서 수입한 우라늄 농축 기술도 보유하고 있다. 북한의 미사일 기술도 더 높은 단계로 발전했다. 현재 개발 중인 미사일이 미국 서부 해안에 도달할 수 있을 것으로 추정되는 등 우려할 만한 상황이다.

반면 한미 동맹은 1994년보다 훨씬 약하다. 주한미군 철수 이야기가 나오고 있다. 한국정부는 북한을 포용하는 햇볕정책을 채택한 이후 북한에 우호적인 태도를 보이고 있다. 언론 보도에 따르면, 차기 정부가 선택을 해야 한다면 북한의 붕괴보다는 핵으로 무장한 북한을 선호할 것이라는 말이 나올 정도라고 한다.

국제적으로는 미국의 전폭적인 군사개입을 요하는 이라크 전쟁이 진행 중이며, 전세계적으로 반전운동이 확산되고 있는 것도 북한에 유리한 여건을 조성하고 있다.

따라서 김정은은 9년 전 그의 아버지가 그랬던 것처럼 국제사회의 압력에 굴복하지 않을 것 같다. 이미 일부 유럽 국가와 호주는 유엔의 제재에 반대한다는 입장을 표명했다. 더 많은 나라들이 그 뒤를 따를 것이다. 중국과 러시아도 그럴지 모른다.

그러면 북한의 벼랑 끝 전술이 성공했다는 뜻일까? 핵 클럽에 가입하려는 다른 국가들도 북한을 따라할 것인가? 전쟁은 피해야 한다. 그러나 현명하지 못한 흥정으로 얻은 평화는 훨씬 더 큰 재앙을 낳게 될 것이다. 한반도에서 벌어진 두번의 핵 드라마를 통해 우리는 굳건한 동맹만이 외침을 막는 보루라는 것을 배운다.

[VIEWPOINT]Lesson of the last nuclear drama

JoongAng Daily, Saturday, February 22, 2003

North Korea is in a stronger position this time, and the U.S.–South Korean alliance is weaker.

The International Atomic Energy Agency declared last week that North Korea is "noncompliant" with nuclear nonproliferation agreements and sent the matter to the UN Security Council. The course of action taken by IAEA, North Korea and Washington reminds us of the situation in the 1993–94 nuclear crisis. In 1994, North Korea succumbed to international pressure and returned to the Nuclear Nonproliferation Treaty and IAEA safeguards. Will it do the same this time?

The current nuclear standoff was kindled when a senior U.S. State Department official, James Kelly, visited Pyeong-yang in October 2002. When Mr. Kelly indicated that Washington had intelligence on Pyeongyang's program to enrich uranium for weapons, the North admitted that it had continued nuclear weapons development in violation of the framework agreement it had signed in 1994.

The Bush administration decided to scrap the 1994 accord with North Korea and stopped supply of heavy fuel oil. The North responded with a demand for a nonaggression treaty with the United States. When its demand was not met, it started escalating threats: It removed IAEA monitoring facilities and deported IAEA inspectors; declared withdrawal from the Nonproliferation Treaty, and reopened the five-megawatt Yeongbyeon reactor.

In the 1993–94 nuclear drama, the North followed more or less the same course of action: It declared withdrawal from the Nonproliferation Treaty in March, 1993; refused IAEA inspections; broke seals on nuclear facilities and replaced used fuel rods, and declared withdrawal from the IAEA in June 1994.

In 1994, the drama ended after former U.S. President Jimmy Carter met Kim Il Sung. Mr. Carter conveyed a message to Washington: "North Korea desires to find a constructive solution to the very serious issues between North Korea and the international community." U.S.-North Korea dialogue was resumed and the Geneva Agreement was signed in October 1994.

Throughout the 1993–94 nuclear crisis, Pyeongyang tried hard to strike a deal with Washington. When it became apparent that UN sanctions were unavoidable, Kim Il Sung accepted Mr. Carter's offer — in exchange for face-saving and economic benefits, it acceded the UN's demand for return to the Nonproliferation Treaty.

The situation has changed greatly in the meantime. First of all, North Korea's potential nuclear capability is greatly enhanced. In addition to the one or two warheads it was presumed to possess in 1994, it can now produce six to eight weapons from 8,000 used fuel rods in cooling ponds, and it has uranium enrichment technology imported from Pakistan. The North's missile technology has also been developed to a higher stage. It is feared that its missiles now under development could reach the western coast of the United States.

On the other hand, the U.S.-South Korea alliance is much weaker than in 1994. There is talk of U.S. forces withdrawal from South Korea. The South Korean government has been sympathetic to North Korea since it adopted the "sunshine" policy of engagement with the North. It has reached the extent that the incoming government, if it had to choose, would prefer a nuclear-armed North Korea to a North Korea in collapse, according to press reports.

Internationally, the war with Iraq, which requires full U.S. military commitment, and the international anti-war campaign also create favorable conditions for North Korea.

It is not likely, therefore, that Kim Jung-un will not feel compelled to succumb to international pressure as his late father did nine years ago. Already some European countries and Australia have expressed opposition to UN sanctions. More countries will follow suit. What about China and Russia?

Does this mean that North Korean nuclear brinkmanship has succeeded? Will others who want to join the nuclear club follow? War should be avoided, but peace gained by an unwise bargain will breed an even more devastating catastrophe. From the two nuclear dramas on the Korean Peninsula, we learn that only a staunch alliance can deter aggressive schemes.

* The writer is opinion page editor of the JoongAng Daily.
by Park Sung-soo

나. 핵 보유국 지위 확보

A. 핵 무장한 북한을 저지하려면 (Deterring a nuclear-armed North) 게재일: 2019년 7월 27일 (국문 번역)

북한 핵문제는 트럼프의 리얼리티 쇼를 방불케 하는 화려한 외교이벤트 덕분에 불량국가의 대량살상무기 개발과 그로 인한 국제사회의 평화와 안전 위협이라는 본질이 가려진 가운데 북한이 잠재적 핵 보유국 입지를 굳히는 단계에 접어들고 있다. 머지않아 핵 보유국 북한의 위협 하에 놓이게 될 한국과 일본은 핵으로 무장한 북한에 대한 대응책을 수립해야 한다.

지난 6월 30일 트럼프는 김정은과 손을 맞잡고 판문점 군사분계선을 넘고, 50여 분간 정상회담을 갖는 등 화려한 이벤트를 연출하였다. 그러나 판문점까지 장거리를 날아와 김정은을 만난 트럼프는 양국 간 최대 현안인 북한의 비핵화에 대해 한마디 거론조차 하지 않았다.

아마도 북한의 미사일이 미국 본토를 위협하지 않는 한 트럼프에게 북한 핵문제는 시급하게 해결해야 할 과제는 아닐 것이다. 그저 국내정치에 활용할 외교적 카드에 불과할지 모른다. 트럼프는 이미 과거 정권들과 차별화할 수 있는 업적도 쌓아 놓았다. 오바마 정권과 달리 북한의 핵실험, 미사일 발사를 중지시켰고, 북한의 독재자 김정은을 2번 이상 협상 테이블에 불러냈으며, 핵 개발을 중단하고 비핵화를 추진하겠다는 약속도 받아냈다. 최소한 내년 대통령선거까지는 써먹을 카드가 된다. 또 필요하면 김정은을 워싱턴으로 불러들여 백악관에서 화려한 외교 쇼를 펼치면 된다. 어쩌면 노벨 평화상을 받을지도 모른다.

김정은이 핵을 포기하지 않을 것이 확실하다면 공연히 완전한 비핵화를 목표로 하다가 진퇴양난에 빠지는 것보다는 우회하는 것이 현명할지 모른다. 그래서 앞에서는 비핵화하라고 압박하면서 뒤로는 김정은과 러브레터를 주고받으며 핵동결이라는 퇴로를 열어주려는 것이 아니냐는 관측이 나온다.

한편 북한은 싱가폴회담 이후 트럼프와 직접 협상에 자신감이 붙은 것으로 보인다. 판문점 미-북회담 직전 6월 27일 북한 외무성은 담화를 통해 "조·미 대화는 남조선 당국이 참견할 문제가 전혀 아니다." "우리가 미국에 연락할 일이 있으면 조·미 연락 통로를 이용하면 되는 것이고, 협상을 해도 직접 마주 앉으면 되는 만큼 남조선 당국을 통하는 일은 절대로 없을 것이다." 라고 선언했다. 미북 회담의 중재자, 촉진자를 자처하고 있는 문재인에게 북핵문제 논의에서 빠져 달라는 것이다.

북핵문제는 본질적으로 핵확산 금지라는 글로벌 이슈와 동북아지역의 안전을 위협하는 비대칭 전력 개발이라는 지역분쟁 요소가 동시에 제기된 문제다. 그 동안 핵확산 금지라는 글로벌 이슈가 선행하기 때문에 동북아지역의 핵개발 경쟁이라는 지역분쟁은 가려져 있었다. 그러나 트럼프의 북한 비핵화 정책의 한계가 드러나는 순간 동북아지역에서는 핵무기 개발 경쟁이 가열화될 수 밖에 없다. 핵무기를 보유한 북한을 견제하려면 한국과 일본도 핵무기를 보유해야 한다. 북한의 중·단거리 미사일 공격을 방어하려면 고도로 정밀하게 짜여진 미사일 방어망을 구축해야 한다. 핵으로 무장한 북한의 위협을 막기위해 한국과 일본은 긴밀한 군사적 협력관계를 구축하지 않으면 안 된다.
불행하게도 문재인 정부는 출범 초기부터 민족감정을 앞세운 대북평화정책과 해묵은 식민지 사관에 입각한 대일본 정책을 추구하고 있다. 북한과는 평화의 시대를 열어나가는 반면 일본에 대해서는 각을 세우는 반일정책을 추진하고있다. 과거 정권들이 하지 못한 친일의 잔재를 청산해야 한다는 것이다. 그 결과 북한과의 긴장관계는 완화되고, 중국과의 관계도 개선되었다. 그러나 국가발전의 원동력을 제공해온 한-미-일 협력관계는 균열을 면치 못하고 있다. 최근에는 한미동맹에 균열이 생기고, 한일관계는 일본이 일부 반도체 소재의 대한 수출을 규제하는 사태에까지 이르렀다.

문재인 정부는 일본의 수출규제 조치를 무역보복으로 규정하였다. 한국 조야에서는 일본정부를 규탄하는 여론이 들끓고, 일본상품 불매운동을 벌이는 등 한일양국 관계는 악화일로에 있다. 이런 상황에 이른 것은 문재인 정부가 1965년 한일협정 합의에 불구하고 일본측에 일제 징용 근로자 보상 책임이 있다는 대법원 판결을 근거로 일본기업을 상대로 일제 징용근로자에 대한 보상절차에 착수한 것에서 비롯된다. 또 문재인 정부는 박근혜정부가 2015년 우여곡절 끝에 일본과 체결한 종군위안부 보상 합의를 피해 당사자들의 의견을 묻지 않았다는 이유로 무효화하였다.

문 대통령은 핵으로 무장한 북한을 목전에 두고 북한과 평화의 시대를 열어 나가겠다는 망상은 거두어야 한다. 한미동맹에 의지하고 있는 한국의 안보는 일본에 주둔하고 있는 주한미군 지원부대 없이는 유지가 불가능하다. 해묵은 식민사관에 치우쳐 국제정세를 도외시하고 세계 대세에 역행하는 판단을 한 나라가 어떤 운명에 처했던지 역사로부터 교훈을 얻어야 한다.

50여년 전 한일 국교정상화를 이루면서 박정희 대통령은 다음과 같이 말했다:
"우리는 국제사회의 경쟁 속에서 지난날의 감정에만 집착해 있을 수는 없다. 아무리 어제의 원수라 하더라도 우리의 오늘과 내일을 위해 필요하다면 그들과도 손을 잡아야 하는 것이 국리민복을 도모하는 현명한 대처가 아니겠느냐?"

김정은은 지금 9번째 핵 보유국이 되기 위한 노력에 막바지 박차를 가하고 있다. 한국과 일본에게는 핵무기로 무장한 북한과 대치해야 하는 악몽이 목전에 닥쳐오고 있다. 이제 한국은 어제의 원수 일본의 손을 잡고 핵무기를 보유한 북한의 위협을 저지할 대책을 마련해야 한다.

Deterring a nuclear-armed North

July 27, 2019

Park Sung-soo

The author is a former diplomat at the Korean Embassy in Britain and a former visiting professor at Myongji University.

While the issue of rogue-states developing weapons of mass destruction is being overshadowed by colorful events staged by U.S. President Donald Trump and North Korean leader Kim Jong-un, Pyongyang is entering the stage of consolidating its position as a potential nuclear power. South Korea and Japan — which will soon be under the threat of a nuclear-armed North Korea — should map out countermeasures against Pyongyang's nuclear armament.

On June 30, Trump crossed the military demarcation line at Panmunjom together with Kim before having a 50-minute summit with the North Korean leader. But Trump, who flew a long way to Panmunjom to meet him, didn't mention a word about the North's denuclearization, the biggest pending issue between the two countries.

Maybe the North Korean nuclear issue is not an urgent concern for Trump — unless its missiles threaten the U.S. mainland. The meeting at Panmunjom could be a diplomatic card to be used in U.S. domestic politics. Trump has already made an achievement that can differentiate him from past administrations. Unlike the Barack Obama administration, the Trump administration has succeeded in making North Korea suspend its nuclear tests and missile launches, brought North Korean dictator to the negotiating table three times and also made him pledge that he would stop nuclear development and pursue denuclearization. At least until next year's U.S. presidential election, the cards will be valid. Also, if necessary, Trump can invite Kim to Washington for another spectacular show at the White House. Maybe it could win him a Nobel Peace Prize.

North Korea appears to have gained confidence in direct negotiations with Washington after the Singapore meeting last year. On June 27, just before the U.S.-North Korea talks at the truce village of Panmunjom, the North's Foreign Ministry declared in a statement: "North Korea-U.S. dialogue is not a matter for the South Korean government to intervene with at all.

"If we have anything to say to the U.S., we can use direct communication channels with the U.S., and even if there is a need for a negotiation we can sit face-to-face with the U.S., we will never go through the South Korean authorities." North Korea demanded President Moon Jae-in, a self-proclaimed mediator, and facilitator of the North Korea–U.S. talks, stay out of the North Korean nuclear talks.

But the moment the limits of Trump's North Korea policy are revealed, the competition to develop nuclear weapons in Northeast Asia is bound to heat up. South Korea and Japan should be armed with nuclear weapons if they are to keep nuclear-armed North Korea in check. To defend against North Korea's mid- and short-range missile attacks, they must establish a highly developed missile defense system. South Korea and Japan must forge close military ties to deter threats from nuclear-armed North Korea.

Unfortunately, the Moon administration pursues a Japan policy based on an antiquated colonial view of history, while it pursues an active policy of peace and reconciliation with North Korea. It says the vestiges of Japanese imperialism, which were not completely cleared by previous administrations, should be liquidated. Consequently, tension with North Korea has been eased and relations with China have improved. Yet the South Korea–U.S.–Japan partnership, which has provided a driving force for South Korea's national development, has been strained. Recently, the South Korea–U.S. alliance has started to show signs of rupture, and the South Korea–Japan relationship has deteriorated to the extent of Japan imposing export restrictions on key semiconductor materials to South Korea.

In the face of a nuclear-armed North Korea, President Moon should stop the delusion that he can open an era of peace with the North. South Korea's security, which relies heavily on the South Korea–U.S. alliance, cannot be maintained without the support of the support forces of the U.S. Forces Korea stationed in Japan. The Moon government should learn a lesson from history that a country that disregards the international situation and judges against the global trend is doomed to fail.

Upon the conclusion of the 1965 Korea–Japan Treaty, President Park Chung Hee said: "We cannot just cling to the feelings of the past amid fierce international competition. Isn't it wise to join hands even with yesterday's enemy, if it is necessary for the betterment of our people and the nation?"

Kim Jong-un is now stepping up his last-minute effort to become the ninth nuclear power. For South Korea and Japan, the nightmare of confronting a nuclear-armed North Korea is imminent. Now, South Korea should join hands with yesterday's enemy, Japan, to come up with measures to deter the threats from a nuclear-armed North Korea.

B. 북핵 협상의 알려지지 않은 진실(Unknown factors in nuclear talks) 게재일: 2008년 8월8일 (국문 번역)

많은 사람들이 6자 회담에 임하는 미국 측 협상가들의 정책 목표가 북한 핵 문제의 완전한 해결보다는 북한 핵 시계를 2002년으로 되돌리는 데 있다고 의심하고 있다.

북한 핵 문제 해결에 어두운 그림자가 드리우고 있다. 북한은 6월 26일 제출한 핵 신고서에서 6자 회담 참가국들이 북한을 핵 보유국으로 인정해 줄 것을 요구했다고 한다. 회담 참가국들은 7월 10일 북한 측 신고 내용을 검증할 절차를 규정한 4페이지짜리 검증문서를 수교했으나 북한은 아직 아무런 반응을 보이지 않고 있다. 따라서 미 국무부는 북한을 테러지원국 명단에서 삭제하겠다고 의회에 통보하고 의회의 검토를 기다리는 법정기한 45일이 경과하는 8월 11일 이후에도 북한을 테러지원국 명단에서 삭제하는 것을 연기할 것으로 알려지고 있다.

최근 미국의 6자 회담 특사로 임명된 성 김 국무부 과장에 의하면, 미국이 제시한 검증절차에는 북한 핵 시설에 대한 불시 사찰, 토양 샘플 채취, 주요 과학자 면담, IAEA 핵 전문가의 참여 등 일상적인 검증활동이 포함되어 있다고 한다. 따라서 크리스토퍼 힐 수석대표는 구체적인 검증절차에 관한 합의가 곧 이루어질 것으로 낙관했었다. 그러나 평양 측은 그의 기대에 부응하지 못하고 있다.

금강산 관광객 피살사건도 북한 핵 문제 해결에 불리한 분위기를 조성하고 있다. 미 의회의 테디우스 맥커터 하원의원은 관광객 피살 사건은 북한을 테러지원국 명단에서 삭제하는 것이 시기상조임을 입증했다고 주장했다. 피살사건과 이어서 북한당국이 취한 소위 "불필요한" 남측 인원의 추방, 출입 인원 및 차량의 군사분계선 통과 규제, 그리고 소위 관광지역 내 적대행위에 대한 군사적 대응 등 금강산 관광지구에 대한 통제 및 관리의 강화 방침으로 인해 남측이 북측에 우호적인 조치를 취하기 어렵게 만들었다.

일본인 납북 인사의 송환문제 선결을 요구해온 일본은 북한이 보유하고 있는 플루토늄과 핵 무기의 폐기를 포함하지 않는 검증절차에 동의하지 않을 것이다. 중국도 이제 북경올림픽도 개막되었으므로 북한의 핵 보유가 동아시아 안보에 미칠 영향에 대해 숙고할 여유를 찾았을 것이다.

북한이 핵 신고서를 제출하고, 냉각 탑을 폭파하고, 장기간 지연된 6자 회담에 참가하던 6월과 7월 초의 낙관적인 분위기는 불과 2개월도 안되어 사라졌다. 게다가 부시대통령의 재임기간은 이제 몇 달 남지 않았다. 그런데 한때 북한 핵 문제가 부시 대통령 재임 기간 중 불능화 단계까지 마무리될 것이라고 장담하던 곤돌리사 라이스 국무부 장관은 북한에 미국이 제시한 북 핵 검증방안을 수락할 것을 촉구하는 것 이외에 아무런 대안을 내놓지 못하고 있다.

우리는 라이스 장관이 지난 1월 북한 인권특사 제이 레프코위츠를 얼마나 자신과 긍지로 가득 찬 어조로 책망했는지 기억한다. 라이스는 레프코위츠 특사가 북한이 끝까지 핵 무기를 포기하지 않을 것이라고 예상하자 레프코위츠의 발언은 미 행정부의 견해를 대표하는 것이 아니라고 말했다. 라이스는 "레프코위츠는 인권특사다. 그것이 그가 아는 것이며 그가 맡은 일이다. …그는 6자 회담에서 무슨 일이 진행되고 있는지 모른다. 그러니 당연히 6자 회담에 대해 말할 자격이 없다."라고 말했다.

고고학에서는 우리가 모르는 것을 발굴해 내지만, 외교에서는 우리가 아는 것도 숨긴다고 한다. 6자 회담 참가국들, 특히 북한과 별도로 잦은 접촉을 해온 미국 대표들이 북한이 핵 보유국으로 인정받으려 한다는 것을 감지하지 못했을 것이라고 생각하는 것은 사리에 맞지 않는다. 만일 "6자 회담에서 무슨 일이 진행되고 있는지 아는" 미국 측 협상가들이 이런 북측 의도를 공개하지 않으려 했다면 그 이면에는 무슨 이유가 있었을 것이다. 많은 사람들이 6자 회담에 임하는 미국 측 협상가들의 정책 목표가 북한 핵 문제의 완전한 해결보다는 북한 핵 시계를 2002년으로 되돌리는 데 있다고 의심하고 있다.

물론 지금까지 6자 회담이 이룩한 성과는 인정해야 한다. 북한은 플루토늄 계획에 관한 18,000 페이지 분량의 문서를 미국측에 전달했고, 원자로 냉각 탑을 폭파했으며, 60페이지 분량의 핵 신고서를 제출했다. 플루토늄 개발 계획에 관한 한 영변에 있는 핵 시설을 폐쇄하고 일부는 불능화한 것으로 북한의 핵 시계를 2002년으로 되돌려 놓는 목표가 달성되었다고 할 수 있다.

북한이 비밀리에 우라늄 농축계획을 추진하고, 다른 나라에 핵 무기기술을 수출했다는 의심은 아직도 해소되지 않았다. 그러나 이 두 가지는 상대적으로 단기간에 해결을 보기 어려운 문제다. 게다가 이 문제가 세계 평화와 지역 안보에 큰 위협이 되고 있다는 명백하고 현존하는 증거도 없다. 세계 평화를 위협하고 동북아의 세력 균형을 무너뜨리는 것은 북한이 이미 보유하고 있는 60킬로그램 상당의 플루토늄, 혹은 7-8개의 핵무기이다. 북한을 테러지원국 명단에서 삭제하기 전에, 물러나는 부시 행정부가 해야할 일은 북한이 보유하고 있는 핵 물질과 핵 탄두에 주목하면서 엄중한 검증절차를 마련하는 데 모든 노력을 경주하는 것이다.

Unknown factors in nuclear talks

Park Sung-soo

D ark clouds are casting shadows over the work of denuclearizing North Korea. It was reported that Pyongyang, in its declaration of its nuclear program delivered on June 26, had demanded that the participants in the six-party talks recognize the North as a nuclear power. A four-page verification protocol was given to North Korea on July 10, but the North has not given any definitive response yet. The U.S. State Department, therefore, is said to be considering postponing the removal of North Korea from its list of state sponsors of terrorism, although the legally mandated 45 days since the Bush administration notified Congress of this plan falls on Aug. 11.

George W. Bush says Pyongyang has "a lot to do" before it leaves the "axis of evil" at a joint news conference after summit talks with Lee Myung-bak on Aug. 6 at the Blue House.   *By Kim Kyung-bin*

Many suspect that the policy goal of the U.S. nuclear negotiators was to turn the North's nuclear clock back to 2002, rather than to completely settle its nuclear problem.

The writer, a former editorial page editor of the JoongAng Daily, is a visiting professor of media studies at Myongji University.

The proposed verification process includes such routine procedures as intrusive inspections of North Korean nuclear facilities, soil sampling, interviews with key scientists and participation of IAEA experts, according to Sung Kim, the newly named U.S. special envoy for the six-party talks. Christopher Hill, the chief U.S. negotiator, was optimistic about an accord on a detailed verification process. But Pyongyang has failed to meet his expectations thus far.

The killing of a South Korean tourist at the Mount Kumgang resort by a North Korean soldier last month has also created an unfavorable atmosphere. U.S. Congressman Thaddeus McCotter argued last week that the incident was proof that it was premature to remove North Korea from the list of state sponsors of terrorism. The incident and subsequent measures Pyongyang took against Seoul, such as the expulsion of "unnecessary" South Korean tourism personnel from the resort and the imposition of stricter rules on the movement of South Koreans there, put Seoul in a difficult position to make any friendly gesture toward North Korea in the near future.

Japan, which has been demanding repatriation of Japanese abductees first, will certainly not agree to a verification process that does not include the stockpile of plutonium and nuclear devices in Pyongyang's hands. Now that the Beijing Olympics is underway, China will have time to consider what side effects a nuclear-armed North Korea will have on the security of Northeast Asia.

The optimism shared by participants in the six-party talks in June and early July when Pyongyang submitted the declaration, blew up a cooling tower and participated in the long-awaited talks has evaporated in less than two months. Moreover, there are only a few months left in President Bush's term. But Secretary of State Condoleezza Rice, who once expressed optimism that the disablement of North Korea's nuclear program would be completed within Bush's term, is left with no alternative but to urge Pyongyang to accept the proposed terms for verification of its nuclear activities.

As we recall, Rice was full of pride in her work when she reproached Jay Lefkowitz, Bush's special envoy on North Korean human rights, in January. She said that Lefkowitz was not speaking for the administration when he predicted that Pyongyang would hold on to its nuclear weapons. "He's the human rights envoy," she said, "That's what he knows. That's what he does ... He doesn't know what's going on in the six-party talks and he certainly has no say in the six-party talks."

It is said that you cover what is known in diplomacy, while you uncover the unknown in archaeology. It is not reasonable to assume that the participants in the six-party talks, especially the United States, which has made frequent contacts with the North separately, did not realize that North Korea intended to be recognized as a nuclear power. If the U.S. negotiators, "who know what's going on in the six-party talks," were reluctant to disclose the North's intention, there must have been a reason. Many people have suspected that the policy goal the U.S. negotiators pursued in the past one and half years was to turn the North's nuclear clock back to 2002, rather than to completely settle its nuclear problem.

Of course, we should recognize the accomplishments of the six-party talks thus far. Pyongyang turned over 18,000 pages of documents related to its plutonium program; blew up the cooling tower of its reactor; closed plutonium related reprocessing facilities at Yongbyon; and submitted a 60-page declaration of its nuclear activities. As far as the plutonium-related program is concerned, it can be said that the goal of turning back the clock of the North Korean nuclear program to 2002 was accomplished by the closure and partial disablement of plutonium-related facilities in Yongbyon.

The suspicion that North Korea pursued a secret uranium enrichment program and shared nuclear technology with other countries has not been cleared yet. They are not questions that can be resolved in a relatively short time. Moreover, there is no evidence that they pose a clear and present danger to world peace or regional security. It is the 60 kilograms or so of plutonium, or 7 to 8 bombs in North Korea's hands, that pose a greater threat to world peace, and destabilize the balance of power in Northeast Asia. It is desirable for the outgoing Bush administration to concentrate — before removing North Korea from its list of state sponsors of terrorism — its efforts on enforcing a stringent verification process, and to pay special attention to the stockpiles of plutonium and nuclear devices in North Korea.

C. 북핵 신고가 남긴 3가지 의혹 (Doubts aplenty remain)
게재일: 2008년 7월7일 (국문 번역)

북한이 핵 신고서에 누락시킨 문제에 만족할 만한 해명을 내놓지 않는 한 더 이상 양보해서는 안 된다.

미 국무부는 마감 기한이 6개월이나 지났음에도 불구하고 북한이 핵 신고서를 제출하도록 설득하기 위해 막후에서 많은 노력을 기울였다. 6자 회담 수석대표 크리스토퍼 힐 국무부 차관보는 북한 측 수석대표 김 계관과 제네바, 싱가폴, 평양, 뉴욕에서 회담을 갖고 북한이 작년 10월 서명한 합의에 따라 핵 신고서를 제출할 것을 설득했다.

마침내 6월 26일 북한은 60페이지짜리 핵 신고서를 제출했으며, 그 다음날에는 영변 원자로 냉각 탑을 폭파하였다. 그러자 부시 행정부는 즉각 북한을 국무성 테러지원국 명단에서 삭제하겠다고 발표하였고 오래 지연되어오던 6자 회담도 조만간 재개될 것으로 전망된다.

북한의 핵 신고서 제출과 냉각 탑 폭파는 북한의 핵 개발 계획 폐기 노력이 의미 있는 진전을 이룩하였음을 보여주는 것이라는 것이다. 북한의 핵 신고서 제출에 주도적 역할을 한 미국뿐 아니라 전세계가 환영할 일이며, 고립된 북한이 국제적으로 인정을 받고 싶어한다는 것을 보여주었다는 것이다. 그러나 북 핵 신고서 제출이나 냉각 탑 폭파가 북한이 핵 보유 야망을 버린 증거라고 생각하는 사람은 아무도 없다.

무엇보다 북 핵 신고서는 북한이 개발해온 것으로 의심받고 있는 우라늄 농축 계획과 시리아 등 제3국과의 핵 기술 공유 등 핵확산 활동에 관한 정보는 생략하고 있다. 게다가 북한은 이미 보유하고 있는 핵무기에 관한 사항을 핵 보고서에 포함시키지 않았다. 북한은 이미 보유하고 있는 핵무기는 6자 회담에서 논의할 대상이 아니라는 입장을 고수해왔다.

한편 미 국무부 관리들의 노고는 완고한 북한을 설득해 6자 회담 합의 사항을 이행하도록 설득하는 데 그치지 않았다. 크리스토퍼 힐 차관보는 한편으로는 북한에, 그리고 다른 한편으로는 국내 보수주의자들 사이에 끼어서 샌드위치가 되었다. 그래서 그는 의회 내 강경파들에게 북한이 제출한 핵 신고서가 성실한 신고라는 확신을 심어줄 무언가를 보여주어야만 했다. 이를 위해 두 가지 공개 이벤트가 기획되었다.

첫 번째 이벤트는 지난 5월 판문점에서 벌어졌다. 국무성 성 김 한국 과장이 이끄는 일 단의 미 국무부 관리들이 북한의 핵 활동에 관한 18,000페이지 분량의 문서가 가득 든, 외교 행랑이 아니라, 종이 박스들을 손에 들고 판문점 공동경비구역을 걸어서 통과했다. 이 이례적인 외교관들의 퍼레이드는 TV와 여타 언론매체를 통해 보도되었다. TV를 통해 이 장면을 본 시청자들은 북한이 미국에 넘겨준 문서의 양이 방대한 것을 보고 깊은 인상을 받았을 것이다.

두 번째는 지난 주 영변 원자로의 냉각 탑 폭파였다. 냉각 탑 해체 현장에는 6자 회담 참가국 관리 가운데 유일하게 성 김 국무성 한국과장 만 참관했다. 보도에 의하면 김 과장은 폭파 비용의 반은 미국이 부담할 것이라고 말했다고 한다. 따라서 국무부가 북한에 대한 제재조치를 해제하는 데 필요한 의회의 협조를 얻기 위해 냉각 탑 폭파라는 아이디어를 추진했다고 보는 것도 무리가 아니다.

부시 행정부는 2002년 제네바 핵 합의를 파기한 후 6년간 북한과 대화를 거부함으로써 북한이 핵 폭탄 7~8개를 만들 수 있는 양의 플루토늄을 보유하도록 만들었다는 비난에 시달려왔다.

부시 행정부 관리들이 북한의 플루토늄 개발 계획 저지에 온갖 힘을 기울이는 것을 보면서 부시 대통령이 목표로 하는 것이 북한의 플루토늄 계획을 2002년 수준으로 되돌려 놓는 데 있는 것이 아닌가 하는 의구심을 갖게 된다. 그렇다면, 스태판 해들리 국가안보 보좌관의 말을 빌리자면, 미국은 "과거 all-or-nothing 전략 대신 북한과 점진적인 진전을 이룩하는 방식"으로 전략을 바꾼 것을 의미하며 그것은 곧 향후 6개월 내에 북 핵 검증과 불능화 과정을 끝낼 수 없다는 것을 의미하기도 한다.

만일 미국의 차기 행정부가 북한 핵 시설과 핵무기에 대한 불능화 과정을 다루게 될 것이라면, 부시 행정부는 당연히 플루토늄 계획에 노력을 집중하는 대신에, 북한의 모든 핵개발 계획 그리고 핵 확산활동을 검증하는 데 힘을 모아야 할 것이다.

만약 부시 행정부가 제네바 핵 합의를 폐기하도록 원인을 제공한 우라늄 개발 계획을 규명하지 않고 넘어간다면, 대량 살상무기가 이락 전쟁을 위한 구실에 불과했던 것처럼, 북한의 우라늄 계획도 제2차 북 핵 위기를 조성하기 위한 구실에 불과했던 것으로 간주되게 될 것이다.

북한이 핵확산 활동에 관련이 있다는 의심은 비단 시리아문제에 국한된 것이 아니었다. 북한이 이란을 포함한 다른 국가에 핵 기술을 확산하려 했다는 의심에 관한 여러 건의 보도가 있었고 그중 하나는 북한에 대한 추가적인 재제 조치 부과로 이어졌다. 다른 하나는 2003년 북한 주변 해역에 대한 봉쇄 조치를 가져오기도 했다. 따라서 미국이 북한의 핵확산 의문을 규명하지 않는다면 국제적 신뢰를 잃게 될 것이다.

가장 심각한 문제는 북한이 보유하고 있는 핵무기의 처리 문제다. 북한은 미국과 국교를 정상화하는 한편 핵 보유국으로도 인정 받기를 원한다. 그러나 핵무기로 무장한 북한은 NPT 체제의 존립을 위태롭게 하여 세계 평화를 위협하게 될 것이다. 가장 심각한 영향은 당연히 동북아 주변국들에게 미치게 될 것이다. 특히 핵 무장한 북한과 대치하게 될 한국은 안보, 국방 그리고 대북 정책을 전면 수정하지 않을 수 없을 것이다. 궁극적으로 한국은 자체적으로 핵무기 개발 계획을 추진하지 않을 수 없게 될 것이다.

따라서 부시 행정부는 잔여 임기 동안 북한이 핵 신고서에 포함시키지 않은 상기 3가지 문제에 대해 만족할 만한 해명을 내놓기 전에는 더 이상 양보를 해서는 안 된다. 또한 미국은 북한이 넘겨준 18,000쪽 분량의 문서에 유용한 정보가 있는지, 아니면 지난주 폭파한 냉각 탑처럼 쓸모 없는 종이 뭉치에 불과한지도 밝혀야 한다.

Doubts aplenty remain

Park Sung-soo

Bush should not make any further concessions unless it gets satisfactory explanations on the unanswered questions regarding North Korea's nuclear program.

The writer, a former editorial page editor of the JoongAng Daily, is a visiting professor of media studies at Myongji University.

The U.S. State Department had worked hard behind the scenes to persuade North Korea to submit a declaration on its nuclear program even if it was nearly six-months overdue. Christopher Hill, the chief U.S. nuclear negotiator, had been busy meeting with his North Korean counterpart Kim Gye-gwan in Geneva, Singapore, Pyongyang and New York in efforts to persuade the North to comply with the agreement it signed in October last year.

Finally on June 26, North Korea submitted a 60-page declaration of its nuclear program then blew up a cooling tower at its Yongbyon nuclear reactor the next day. The Bush administration immediately responded by saying it would remove the North from the State Department's list of state sponsors of terrorism. The long-delayed six-party talks on the North Korean nuclear program will also be resumed soon.

Indeed, the nuclear declaration and the demolition of the cooling tower mark a significant step forward in the effort to end North Korea's nuclear program. It is a welcome sign not only to the Bush administration that played a leading role in that effort but also to the whole world that the isolated country is looking for international recognition. But no one considers these steps as proof that the North is giving up its long-held nuclear ambition.

First of all, the declaration omitted information about North Korea's suspected uranium enrichment program and its sharing of nuclear technology with Syria. Moreover, Pyongyang did not include the bombs in its possession in the declaration. It had been insisting that the bombs were not the subject of discussion at the six-party talks.

The State Department official's efforts did not stop at persuading obstinate North Koreans to comply with the set of agreements their country made at the six-party talks. Christopher Hill found himself sandwiched by North Korea on one side and opponents at home on the other. He had to do something extra to assure hardliners in Congress that Pyongyang's declaration this time

would be genuine. Two public events took place to this effect.

The first one was staged in Panmunjom in May. A group of U.S. State Department officials led by Sung Kim, director of State's Office of Korean Affairs, walked through the joint security area carrying carton boxes, not diplomatic pouches, filled with 18,000 pages of documents related to North Korea's past nuclear activities. The unusual diplomatic parade was made public through television and other news media. People who watched the scene on television must have been impressed by the sheer volume of documents North Korea handed over to the United States.

The second was the blowing up of the cooling tower of Yongbyon's reactor last week. Sung Kim was the only government official from the participating countries in the six-party talks who was at the scene of the demolition. It was reported that he said the United States would pay for half of the demolition costs. It is reasonable, therefore, to assume that the State Department promoted the demolition idea to get cooperation from hardliners in the U.S. Congress in getting approval for lifting sanctions on North Korea.

The Bush administration has suffered from criticism that it has made it possible for the North to collect enough plutonium for seven to eight nuclear bombs by refusing for six years to engage in a dialogue with Pyongyang after it terminated the 1994 Agreed Framework in 2002.

Watching Bush administration officials concentrate on the North's plutonium program, I wonder whether the goal Bush has in mind is reducing North Korea's plutonium program to the level it was in 2002. If that is the case, it means Washington has decided, in National Security Adviser Stephen Hadley's words, "to accept incremental progress with North Korea instead of its previous all-or-nothing strategy." It also means that it's not possible to complete the process of verification and disablement within the next six months.

If the disablement process is to be

handled by the next U.S. administration, then the Bush administration has to concentrate on verification of all nuclear programs and proliferation efforts, instead of focusing only on the plutonium program.

If the Bush administration fails to address the uranium enrichment program, which was the reason for the termination of the Geneva Agreement, it will be regarded as a pretext for the next North Korea nuclear crisis, just as suspected weapons of mass destruction was an excuse for the Iraq war.

North Korea's suspected involvement in nuclear proliferation was not limited to Syria. There had been reports on the North's suspected sharing of nuclear technology with other countries including Iran. One of them led to imposition of additional sanctions, and another to the establishment of a blockade around North Korea in 2003. If Washington fails to verify the suspicion, it will lose international credibility.

The most serious problem is the nuclear bomb or bombs in North Korea's hands. The North wants to be recognized as a nuclear power while improving relations with the United States. But a nuclear-armed North Korea will be a threat to world peace as it will certainly jeopardize the Nuclear Non-Proliferation Treaty system. The most affected will be, no doubt, its neighboring countries in Northeast Asia. In particular, South Korea, which has to confront a nuclear-armed North Korea, will be forced to change its security, defense and North Korea policies completely. I wonder whether Seoul will be ultimately forced to pursue its own nuclear arms program.

During his remaining time in office, therefore, Bush should not make any further concessions unless it gets satisfactory explanations on the unanswered questions on the North's nuclear program. Washington has to also clarify whether the 18,000 pages of documents from Pyongyang contains any useful information — or was it a bunch of papers as obsolete as the concrete cooling tower that was blasted away last week?

163

다. 한미동맹의 와해

A. 한미동맹 훼손해서는 안된다 (Korea-U.S. alliance should not be undermined) 게재일: 2018년 11월 9일(국문 번역)

북한이 9일 선전매체를 통해 비핵화와 대북제재에 관한 한-미 양국의 입장을 조율하기 위해 설치된 한-미워킹그룹을 비난했다. "북-남 협력사업들을 견제하고 제동을 걸며, 파탄시키려는 미국의 악의적 의도"에서 나왔다는 것이다. 그리고 남측을 향해 미국의 눈치 보지 말고 민족자주의 원칙에 입각해 남북공동선언들을 철저히 이행하라고 촉구했다. 문재인 정부는 미-북 사이에 끼어 난처하게 되었다. 그러나 그렇다고 한미동맹을 훼손해서는 안 된다.

미 국무부는 한-미 워킹그룹은 "유엔제재와 합치하는 남북사업"을 논의할 조직이라고 발표했다. 제재완화를 요하는 사업은 비핵화와 연동하여 추진되어야 한다는 것이다. 모든 유엔회원국은 유엔제재를 준수하여야 하며, 한국은 북핵 당사국으로써 솔선수범하여야 할 입장이다.

트럼프 대통령은 강경화 장관이 5.24조치 해제 가능성을 시사하자, "한국은 미국의 승인(approval) 없이 아무것도 하지 않을 것"이라고 반대의사를 표시하였고, 폼페이오 국무장관은 남북정상회담 군사분야합의서 내용을 사전에 통보 받지 못했다고 분통을 터트렸다는 보도가 있었다. 더 나아가 한국은 유엔의 대북제재 완화 없이는 추진이 불가능한 남북 철도 및 도로연결사업, 개성공단 가동, 금강산관광 재개 등을 단독으로 결정하였고, 미국의 반대에 불구하고 개성에 남북공동연락사무소도 개설했다.

이와 같이 한-미 양국의 입장이 충돌하는 것을 보고 외신은 한미동맹에 균열 조짐이 보인다고 보도했다. 이에 대한 대응차원에서 미 국무부가 한-미 워킹그룹 설치를 제안한 것이다. 문재인 정부가 단독으로 남북협력사업을 추진해 대북제재의 국제공조를 깨뜨리지 못하도록 사전에 거르는 안전판을 설치하자는 것이다.

그런데 한미동맹에 균열이 생기는 근본원인은 문재인 대통령이 북한과 북핵 위협에 대해 미국과 다른 인식을 가지고 있다는 데 있다. 문대통령은 한국이 북핵의 1차 위협 대상이라는 사실을 애써 외면한다. 그리고 북한의 수석 대변인이라는 평가를 받을 정도로 열심히 김정은이 확고한 비핵화 의지를 가지고 있다고 선전하고, 대북제재 완화 필요성을 역설하고 있다. 문 대통령은 북한을 민족상잔의 대 참화를 일으킨 장본인이며, 핵무기로 남한의 안보를 위협하는 적성국으로 보지 않는다. 문 대통령은 북한을 화해와 협력의 대상, 평화의 시대를 함께 열어갈 파트너라고 생각한다. 그리고 북한의 핵무기가 남한의 존립을 위협하는 안보의 위협요소가 된다고 보지 않는다.

1950년 북한의 남침 이후 50년간 남한 주민들은 철저한 반공정신으로 무장되어 있었다. 그 시기에 대북 유화정책은 용납될 수 없는 분위기였다. 그러나 1998년 김대중의 햇볕정책 이후 상황이 바뀌었다. 김대중, 노무현 정부는 대북포용정책을 추진하였고, 북한 김정일과 두 차례 정상회담도 가졌다. 그러나 햇볕정책은 북한을 변화시키거나 남북관계를 획기적으로 발전시키지는 못했다.

한국전 종전 60여년이 지난 요즈음 상황이 바뀌고 있다. 국민의 반공의식은 퇴조하고 있으며, 남북관계에도 변화를 원하는 분위기가 조성되고 있다. 이런 국민정서의 변화를 감지한 문재인 대통령은 "남북 평화의 시대"를 약속하며 대북 화해정책을 추진하여 호응을 얻고 있다. 금년에 3번 열린 남북정상회담은 남북 평화의 시대를 알리는 화려한 개막식으로 자리매김하는 분위기이다.

한국은 과거에 화전 양자택일을 해야 할 상황에 놓였을 때 전쟁보다는 화해를 택해 굴종의 시대를 겪어야 했던 슬픈 역사가 있다. 17세기 청의 침략을 받은 조선은 항전 끝에 왕과 중신들은 남한산성에 피신하였다. 적군을 목전에 둔 상황에서 조정대신들은 화전 양론으로 갈리어 팽팽히 맞섰다. 결국 주화론이 우세해 인조가 성을 내려가 청 태종에게 무릎을 꿇었다. 결국 조선은 가혹한 강화조약을 맺어야 했으며 이후 200년 간 청에 조공을 바치는 조공국이 되는 굴욕을 겪어야 했다.

대북 강경론을 주장하는 보수세력은 이런 역사에 비추어 문재인 대통령의 대북화해 정책이 월남 식 적화통일을 초래할 것이라고 우려하고 있다. 문재인 대통령은 자서전 "운명"에서 월남 패망을 예견한 좌경 사상가 리영희의 글을 읽고 "진실의 승리에 희열을 느꼈다"라고 쓰는 등 월남의 공산화 통일을 거부감 없이 받아들이는 듯한 소회를 밝혀 보수세력들의 의심을 사고 있다.

지금 북한이 주장하고 있는, 그리고 문 대통령이 미국을 설득하기 위해 노력 중인, 종전 선언과 평화협정 체결 문제, 그리고 문 대통령의 평화의 시대 슬로건은 월남 패망 직전에 월남 지도자들이 주장한 제안, 슬로건과 유사한 점이 많다. 문 대통령은 보수세력의 주장에도 귀를 기울이고 그들의 우려를 불식하기 위해 노력해야 한다.

문재인 대통령이 노무현 전 대통령 식으로 미국과 거리를 두려는 경향을 보이는 것도 한미공조를 어렵게 만든다. 문 대통령은 8.15 경축사에서 "남북관계 발전은 북미관계 진전의 부수적 효과가 아니다." "한반도 문제는 우리가 주인이라는 인식이 매우 중요하다."라고 했다. 당연히 북한은 이를 환영했다. 8.16자 조선노동당 기관지 로동신문은 "북남 관계의 주인은 어디까지나 우리 민족"이라며 문 대통령에게 '미국을 배제' 하고 '우리 민족끼리' 코드를 맞추자는 취지의 기사를 보도했다. 한-미관계에 거리가 생기면 북한은 이를 이용해 동맹을 훼손하려 한다는 것을 유념해야 한다.

북한의 평창올림픽 참가로 시작한 북핵 외교 드라마 "비핵화" 시즌1이 곧 끝나려 하고 있다. 김정은위원장이 신년사에서 평창올림픽 참가 방침을 밝히고, 2월에 평창올림픽 참가단의 일원으로 여동생 김여정을 파견했다. 김여정은 자신이 김정은의 특사자격으로 왔다고 밝히고 문대통령에게 김위원장의 친서를 전달했다. 여기서부터 북핵 외교 드라마가 시작되었다. "비핵화" 드라마의 원작자 겸 주역은 "운전자론"을 주장한 문재인 대통령이 아니라 김정은 위원장이었다.

이후 3월에 문 대통령이 파견한 특사단이 김정은위원장을 면담하고 돌아왔다. 그리고 문대통령에게 "김정은 위원장의 비핵화 의지가 확고하다"고 보고했다. 이때부터 드라마의 줄거리는 김정은의 확고한 "비핵화 의지"가 되었다.

그런데 돌이켜보면 김정은의 "비핵화 의지"는 김정은의 말과 김정은이 그런 취지의 말을 하는 것을 들었다는 증언 이외에 이를 입증할 증거는 아무데도 없다. "비핵화" 시즌1이 끝나가는 현재까지도 김정은의 "비핵화 의지"는 안개에 가려 있는지 없는지 불분명한 상태다. 그렇다면 그동안 "김정은의 비핵화 의지가 확고하다"고 공언한 문 대통령은 확인도 안된 헛소문을 퍼트린 셈인가? 김정은이 "비핵화 의지"를 행동으로 보여주지 않는 한 이 문제는 두고두고 문제가 될 것이다.

"비핵화" 시즌1은 4.27 판문점정상회담, 6.12 미-북정상회담, 9.18 평양정상회담과 같은 화려한 쇼를 연출해 세계인의 눈을 즐겁게 해주었다. 이들 갈라 쇼 사이 사이에는 트럼프 대통령의 미-북회담 취소, 폼페이오 방북 취소, 미-북 고위급회담 연기 등 막간극이 삽입되어 긴장감과 몰입도도 높았다. 드라마로서 손색이 없었다. 그러나 외교적 성과는 없었다.

"비핵화" 시즌2에서는 드라마의 원작자 겸 주역인 김정은이 자신의 "확고한 비핵화 의지"가 무엇인지 행동으로 보여주어야 한다. 핵 리스트를 제출하고 검증과 폐기 절차에 합의하여야 한다. 그러면 종전 선언이 이루어지고 유엔 제재도 해제될 것이다. 평화를 갈망하는 한국민과 전세계 자유인은 한반도에 남북화해와 협력의 시대가 열리고, 동북아가 핵확산 도미노의 위협으로부터 자유로워질 날이 오기를 학수고대하고 있다.

KOREA JOONGANG DAILY

Korea-U.S. alliance should not be undermined

Nov 16, 2018

Park Sung-soo
The author, a former minister at the Korean Embassy in the United Kingdom, is a former visiting professor of media studies at Myongji University.

North Korea criticized, through its propaganda organ on Friday, that the South Korea-U. S. working group was a result of the United States' malicious intention to check, brake and destroy cooperation projects between South and North Korea. It urged the South to not listen to the United States but to follow the South-North Joint Declaration thoroughly. Although the Moon Jae-in government is sandwiched between the United States and North Korea, the alliance should not be undermined.

The U.S. State Department said on Oct. 30 that the Korea-U.S. working group was set up to coordinate the two countries' positions on denuclearization and UN sanctions on the North. All member states must abide by UN sanctions, and South Korea should take the lead in the implementation of these sanctions.

When South Korean Foreign Minister Kang Kyung-wha mentioned the possibility of lifting the May 24 measure against North Korea, which bans on all inter-Korean cooperation projects, U. S. President Donald Trump expressed his opposition by saying, "Korea will do nothing without our approval." It was reported earlier that Secretary of State Pompeo vented his fury when he failed to receive prior notification of the military agreement annexed to the inter-Korean declaration adopted in Pyongyang.

Nevertheless, South Korea decided to push for projects that could not be done without easing UN sanctions such as the inter-Korean railroad and the linking of roads, the operation of the Kaesong Industrial Complex and the resumption of tourism at Mount Kumgang. They also pushed ahead the opening of the South-North Joint Liaison Office in Kaesong.

Seeing friction between Seoul and Washington, foreign media began to report that the Korea-U.S. alliance shows signs of cracks. It was necessary for the State Department, therefore, to propose the establishment of a joint working group. The purpose is to install a safety valve that will prevent Moon government from breaking international cooperation on sanctions by pushing inter-Korean cooperation projects single-handedly.

By the way, the root cause for the crack in the alliance lies in the fact that Moon Jae-in's perception of the North and North Korea's nuclear threat are different from those of the United States and the rest of the free world. President Moon ignores the fact that South Korea will directly fall victim to North Korea's nuclear weapons.

Nevertheless, he propagates that Kim Jong-un has a strong will to denuclearize the country and tries to persuade world leaders to ease sanctions on North Korea.

President Moon does not consider Pyongyang as a hostile force threatening Seoul with nuclear weapons. He considers the North as a partner that will open the era of peace with South Korea.

For 50 years after the invasion by the North in 1950, South Koreans had lived armed thoroughly with anticommunist spirit. The appeasement policy toward the North had been unacceptable at that time. But in 1998, when former President Kim Dae-jung announced the Sunshine Policy, the situation changed.

The governments under Kim Dae-jung and President Roh Moo-hyun promoted engagement policy towards North Korea. They also hosted two summit meetings with North Korea's Kim Jong Il. However, the Sunshine Policy failed to change North Korea or make progress in inter-Korean relations.

Nowadays, as more than 60 years have passed since the end of the Korean War, anticommunist sentiment among Koreans has started to decline, and an atmosphere to see changes in inter-Korean relations has started to emerge. Moon, sensing this change, has promoted engagement policy towards the North, promising "the era of peace" in the peninsula, and has succeeded in getting public support. The inter-Korean summits held three times this year are earmarked as opening ceremonies that herald the era of inter-Korean peace.

Korea has a tragic history of experiencing submission. After being invaded by China's Qing Dynasty in the 17th century, the king and the courtiers fled to Namhansanseong Fortress. With the enemy at hand, the courtiers were divided into doves and the hawks. In the end, the doves prevailed, and King Injo went down the fortress and knelt before the Qing Empire. After that, the Joseon Dynasty (1392-1910) had to suffer from harsh conditions of the peace treaty and the humiliation of becoming a tributary country for 200 years.

The conservatives who support hard-line policy towards the North worry that President Moon's appeasement to the North would bring about unification under communism similar to that of Vietnam. President Moon wrote in his autobiography "The Fate" that he felt "great joy at the victory of truth" when he read the book written by Rhee Young-hee, a leftist scholar who was popular among left-leaning students in the 1980s, which predicted the collapse of Vietnam in 1975.

Conservatives have raised suspicions that President Moon accepted the unification of Vietnam under communism without repulsion.

The issues of declaring an end to the war with North Korea, which requires Washington's approval, and President Moon's slogan of opening the era of peace are similar to issues faced by Vietnamese leaders 43 years ago. President Moon should listen to the conservatives' arguments and try to dispel their concerns.

Moon Jae-in, like former President Roh Moo-hyun, tends to keep his distance from the United States. This also makes it difficult to maintain close cooperation between the two.

In his speech on Aug. 15, President Moon said, "Developments in inter-Korean relations are not the by-effects of progress in the relationship between the North and the United States." He also said, "I believe in the importance of recognition that we are the protagonists in Korean Peninsula-related issues."

Of course, North Korea welcomed the statement. The Rodong Sinmun, the organ of the Workers' Party of the North, carried an article that asked President Moon to exclude the United States from discussions on issues related to the peninsula and urged to take a joint step with the North.

President Moon should bear in mind that North Korea squeezes in where there is a gap between South Korea and the United States.

The first season of this diplomatic drama on North Korean denuclearization, which started with an invitation to North Korea to participate in the Pyeongchang Winter Olympics, is about to end.

It all started when North Korean leader Kim Jong-un, in his New Year address, announced North Korea's participation in the Olympics. In February, he sent his younger sister Kim Yo-jong to Seoul as a member of the Olympic delegation.

Kim Yo-jong, upon arrival in Seoul, said she came as a special envoy of Kim Jong-un and delivered Kim's personal letter to President Moon. Thus, the diplomatic drama on North

Korea's denuclearization started to unfold. In retrospect, the author and the hero of the drama has been Chairman Kim.

In March, President Moon dispatched two special envoys to Chairman Kim. The envoys reported to President Moon that "Chairman Kim Jong-un has a strong will to denuclearize North Korea."

Since then, the main point of the drama has become Kim Jong-un's "will to denuclearize North Korea."

However, there is no evidence to prove Kim Jong-un's "will to denuclearize North Korea," other than Kim's words.

Even at this point in time, it is still unclear whether Kim Jong-un has the "will to denuclearize the country" or not. It is hidden in the fog.

In that case, has President Moon, who has publicly proclaimed that "Kim Jong-un has a strong will to denuclearize the country," been spreading groundless rumors? Unless Kim shows "the will to denuclearize North Korea" in action, it will be a problem.

"Denuclearization" has delighted the eyes of the world by producing such spectacular shows as the April 27 Panmunjom Summit, June 12 U.S.-North Korea Summit in Singapore and the Sept. 18 Pyongyang Summit.

In between the gala shows, there were entr'actes such as Trump's cancellation of the U.S.-North Korea summit, cancellation of Pompeo's visit to the North and postponement of the U.S.-North Korea high-level talks. These one-act plays provided the drama with tension and engagement. As a whole, it was as perfect as a drama. But there was no diplomatic outcome.

In the follow-up series, Kim Jong-un must show his firm will to denuclearize North Korea. The nuclear list should be submitted and the procedures for verification and dismantlement of nuclear programs should be made. Then, the end-of-war declaration will be made and the UN sanctions lifted.

The peace-loving people of the world look forward to see an era of inter-Korean reconciliation and a day when Northeast Asia becomes free from the threat of nuclear proliferation.

B. 성급한 대북접근에는 위험이 따른다 (Stop speeding inter-Korean talks) 게재일: 2018년 9월 19일(국문 번역)

남북공동연락사무소가 개설되고 금년 들어 세 번째 남북정상회담을 위해 문재인대통령이 8.18 ~20간 평양을 방문했다. 문재인 정부가 남북관계 진전에 속도를 내고 있는 반면 미-북 간 비핵화 대화는 답보상태를 면치 못하고 있다. 문재인 정부의 성급한 대북접근에는 많은 위험이 따른다.

문재인 정부와 트럼프 정부의 대북접근 속도가 다른 것은 북한의 비핵화 조치에 대한 양국정부의 인식의 차이에서 비롯된다. 문재인 대통령은 북한은 이미 여러 가지 불가역적인 비핵화 조치를 취했는데 미국은 군사훈련중단 말고는 한 것이 없다는 북한의 인식에 동조한다. 그래서 남북관계에 속도를 내 미-북관계 진전을 이끌어야 한다고 주장한다.

그러나 미국과 국제사회의 생각은 다르다. 문재인 정부의 과속 대북 접근 때문에 대북제재 국제공조에 구멍이 뚫릴 것이 우려된다. 대북제재를 위한 국제공조가 깨어지면 북한 비핵화를 위한 유일한 비군사 수단인 Maximum Pressure가 무산된다. 무엇보다 심각한 문제는 한국이 북한의 인식에 동조하여 대북접근에 속도를 내면 한미동맹이 약화되고 남한이 북한의 인민해방전선 전략에 말려들 위험이 커진다는 것이다. 한미동맹이 약화되면 한반도에서는 중국의 묵인 하에 핵으로 무장한 북한에 의해 월남식 공산화가 진행될 것이다.

문재인 정부와 트럼프 행정부의 대북접근 속도의 차이를 줄여야 한다. 문재인 정부의 독주를 막을 수 있는 것은 미국인데 트럼프 행정부내에도 대북정책에 대한 의견의 불일치(discrepancy)가 존재한다. 대통령, 국무부, 그리고 북한문제 전문가 그룹 사이에 북한의 비핵화 조치에 대한 인식에 차이가 있다. 국무부와 전직 고위 국무부 관리들을 포함한 북한전문가들은 북한이 아직 본질적인 비핵화 조치를 취하지 않았다고 평가하고 있다. John Bolton 국가안보 보좌관은 미국이 아직 북한이 비핵화 조치를 취하기를 기다리고 있다고 말했다. 트럼프 정책에 비판적인 인사들은 싱가폴 정상회담이 구체적인 합의사항 없이 끝났으며, 이후 미-북 협상도 느리고 아무런 진전이 없다고 비난한다.

그러나 트럼프는 다르다. 폼페이오 국무장관의 방북 연기 결정에 놀란 김정은이 보낸 네 번째 친서를 받자마자 김정은의 편지를 "warm letter," "very positive" 라고 높이 평가하였다. 그리고 아무 조건 없이 제2차 미-북 정상회담 추진을 지시하였다. 트럼프는 이미 6월 초에도 김영철 부위원장이 전달한 김정은의 첫 번째 친서를 받고 본인이 취소했던 싱가폴 회담을 예정대로 개최하는 것으로 번복한 바 있다. 이와 같이 즉흥적인 업무처리 방식 때문에 트럼프는 측근 참모들로부터 "5학년생 수준"이라는 평가를 받는다.

트럼프와 김정은의 관계는 처음에는 "little rocket man," "dotard" 등 상호 비하하는 발언으로 시작되었다. 그러나 싱가폴 회담을 계기로 트럼프는 김정은을 "talented" "very nice"라고 긍정 평가하기 시작하였고, 이후 양자는 상호 신뢰하고, 존중한다는 말을 주고받고 있다. 심지어 6월초 싱가폴 정상회담을 취소한 때와 8월 폼페이오 국무장관의 방북일정이 무기 연기되었을 때에도 두 지도자는 상호 신뢰관계를 저해할 언행을 삼가했다. 김정은은 정의용 특사에게 "트럼프대통령에 대한 신뢰에 변함이 없다"고 말했다. 이를 전해들은 트럼프는 "Kim Jong Un of North Korea proclaims 'unwavering faith in President Trunmp'. Thank you to Chairman Kim. We will get it done together."라고 트위터 메시지를 보냈다.

트럼프와 김정은은 상호 기질적으로 잘 맞는 것 같다. 두 사람의 공통점은 5학년 학생처럼 즉흥적, 직감적이라는 점이다. 한반도의 운명과 세계의 평화가 걸린 북한의 비핵화 문제가 이들 5학년생 두 사람에게 달려있다! 여기에 문재인 대통령이 등장한다. 처음에는 운전자를 자임했다. 그러나 운전 자격 미달이라는 평가를 받았는지 중재자로 역할을 바꾸었다. 그리고 최근에는 트럼프로부터 chief negotiator 역할을 해달라는 부탁을 받았다.

문 대통령은 그동안 대화의 판을 깨지 않으려고 비핵화에 대한 언급을 피해왔다. 그러나 이번 정상회담에서는 북한이 보유하고 있는 핵무기, 핵물질, 핵시설, 핵프로그램의 폐기에 대해 언급할 것으로 예상된다. 미국으로부터 북한이 원하는 종전선언을 이끌어 내려면 북한이 보유하고 있는 현재의 핵에 대한 신고와 검증에 대한 협상이 이루어져야 하기 때문이다. 협상의 성패는 문 대통령이 김정은의 즉흥적, 직감적 판단을 자극하여 구체적인 비핵화 조치에 동의하는 답변을 이끌어 낼 수 있느냐에 달려있다.

북한의 '완전한 비핵화'까지는 많은 단계와 우여곡절을 거치게 될 것이다. 북한이 말하는 '완전한 비핵화'가 무엇을 의미하는 것인지조차 아직 불명확하다. 북한은 2013년 노동당 중앙위 전체 회의에서 "핵-경제 병진 노선"을 공식 천명하였고, 헌법과 법률에 핵 보유국임을 명시했다. '완전한 비핵화'를 이루기 위해서는 이들 조치와 관련 법 조항을 무효화하여야 한다.

그래서 김정은은 4월 남북정상회담을 앞두고 4.21 "핵-경제 병진 노선의 전환"을 선언했다. 핵-경제 병진 노선을 포기했다는 것이다 김정은은 다음과 같이 주장한다: "핵은 이미 완성되었으므로 더 이상 실험을 할 필요가 없다. 따라서 핵 실험장과 미사일 엔진 시험장을 폐쇄한다. 대신 경제분야 발전에 모든 역량을 집중하겠다. 그런데 서방세계가 나의 비핵화 의지를 의심하여 답답하다."

이번 남북정상회담은 김정은이 전세계에 확실한 비핵화 의지를 보여줄 기회다. 북한이 보유하고 있는 핵무기, 핵물질, 핵시설, 핵 프로그램를 성실하게 신고하고, 이의 동결, 신고, 불능화, 검증, 폐기 절차에 합의하여 '완전한 비핵화'를 행동으로 보여주어야 한다.

북한이 비핵화를 실천하고 국제사회의 규범을 지키는 우량 국가가 되려면 대남 적대시정책을 포기해야 한다. 북한은 지난 70년 동안 한반도의 적화통일정책을 추구해왔다. 핵개발도 적화통일정책의 일환으로 추진되었다. 북한의 '완전한 비핵화'는 북한이 대남적화통일정책을 포기할 때 완성될 것이다.

Stop speeding inter-Korean talks

Sept 18,2018

KOREA JOONGANG DAILY

Park Sung Soo

The author, a former diplomat at the Korean Embassy in the United Kingdom, is a former visiting professor of media studies at Myongji University.

A joint liaison office of South and North Korea was opened on Friday in Kaesong and President Moon Jae-in and North Korean leader Kim Jong-un are holding a third inter-Korean summit in Pyongyang from Sept. 18 through Sept. 20. While the talks between Seoul and Pyongyang gather speed, the denuclearization dialogue between Washington and Pyongyang is in a stalemate.

The discrepancy in the speed between the two talks derives from the differences between Seoul and Washington in the recognition of the measures North Korea has taken for denuclearization. President Moon Jae-in sympathizes with North Korea's claim that there is nothing the U.S. has done except suspending a military drill while the North has taken many irreversible denuclearization measures. President Moon asserts that inter-Korean relations must pick up speed so that it can lead the development of the U.S.-North relations.

However, the U.S. and the international community feel differently. They worry that Moon's speeding to get close to the North would break the network of international cooperation for UN sanctions against the North. If international cooperation for sanctions breaks down, the Maximum Pressure tactics — the only non-military means to achieve the North's denuclearization — will be jeopardized.

Most serious of all, if South Korea speeds up its access to the North sympathizing with the North's position, the risk of weakening the South-U.S. alliance and entangling South Korea in the North's People's Liberation Front strategy will loom large. When the South Korea-U.S. alliance falls apart, the process of communizing the whole Korean Peninsula under nuclear-armed North Korea will start with the approval of communist China.

It is necessary, therefore, to moderate the speed of South-North détente. It is the U.S. that can prevent President Moon from running ahead of others. North Korea experts, including those in the State Department and former top State Department officials, say Pyongyang has yet to take fundamental denuclearization steps. National Security Adviser John Bolton said the U.S. was still waiting for North Korea to take denuclearization steps. Critics of Trump say that the Singapore summit ended without concrete agreements, and that negotiations between Pyongyang and Washington are slow and making no progress.

However, President Trump reacts differently to Kim Jung-un. When he received the fourth letter from Kim, who was apparently shocked by the sudden suspension of Secretary Pompeo's scheduled trip to Pyongyang, he praised it as a "warm letter" and "very positive." Due to such an impromptu manner of handling business, Trump was ridiculed as a fifth-grader by his close aides.

Trump's relationship with Kim Jong-un began with mutually disparaging remarks such as "little rocket man" and "dotard." But with the Singapore meeting, Trump began to positively evaluate Kim as "talented" and "very nice." Since then, they have been exchanging words of mutual trust and respect.

Trump and Kim Jong-un are a good match. What the two have in common is they are as spontaneous and intuitive as fifth-grade students. The issue of denuclearization of North Korea — on which depends the fate of the Korean Peninsula and world peace — is up to these two fifth-graders! Here, President Moon Jae-in appeared on the scene to play the role of, at first, a driver, and then, a middleman. Now, he is asked by President Trump to play the role of a chief negotiator.

In order not to spoil the mood of the talks, President Moon has so far avoided mentioning North Korea's nuclear weapons at the inter-Korean summit. But he is expected to address the dismantlement of North Korea's nuclear weapons, nuclear materials, nuclear facilities and nuclear programs at Tuesday's summit. In order to draw an agreement for the declaration of the end of the Korean War from the U.S. — as is demanded by the North — negotiations on reporting and verifying nuclear weapons currently in North Korea's possession should be made. The success of the negotiations depends on whether President Moon can elicit a positive response from Kim Jong-un by promoting his impromptu and intuitive judgment.

There will be many ups-and-downs before North Korea accomplishes 'complete denuclearization.' At this stage, it is not even clear what North Korea calls 'complete denuclearization' is. At the general meeting of the Workers' Party Central Committee in 2013, North Korea officially declared the adoption of so-called "Parallel Development of Nuclear Power and Economy Policy." And North Korea declared itself a nuclear power in the Constitution. To achieve "complete denuclearization," these measures and related legal provisions should be nullified.

So, Kim Jong-un declared on April 21, ahead of the inter-Korean summit on April 27, "a shift in the 'Parallel Development of Nuclear Power and Economy Policy.'" In other words, he gave up the policy of developing nuclear power and economy in parallel. Kim Jong-un proclaimed, "We have already completed the development of nuclear power. There is no need to experiment nuclear weapons anymore. Therefore, the nuclear test site and the missile engine test site are closed. Instead, we will concentrate all our capabilities on developing the economy. I feel frustrated because the Western world suspects my will to denuclearize, despite all these efforts."

The current inter-Korean summit is an opportunity for Kim Jong-un to demonstrate his firm will to denuclearize the North to the whole world. He should faithfully report all nuclear weapons, nuclear materials, nuclear facilities and programs in possession, and show "complete denuclearization" in action by agreeing to declare, freeze, disable, verify and dispose of them.

After completing dismantlement of all nuclear programs, if North Korea wants to become a model country of the international community, it should give up its hostile policy toward the South. For the past 70 years, North Korea has pursued a policy of unifying the whole Korean Peninsula under communism. The nuclear development program was also pushed as part of the policy. North Korea's 'complete denuclearization' will be accomplished in full when it gives up the policy of unifying the South under communist rule.

C. 한미 간 전통적 유대 회복 (Pragmatism and trust)
게재일: 2008년 1월 7일 (국문 번역)

　이명박 당선인이 조지 부시 미국대통령과 가진 전화 통화와 첫 공식 기자회견에서 발언한 내용으로 미루어, 새 정부는 한미관계와 대북 관계에서 노무현정부의 자주 노선을 탈피하고 실용주의 노선을 추구할 것으로 보인다.

　이명박 당선인은 부시 대통령에게 "한국민들은 전통적으로 미국과의 동맹관계를 존중해 왔다"고 말한 것으로 전해지고 있다. 또한 이 당선인은 북한이 핵개발 계획을 포기하도록 종용하고, 북한에 대해서도 주저 없이 비판이나 지적할 것은 하겠다는 의지를 밝혔다. 그러나 당선인의 실용주의 노선 앞에는 두 가지 장애물이 있다. 국내적으로 대선 패배의 고배를 마신 진보세력은 미국과의 전통적인 유대관계와 신뢰 회복을 추구하는 새 정부의 정책은 군사적, 경제적으로 미국에 의존하던 과거로 복귀하려는 복고주의적 술책이라고 비난할 것이다. 그들은 대미 의존주의 시대는 이미 끝났다고 주장할 것이다.

　사실 한미 동맹관계에는 지난 10년간, 특히 노무현 정부하에서, 많은 변화가 있었다. 노대통령은 "반미 좀 하면 어때!" 등 전통적인 한미동맹관계를 비판하는 발언을 서슴지 않았다. 그와 같은 노대통령의 발언에 미국 국민들은 분노했으며, 노대통령이 한국동란 시 공산군의 남침을 저지해 준 미국의 은혜를 저버렸다고 비난했다. 그러나 부시 행정부는 주한 미군 병력의 감축 및 재배치 문제, 미군 기지의 한강 이남 이전 문제, 전시 작전권 이양 문제 등 한미동맹의 현안에 관해 노무현정부와 협상하는 것이 그 이전 정부들보다 훨씬 쉽다는 것을 발견하였다. 노무현 정부는 그처럼 까다로운 문제들에 대한 해법을 미국 측이 의견을 제시하기도 전에 미국이 원하는 방향으로 끌고 갔다.

　노무현 정부가 대미 군사 의존 시대를 종식시키고, 자주 국방 태세를 수립해야 한다고 강조하는 사이에 주한 미군은 37,000명에서 25,000명으로 감축되었다. 그리고 지난 50여 년간 한반도에서 군사도발을 억제하는 중추적 역할을 담당해온 미8군이 하와이로 재배치되어 미 태평양 군에 통합되고, 장차 미 태평양 사령부 휘하에 들어간다는 계획도 추진되고 있다. 그렇게 되면, 미8군은 한반도에서 수행될 군사 작전뿐만 아니라, 일본, 대만을 포함, 태평양 전역에서 발생하는 돌발 사태에 대한 군사지원 임무를 수행하게 된다.

또한 우리는 중국이 우리의 인접 국가이며, 미국과 중국간에 군사분쟁이 발생하는 경우 한미동맹이 우리의 외교적, 군사적 행동 반경을 제한하게 될 것이라는 사실을 염두에 두어야 한다. 경제적으로는 우리 경제의 중국에 대한 의존도가 이미 대미 의존도를 능가하였다. 그리고 한중 경제교류의 규모는 빠른 속도로 성장하고 있다.

그러나 노무현 정부도 전통적인 한미 유대관계가 우리의 안보와 번영을 보장하는 토대라는 사실을 부인하지는 못했다. 노무현 정부는 미국의 요청에 응하여 아프간과 이락에 파병하여 동맹의 의무를 준수하였고, 한미 자유무역협정도 체결했다.

미국과 전통적인 유대관계를 회복하는 것이 반드시 과거로의 복귀는 아니다. 우리에게 지금 필요한 것은 노무현 정부의 부질없는 자주 정책 때문에 손상된 양국 국민과 정부간 신뢰관계를 회복하는 것이다. 다른 한 가지 장애물은 새 정부의 실용주의 정책이 북한의 비핵화에 최우선 정책 목표를 두고 있는 부시 행정부의 대북 정책과 충돌할 가능성이다.

북한이 새 정부의 실용주의 노선에 크게 반발하는 경우, 부시 행정부가 한국의 실용주의적 접근 방식을 환영하지 못할 입장이 될 가능성이 있다. 왜냐하면 북한은 그것을 핑계로 이미 연말까지라는 신고시한을 넘겨 "심각한 상황"에 빠진 핵 시설의 신고 절차를 위기에 빠뜨릴 가능성이 있기 때문이다. 또한 북한이 핵 시설의 불능화 절차를 이행하지 않을 가능성도 있다. 역설적이지만, 미국정부가 남한의 실용주의적 대미, 대북 정책을 수용할 수 없는 상황이 올 수도 있다는 것이다.

이와 같이 기이한 상황은 남한의 햇볕정책 때문이다. 북핵 문제에 관한 해법을 외교적 타결 쪽으로 가닥을 잡은 이후, 부시 행정부는 노무현 정부의 대북 화해와 포용정책이 북한을 협상 테이블에 붙잡아 두는 데 도움이 된다는 것을 알게 되었다. 그러나 미국은 북한이 이미 부시 행정부의 북핵 문제에 관한 정책 목표가 외교적 업적이라는 것을 간파하고 있다는 것을 알아야 한다. 북한은 그것 때문에 부시 행정부가 마카오 Banco Delta Asia에 동결되어 있던 북한 계좌의 해제를 제의하는 등 방법으로 북한을 6자 회담으로 유인하였다는 것도 알고 있다. 아마도 김정일의 다음 전략 목표는 북한의 비핵화 과정을 미국의 새 행정부가 들어서는 2009년까지 지연시키는 것일지 모른다. 나는 부시 행정부가 북한의 지연 전술에 끌려 다니면서까지 외교적 업적이라는 전리품 획득에 매달리지 않기를 바란다.

지금은 한미 양국이 신뢰를 회복하고 북한의 비핵화 달성을 위해 양국간 공조체제를 한 단계 발전시켜야 할 때이다. 부시 행정부가 새 정부의 실용주의 정책을 환영하면 북한은 그들의 지연전술이 더 이상 효력을 발휘하지 못할 것이라는 것을 알게 될 것이다.

Pragmatism and trust

Park Sang-soo

Restoring traditional ties with Washington is not necessarily a return to the past.

The writer, a former editorial page editor of the Joongang Daily, is a visiting professor of media studies at Myongji University.

Judging from the phone conversation President-elect Lee Myung-bak had with U.S. President George W. Bush and his remarks at his first official press conference after winning the election, the new government will depart from the self-reliance policy of the Roh Moo-hyun administration. Instead, it will pursue a pragmatic policy with regard to Korea's relations with the United States and North Korea.

"Koreans traditionally have had high respect for their ties with the United States," Lee was quoted as telling Bush. Lee also made it clear he would push the North give up its nuclear programs and won't hesitate to criticize North Korea or point out its faults.

There are, however, two major stumbling blocks to his pragmatic policy.

The progressives at home, embittered by their election defeat, will certainly criticize the policy of restoring traditional ties and rebuilding confidence with the United States, condemning it as a reactionary scheme to return to the past wherein South Korea depended on the United States militarily and economically. They will claim the era of reliance on the United States is over.

Indeed, there have been changes in the Korea-U.S. alliance during the past 10 years, especially under President Roh. Roh did not hesitate to make critical remarks about Korea's ties with Washington. Famously, he once said, "Why shouldn't we make anti-American remarks?" The American public reacted angrily to Roh's remarks and criticized him for disregarding the help the United States gave when it defended the South from communist invasion during the Korean War. But the Bush administration found it easy to negotiate with the Roh administration on such issues as the reduction and redeployment of American troops in Korea, the relocation of U.S. military bases and the transfer of wartime operational control of Korean troops, because the Roh administration was ready to accept such thorny issues even before the U.S. side put forward its proposals.

Thus, U.S. troop forces stationed in South Korea were reduced to 25,000 from 37,000, while the Roh administration emphasized the need to end the era of military reliance on the United States and the need to build up a self-reliant national defense. There is also a plan to redeploy the Eighth U.S. Army, which has been the backbone of military deterrence on the peninsula for more than 50 years, to Hawaii where it will merge with U.S. Army Pacific to serve under the U.S. Pacific Command. This will then support not only military operations on the peninsula, but also other military contingencies in the Pacific area, including in Japan and Taiwan.

We have to also consider the fact that we are bordering China and that the alliance with the United States will have a binding effect on our diplomatic and military options if a military confrontation breaks out between the United States and China. With regard to the economy, Korea's reliance on the Chinese market has exceeded its reliance on the U.S. economy. And the volume of economic exchanges with China is growing rapidly.

However, even the Roh administration cannot deny that strong ties with Washington are the foundation of Korea's security and prosperity. It honored its duty as an ally by dispatching troops to Afghanistan and Iraq in compliance with the U.S. demand. It has also signed a free trade agreement with the United States.

Restoring traditional ties with Washington is not necessarily a return to the past. What we need is to restore trust between the people and the two governments that was damaged by the Roh administration's futile self-reliance policy.

The other stumbling block is the possibility the new policy guidelines will conflict with the Bush administration's North Korea policy, which gives a priority to the denuclearization of North Korea.

It is possible that Washington will not be in a position to welcome South Korea's pragmatic approach if North Korea reacts violently against the new policy. North Korea can jeopardize the process of declaring its nuclear facilities in a critical situation as its year-end deadline under a six-party agreement passed. There is also a possibility that the North will boycott the process of disablement of its nuclear facilities. It is ironic, but South Korea's pragmatic policy toward Washington and Pyongyang can turn out to be unacceptable to the U.S. government.

This strange situation stems from South Korea's Sunshine Policy toward North Korea. After Washington shifted its policy on the North Korean nuclear issue to a negotiated settlement, the Bush administration found the Roh administration's engagement and reconciliation policy toward the North was helpful to the U.S. effort to keep the North at the negotiating table. But Washington should be aware that North Korea has already seen through what the Bush administration wants from the North Korean nuclear issue: a diplomatic achievement. Thus the Bush administration induced North Korea to return to the six-party talks, offering to allow North Korean accounts frozen at the Banco Delta Asia in Macao to be freed up.

Perhaps, the next strategic target Kim Jong-il will aim at is to delay the North's denuclearization process until 2009, when a new U.S. administration will be inaugurated. I sincerely hope the Bush administration does not cling to the idea of winning a diplomatic trophy even if it is being dragged around by North Korea's delaying tactics.

It is time for Washington and Seoul to restore mutual confidence and upgrade a mutual assistance system for the denuclearization of North Korea. When the Bush administration welcomes the pragmatic policy of Korea's new government, Pyongyang will realize its delaying tactics will no longer work.

가. 정상회담 : 체제선전, 평화공세의 도구

A. 김정은이 정상회담을 원하는 이유 (Why Kim wants a summit) 게재일: 2019년 2월 7일(국문 번역)

세계 패권국 미국의 대통령이 GDP 세계 180위 세습 왕조 북한의 독재자와 마주 앉는 미-북 정상회담은 이제 중단되어야 한다. 미-북 정상회담은 김정은의 핵 보유국 목표 달성을 위한 수단으로 이용되고 있으며, 트럼프와 김정은이 다시 협상 테이블에 마주 앉는다 해도 작년 6월 합의한 "한반도의 완전한 비핵화를 위해 노력한다"는 것 이상 진전된 결과를 얻지 못할 것이기 때문이다.

일부 언론보도와 같이 ICBM의 반출 등 북한의 단계적 비핵화와 북한에 대한 인도적 지원, 남북경협 사업 재개와 같은 부분적 제재완화를 주고받는 정도라면 실무회담이 격에 맞는다. 그런 정도 "스몰 딜" 이라면 미국에서는 스티브 비건 대북정책 특별대표가 그리고 북한에서는 비건의 세 카운터 파트로 거명되는 김혁철 전 스페인대사가 나서면 된다.

돌이켜보면 북한 핵문제를 세계 언론의 각광을 받는 미-북 정상회담이라는 화려한 외교이벤트로 격상시킨 배후에는 김정은의 친서 외교가 있었다. 김정은은 평창올림픽을 계기로 방한한 동생 김여정을 통해 문재인 대통령에게 친서를 보내 남북정상회담을 이끌어 냈으며, 문재인 대통령 특사로 방북한 정의용 특사를 통해 트럼프 대통령에게 메시지를 전달해 미-북정상회담을 성사시켰다. 이후 김정은은 트럼프 대통령에게 수시로 친서를 보내 미-북정상회담에 대한 언론의 관심과 호기심을 자극하여 협상 성과를 국내정치에 이용하려는 트럼프 대통령을 측면 지원해 싱가폴 정상회담을 화려한 외교이벤트로 만드는 데 성공했다. 지금 김정은은 2차 정상회담의 불씨를 살리기 위해 노심초사하고 있다. 지난 1년간 김정은은 핵문제와 관련 트럼프 대통령과 2회(2월 예정 포함), 문재인 대통령과 3회 그리고 시진핑 주석과 4회 등 총 9회의 정상회담을 했다.

이 모든 정상회담이 김정은 주도 하에 성사되었다는 것은 김정은이 핵개발을 추진하는 한편으로는 국제사회의 핵확산 저지 노력에 어떻게 대응할 것인지에 대해서도 대비해 왔다는 것을 보여준다. 김정은의 최종목표는 북한이 핵보유국임을 인정받는 것이다. 이를 위해 김정은은 2차미북정상회담에서 트럼프 대통령에게 "미국민의 안전을 위협하는 ICBM의 제거"와 같은 외교적 성과를 안겨주고, 북한이 보유하고 있는 "핵의 동결"을 묵시적으로 승인 받기를 원하는 것으로 보인다.

트럼프가 각종 스캔들로 정치적 곤경에 빠져 있는 것은 김정은에게는 좋은 기회가 될 수 있다. 2월말 예정된 미북정상회담에서 김정은이 북한 내 ICBM의 국외 반출 카드를 꺼내면 트럼프대통령은 "미국 국민의 안전"을 위해 이를 받아들이고 북핵 동결에 동의할지 모른다. 나아가 김정은이 핵무기와 핵 제조 시설의 목록을 제출하는 조건으로 주한미군의 철수를 요구하면 시리아 철군을 결정한 것처럼 사전 협의 없이 주한미군을 감축하는 결정을 내릴 수도 있을 것이다.

톱 다운 방식의 정상외교는 때로는 어려운 현안을 일괄 타결하는 방법이 될 수 있다. 그러나 사태를 잘못 파악한 지도자들이 내린 잘못된 결정 때문에 큰 역사적 오점이 남은 사례들이 있다. 1938년 영국 수상 네빌 체임벌린이 히틀러와 체결한 뮌헨 평화협정이 대표적인 사례라고 할 수 있다. 1973년 1월 27일 미국, 남-북 월남 간에 체결된 파리평화협정 (Paris Peace Accord)과 이에 입각해 1월 29일 닉슨 대통령이 내린 월남전 종전 선언도 많은 교훈을 남겼다. 월남 주둔 미군이 철수한 후 1974년 북부 월맹군은 평화협정을 위반하여 남부 월남에 대한 총공세를 개시하였고, 결국 1975년 남부 월남이 함락되었다.

정치지도자가 국내 정치 목적을 위해 외교 성과를 이용하려 하는 경우 잘못된 결정을 내릴 위험이 크다. 각종 스캔들과 탄핵의 위협 때문에 국내정치적으로 곤경에 처한 트럼프 대통령이나, 국내정치 목적을 위해 친북 화해 정책을 추구하고 있는 문재인 대통령은 북핵 해결이라는 외교적 성과를 내기 위해 북한의 핵 보유국 지위를 인정해주거나, 나아가 주한미군철수와 같은 치명적으로 잘못된 결정을 내려 세계 평화와 동북아 안전을 위협할 가능성이 크다.

북한의 핵개발 억제를 위한 미-북정상회담은 "완전한 비핵화"에 합의한 1차회담으로 사실상 그 역할이 끝났다. 다음 단계는 실무협상을 통해 구체적인 유인책을 제시하고, 필요하다면 외교적, 경제적, 군사적 압력을 행사하여 북한이 실질적인 비핵화에 나서도록 하는 것이다.

02.

- ◆ 정상회담
- ◆ 중재자 외교
- ◆ 6자 회담

Why Kim Wants a Summit

Feb 07, 2019

Park Sung-soo
The author, a former minister at the Korean Embassy in the United Kingdom, is a former visiting professor of media studies at Myongji University.

Despite U.S. President Donald Trump's recent announcement on his second summit with North Korean leader Kim Jong-un, the meeting is just a means of achieving Kim's goal of making North Korea a recognized nuclear power. Even if Trump meets Kim at the upcoming summit scheduled for Feb. 27 and 28, they will likely not produce results that go beyond what was agreed to in Singapore in June, a complete denuclearization of the Korean Peninsula.

As with some media reports, if the summit is on exchanging gradual denuclearization measures — such as shipping out intercontinental ballistic missiles (ICBMs) from North Korea — with a partial lifting of sanctions, including resumption of inter-Korean cooperation projects and humanitarian aid to the North, working-level talks would be more appropriate. Such a small deal would be enough for Stephen Biegun, the U.S. special representative for North Korea, on the U.S. side, and former ambassador in Spain, Kim Hyok-chol, who was recently mentioned as Stephen Biegun's new counterpart, on North Korea's side.

Looking back, there was Kim Jong-un's letter diplomacy, which helped upgrade the North Korean nuclear issue to a colorful diplomatic event and succeeded in drawing media attention. Kim sent a personal letter to South Korean President Moon Jae-in through his younger sister Kim Yo-jong, who visited Seoul during the PyeongChang Winter Olympic Games. Moon responded instantly and the two sides agreed to hold the inter-Korean summit in April. Kim Jong-un also sent a confidential message to Trump via Moon's special envoy, Chung Eui-yong, who visited Washington after his visit to Pyongyang in March.

Since then, Kim Jong-un has sent more than three personal letters to Trump. And his letters helped make the first U.S.-North Korea summit a diplomatic success, as they invoked the interest and curiosity of the press. Kim's letters also provided support to Trump, who was trying to make the best use of the outcome of the nuclear talks in domestic politics. Now, Kim is trying hard to save the second summit.

Last year, Kim held two summits with Trump, three with Moon and four with Chinese President Xi Jinping. In total, he held nine summits with the heads of countries in a year. The fact that all nine summits were held at the initiation of Kim shows that Kim, while promoting discreetly a nuclear development program, has prepared how to respond to international pressure to prevent North Korea from developing nuclear arms. Kim's ultimate goal seems to be making North Korea a recognized nuclear power. To this end, he is likely to give Trump a "diplomatic achievement," such as removing ICBMs directly threatening the safety of the American people, during the upcoming summit.

Top-down diplomacy can sometimes be an effective way of resolving difficult issues. However, there are cases in history where the leaders left big blots by making wrong decisions as they misread the situation. The Munich Agreement, which was signed by British Prime Minister Neville Chamberlain and Adolf Hitler in 1938, is a prime example. The Paris Peace Accord, which was signed by the United States, South Vietnam and North Vietnam on Jan. 27, 1973, and President Nixon's declaration of the end of the Vietnam War, also left many lessons. In 1974, after the withdrawal of U.S. troops from South Vietnam, the North Vietnamese military launched a general offensive against the South in violation of the peace accord, and the southern side fell in 1975.

There is a high risk of making a wrong decision when a political leader tries to use their diplomatic achievements for domestic political ends. Trump, who is in political hot water due to various scandals, and Moon, who pursues reconciliation with North Korea for political reasons, are likely to make a poor decision, such as recognizing North Korea as a nuclear power or making a decision to withdraw U.S. troops from South Korea, as they are eager to gain a diplomatic trophy by settling the North Korean nuclear problem with their own hands.

If they commit such vital mistakes, they will endanger the peace of the whole world and destabilize the security of Northeast Asia as a whole. The U.S.-North summit aimed at preventing North Korea from developing nuclear arms has completed its prime role with the conclusion of the first summit, which ended with an agreement that both sides would work for the complete denuclearization of the Korean Peninsula. The next step is ensuring the process of substantial denuclearization through working-level negotiations.

B. '디테일'에 답이 있다 (The devil is in the details)
게재일: 2018년 7월 16일 (국문 번역)

마이클 폼페이오 미국무장관의 7월 6일 세 번째 평양방문은 싱가폴 정상회담의 합의 이행을 위한 비핵화 추진일정에 합의를 이루지 못했고, 김정은 면담도 불발되는 등 성과를 내지 못해 "빈손외교"라는 평가를 받는 총체적 실패로 끝났다.

폼페이오장관은 '김정은의 비핵화 의지'에 희망을 걸고 "진전을 이루었다", "성과가 있었다"는 등 공허한 외교적 수사를 되풀이하지 말고 비핵화 회담의 걸림돌이 무엇인지 진실을 밝혀야 한다. 뒤돌아 보면 미-북 정상회담은 북한 핵의 폐기라는 목표보다 경제재제 완화를 갈구하는 북한 김정은과 국내정치 목적을 위해 외교적 트로피를 손에 쥐려는 트럼프대통령에 의해 비핵화의 목표와 로드 맵도 정하지 않은 채 화려한 외교 이벤트로 추진되었기 때문에 처음부터 실패가 예견되어 왔다.

싱가폴 정상회담을 준비하는 과정에 트럼프대통령과 참모들은 오로지 '김정은의 비핵화 의지' 확인에 매달리며, 북한과 협상에 임할 디테일을 챙기는 데에는 소홀했던 것으로 드러나고 있다. 그 결과 북핵 해결을 목표로 하는 미-북 회담이 북한 식 벼랑끝 전술, 살라미 전술, 그리고 말폭탄이 횡행하는 선전 전술에 의해 북한이 원하는 방식으로 흘러가는 역설적인 상황에 놓이게 되었으며, 장기화하게 되었다.

트럼프 대통령에게 남은 카드는 자리를 박차고 나오는 것, 대북협상의 창구를 마이클 폼페이오에서 존 볼턴으로 교체하는 것, 그리고 "최대한의 압박" 카드를 다시 전면에 내세우는 것 등 몇 가지 남지 않은 것으로 보인다.

트럼프 대통령이 회담장에서 자리를 박차고 나온다고 해서 외교적 옵션을 버리고 군사옵션으로 전환하는 것을 의미하지는 않는다. 9월에 예정된 제2차 미-북 정상회담을 무기한 연기하고, 비핵화 약속을 지키지 않는 북한과 회담을 중단하는 것을 말한다. 그러면서 "최대한의 압박" 카드를 전면에 내세워 국제 제재를 강화하는 것이다. 지난 5월 24일 트럼프대통령의 싱가폴 정상회담 취소 선언에 버금가는 효과를 거두게 될 것이다.

재제 완화를 갈구하는 북한입장에서는 싱가폴 정상회담 이후 다소 완화되는 듯하던 재제의 올가미가 시간이 갈수록 다시 조여오는 것은 참기 어려운 고통이 될 것이다.

여기에 더하여 비핵화 회담이 진행되는 동안에 실시를 보류하였던 한미연합군사훈련을 다시 실시하는 것도 북한에게는 큰 압력과 위협으로 작용하게 될 것이다. 8월에 있을 예정이었던 '을지 프리덤 가디언(UFG)' 한미연합군사훈련을 재개하면 미국의 최첨단 전략무기들이 참가하여 북한군에게 실전에 못지않은 위협을 가하게 될 것이며, 김정은은 자신의 신변이 위협받는 상황을 경험하게 될 것이다. 그것은 세상의 모든 독재자들이 가장 두려워하는 것이다. 구태여 코피 작전, 참수 작전을 언급하기 전에 김정은이 스스로 굴복하여 비핵화 의지를 재천명하면서 회담재개를 강력 희망해 올 것이다.

이번에는 지난번과 같은 잘못이 반복되어서는 안 된다. 동서양을 불문하고 패자는 승자 앞에 무릎을 꿇고, 사죄하고, 처벌을 받는다. 북한은 국제사회의 거듭된 경고와 재제에도 불구하고 핵무기 개발을 계속하였고, 핵실험을 강행하였고, 중-장거리 미사일로 주변국들을 위협하는 등 도발을 일삼다가 국제여론과 재제에 당면한 패자의 입장이다. 승자가 패자로 부터 사죄를 받기 위해 패자를 찾아 다니지는 않는다. 트럼프는 전임자들이 북한 핵 문제 해결을 위해 아무런 조치를 취하지 않았다고 비난해왔다. 그래서 김정은의 진의를 타진한다는 명분 아래 미국의 국무장관을 4월, 5월 연달아 평양에 파견하여 김정은을 만나 그의 비핵화 의지를 확인하라고 했다.

평양을 두 차례 방문하고 김정은을 만난 폼페이오는 김의 비핵화 의지를 높이 평가했을 뿐만 아니라, 세계에서 가장 잔인한 독재자 김정은을 "합리적인 사람" "영리한 지도자"라고 추켜 세웠다. 그 결과 '고모부를 고사포로 처형한 자,' '이복 형을 독살한 자,' '수만 명을 정치범 수용소에 가두고 있는 독재자"라는 김정은의 '독재자' 이미지를 '영리한 열린 지도자'로 바꾸는데 크게 일조했다. 이제는 그런 어리석은 일이 반복되어서는 안 된다. 확인할 사항이 있으면 북한 측 관계자를 워싱턴이나 뉴욕, 혹은 제3국으로 불러내어 면담하거나 서면으로 답변을 받는 것이 확실한 방법이다. 국제관계에서 "만나서 몇 초 안에 상대방의 속마음을 알 수 있다", "악수해 보면 안다."는 트럼프 식 육감 외교는 안 된다.

북한의 비핵화를 위해 북한의 지도자 김정은의 '비핵화 의지'를 읽는 것도 중요하다. 그러나 김정은의 비핵화 의지는 언제 변할지 모른다. 지금 단계에서 확실한 북한 핵 폐기의 답은 디테일에 있다. 중요한 것은 비핵화 대상의 신고, 검증, 비핵화 추진일정 등 필수 의제에 대한 기본 합의가 사전에 이루어져야 한다는 것이다. 그 합의는 실무 차원과 고위차원에서 검토를 거쳐 확정된 후 양국 정상이 이에 합의하는 절차를 거쳐야 한다. 그래야 비핵화에 대한 잘못된 인식이나 해석이 해소될 것이다. 돌이켜 보면 지난 5월 폼페이오와 김영철 간 뉴욕 회담은 매우 중요한 회담이었다. 여기에서 김영철이 비핵화 대상의 신고와 검증, 비핵화 추진일정에 동의하도록 하는 것이 중요했다. 그러나 폼페이오는 그 중요한 시간을 고층 아파트에서 김영철에게 뉴욕의 야경을 보여주는 데 소비했다.

북한 핵 문제 해결에는 김정은의 의지가 중요하다. 그러나 답은 김정은의 의지가 흔들리지 않게 하는 "디테일"에 있다. '디테일'이 충실하면 트럼프대통령이 '자리를 박차고' 나오는 일이 없을 것이다.

KOREA JOONGANG DAILY

The devil is in the details

July 16, 2018

Park Sung-soo
The author, a former minister at the Korean Embassy in the United Kingdom, is a former visiting professor of media studies at Myongji University.

U.S. Secretary of State Mike Pompeo's third visit to Pyongyang on July 6 ended in total failure as it failed to make progress in the implementation of the Singapore summit agreement, and a scheduled meeting between Pompeo and North Korean leader Kim Jong-un failed to take place. In Washington, the visit is considered "empty-handed" diplomacy.

It is advised that Secretary Pompeo stop repeating the meaningless diplomatic rhetoric that "there is progress." Instead, he should make clear what the obstacles to the denuclearization talks are.

Looking back, the U.S.-North Korea summit was doomed to fail, as it was hurriedly arranged by North Korean leader Kim Jong-un, who was eager to ease economic sanctions on his country and by U.S. President Trump, who was seeking to grab a diplomatic trophy for domestic political purposes. They did not set any real goal, nor a roadmap for denuclearization talks. Instead, they were eager to stage a gala diplomatic show.

While preparing for the summit in Singapore, Trump and his aides have only concentrated on confirming Kim Jong-un's word that he was "determined to denuclearize" the country. They have failed to check the details of the talks that should be negotiated with Pyongyang. As a result, talks aimed at dismantling North Korea's nuclear program are, as of now, in a paradoxical situation where the North threatens Washington with its unique form of brinksmanship.

There are not many cards left for Trump. Possibly he could replace chief negotiator Pompeo with John Bolton or someone else in the White House and put the "maximum pressure" card back on the front burner.

That Trump leaves the negotiating table does not necessarily mean he will abandon diplomatic options and switch to military options. This means delaying any second summit between the U.S. and North Korea, suggested for September, indefinitely and halting talks with North Korea, which is not keeping its denuclearization pledge. By resorting to the "maximum pressure" policy, the U.S. government will be able to strengthen international sanctions on the North. That will be no less effective than Trump's brief threat to boycott the June 12 Singapore summit. For North Korea, which is eager to see sanctions eased, it will be unbearable to be yet again under strict economic sanctions again that have been somewhat relaxed since the summit in Singapore.

In addition, resumption of South Korea–U.S. joint military drills, which have been suspended during the denuclearization talks, will put significant pressure on the North. If the Ulchi Freedom Guardian (UFG) military drills should resume in August, high-tech U.S. strategic weapons will pose a threat to the North militarily. And Kim Jong-un will feel his personal safety is in danger. That is the fearful situation that all dictators in the world try to avoid. Kim Jong-un will then surrender himself and will reaffirm his determination for denuclearization, hoping for the resumption of the talks at the earliest possible date.

The mistakes should not be repeated. Despite repeated warnings and sanctions from the international community, North Korea continued to develop nuclear weapons, carried out nuclear tests and threatened neighboring countries with medium and long-range missiles. North Korea must apologize and receive punishment for those violations.

Secretary Pompeo has visited Pyongyang three times already to confirm Kim's promise that he was willing to denuclearize. After brief encounters with the young reclusive dictator, Pompeo even praised the most brutal dictator in the world, who executed his uncle with an antiaircraft gun, fatally poisoned his stepbrother and imprisoned tens of thousands of innocent North Koreans in concentration camps. He called him a clever leader. If there is something to be confirmed, it is summoning North Korean officials to Washington or any other place for interviews or written answers. In international relations, the Trump-style diplomacy — such as "In a few seconds, I can read the minds of the counterpart" — simply does not work.

It is important to confirm Kim Jong-un's willingness to denuclearize the country. However, his willingness to denuclearize may change at any time. The answer to the North's nuclear dismantlement is in the details of the nuclear talks. What is important is that basic agreements on the details — including the North's reporting of its nuclear weapons, missiles and manufacturing facilities, verification of them and the timetable for the dismantling process — should be made in advance.

The agreement on the details should be examined at working-level meetings and re-examined at high-level meetings before they are brought to the two leaders. This will resolve any misunderstanding or misinterpretation on the content, scope and procedures related to the denuclearization. Looking back, the meeting between Pompeo and Kim Yong-chol in May in New York was a very important one. They could have worked out a draft of the vital details for denuclearization. However, Pompeo spent precious time showing Kim Yong-chol New York's glitzy night views from a high-rise apartment.

North Korean leader Kim Jong-un's will to address denuclearization is important. But the answer lies in the details that will keep his determination in check. If the two sides agree on the details of the talks in advance, there is no need for President Trump to wonder if diplomacy is indeed the right route to take with North Korea.

C. 10.4 선언의 재탕인가? (Another Oct. 4 Declaration?)
게재일: 2018년 5월 3일 (국문 번역)

지난 금요일 판문점에서 개최된 제3차 남북정상회담은 다양한 볼거리를 제공하는 외교 이벤트로 성공을 거두었다. 그러나 화려한 외교적 성공의 이면에 적지 않은 문제가 도사리고 있다.

문재인 대통령과 북한 김정은 위원장이 군사분계선을 함께 넘나드는 장면 연출, 화려한 의장대 사열, 1953년 생 소나무 식수, 도보 다리 위에서의 단독회담, 공연을 곁들인 화려한 만찬, 옥외에서 빛과 소리의 향연으로 펼쳐진 환송행사 등 실로 다채로운 외교 이벤트였다. 그러나 화려한 외형에 비해 회담의 성과는 낮은 편이다.

첫째, 회담의 1차목표인 북한 핵개발 계획의 폐기를 뜻하는 비핵화 논의에 진전이 없다는 것은 외교적으로 목표 달성에 실패했다는 평가를 면치 못할 것이다. 판문점 선언 13개 항 가운데 비핵화문제는 맨 마지막 항에 3개 문장으로 들어가 있다. 분량 면에서 전체 합의문의 10퍼센트 미만이다. 내용면에서는 지난 달 우리 특사단 평양방문 시에 밝힌 비핵화 의지에서 한 걸음도 더 진전된 내용이 없다. 핵 폐기와 관련된 구체적 조치는 미-북 정상회담용으로 남겨 놓은 것 같다는 것이 북한 전문가들의 공통된 의견이다.

둘째, 북한이 4월 20일 핵실험과 미사일 시험발사를 중지한다고 발표한 것을 "주동적 조치"라고 높이 평가한 것은 북한을 핵보유국으로 인정한다는 것을 의미한다. 북한은 4월 20일 노동당 전원회의에서 "핵개발"과 "운반, 타격 수단의 개발사업"이 과학적으로 진행돼 "핵무기의 병기화가 완결되었음이 검증되었다"고 말하며 핵무기 개발 성공을 자축하고 나섰다. 그러면서 "이제는 그 어떤 핵실험과 중장거리, 대륙간 탄도미사일 시험발사도 필요 없게 되었으며 이에 따라 북부 핵 실험장도 자기의 사명을 끝마치게 되었다." 고 선언했다. 핵과 미사일 개발사업이 성공적으로 마무리되어 이제 핵 보유국이 되었으므로 더 이상 핵실험이나 미사일 시험발사를 할 필요가 없게 되었다는 것이다.

판문점 선언은 이를 "북측이 취하고 있는 주동적인 조치," "한반도 비핵화를 위해 대단히 의의 있고 중대한 조치"라고 높이 평가하였다. 게다가 북이 취하는 조치와 관련 남과 북이 "각기 자기의 책임과 역할을 다하기로 하였다"고 하여 남한이 이행해야 할 책임과 역할이 있는 것처럼 되어 있는데, 과연 남한이 무엇을 어떻게 해야 한다는 것인지 의문이다.

셋째, 정상회담의 성공에 대한 남한 국민의 열기와 기대가 문재인 정부가 기대한 만큼 높지 않다는 점이다. 정상회담 직전 통일부가 한국사회여론연구소에 의뢰해 실시한 여론조사에 의하면 회담의 큰 성공을 기대하는 국민은 17.8%, 어느 정도 성과 기대는 41%로 긍정적인 반응이 높은 편이지만, 성과 없을 것으로 보는 국민도 41.1%에 달하는 것으로 나왔다.

평창올림픽 기간 중 대규모 북한 선수단, 예술단, 응원단이 남측지역을 방문하고, 북한 지도자 김정은의 여동생이 특사로 오고, 답방으로 우리측 특사단이 평양을 방문하는 등 4-5개월에 걸쳐 요란한 홍보활동과 평화공세를 펼쳤음에도 불구하고 남북정상회담에 대한 국민의 기대와 관심은 상대적으로 낮은 수준에 머물고 있다.

이유는 많은 국민들이 북한 김정은의 비핵화 약속에 진정성이 없다고 보며, 판문점 선언을 2007년 남북정상회담 합의서인 10.4 선언의 재판으로 보기 때문이다. 국민들은 2000년 1차 남북정상회담, 2007년 2차 남북정상회담이 민족적 기대와 환호 속에 개최되었으나 결국 아무런 성과 없이 무위에 그쳤던 사실을 기억하기 때문이다.

문재인 정부는 1,2차 남북정상회담의 합의를 존중하고 이를 계승하는 것을 대북정책의 근간으로 삼고 있다. 그래서 판문점 선언의 기본 골격도 2007년 남북정상회담 합의서(10.4 선언)를 따르고 있다. 특히 군사적 긴장 완화와 평화체제구축에 관한 문항은 10.4 선언과 유사한 내용이다. 다만 10.4 선언은 비핵화 문제를 위시한 핵 문제 해결은 6자회담에 위임한다고 되어있는데, 판문점 선언은 구체적인 내용은 명기하지 않은 채 남북한이 공동 노력한다고 애매하게 표현한 것이 다를 뿐이다.

넷째, 야당의원, 북한문제 전문가 그룹, 탈북민 단체 등은 정상회담에서 북한인권 문제가 최우선적으로 논의되어야 한다고 주장하고 있으며, 보수진영 인사들도 인권탄압의 주체와 협상하는 것에 반대하는 등 반발이 크다는 점이다. 한 탈북민은 "종래 남북 간 합의와 선언이 이행되지 않았던 것은 주체가 북한 주민이 아닌 김씨 가문이었기 때문이다."라고 주장했다. 자유 한국당 김영우 의원은 "지금 이 순간에도 북한 주민들의 인권은 짓밟히고 있는데 문재인 정부는 북한 김정은과 그의 측근들과 만나 평화와 번영을 말하고 있다."고 비난하였다.

이제 세계 평화와 번영을 위해 북한의 핵을 무력화시키는 과업은 미국대통령 트럼프에게 넘어갔다. 지난 주말 문재인과 트럼프 대통령이 통화한 후 백악관은 "두 정상은 북한의 번영하는 미래가 완전하고 검증 가능하며 불가역적인 비핵화에 달려있다는 점을 강조했다"고 밝혔다고 한다. 트럼프 대통령이 "비핵화까지 최대의 압박" 정책을 지속하면 북한은 핵을 폐기하지 않을 수 없을 것이다. 결국 북한 핵문제는 북한 지도자 김정은이 체제유지를 위해 올바른 선택을 했을 때 해결된다.

KOREA JOONGANG DALLY

Another Oct. 4 Declaration?

May 03,2018

Park Sung-soo
*The author, a former minister at the Korean Embassy in the United Kingdom, is a former visiting professor of media studies at Myongji University.

The third inter-Korean summit at the truce village of Panmunjom on Friday was a success as a diplomatic event that offered a wide array of attractions. But there are problems behind the glaring diplomatic success.

President Moon Jae-in and North Korean leader Kim Jong-un posed for the press while crossing over the Military Demarcation Line together, reviewed the colorful honor guards, planted a pine tree grown in 1953 and held one-on-one talks at a pedestrian bridge built over marshes. A fancy dinner was served with colorful performances, and a feast of light and sound unfolded outdoors as a farewell event. However, the outcome of the talks is relatively small compared to its striking appearance.

First, the lack of progress in the denuclearization talks, the main goal of the meeting, will likely be considered a diplomatic failure.

Among the 13 points of the declaration, denuclearization issues are contained in three sentences at the end of the agreement. It is less than 10 percent of the total. In terms of content, no progress is made from the North's denuclearization pledge conveyed to the South Korean special envoy during their visit to Pyongyang last month. North Korea experts agree that the specific measures related to the dismantlement likely were left for the North Korea-U.S. summit.

Second, praising the North's announcement on April 20 to halt its nuclear and missile tests as the North's initiative means that the South acknowledges the North as a nuclear power.

North Korea celebrated its success in developing nuclear weapons during a plenary session of the Workers' Party on April 20, saying that it successfully conducted a scientific project to develop nuclear weapons and delivery systems, and that it no longer needs any nuclear tests, mid- to long-range missile tests or intercontinental ballistic missiles. And it added that the nuclear test site in the northern part of the country also ended its mission.

It means the North no longer needs to conduct nuclear or missile tests, since nuclear and missile development has been successfully completed. Nevertheless, the declaration praises the North's bragging as "a start" and "a very significant step towards denuclearization of the Korean Peninsula."

Third, the aspirations and expectations of South Korean people for the success of the summit are not as strong and high as the Moon Jae-in government has expected. According to a survey conducted by the Ministry of Unification before the summit, only 17.8 percent of the public expected a big success and 41 percent showed affirmative response to the talks. Meanwhile, 41 percent said they do not expect any success. Considering vigorous publicity activities during and after the PyeongChang Winter Olympics — such as the visits of North Korean athletes, art groups and cheering squad to the south, and the exchange visits of special envoys of the South and the North, especially the North Korean leader's younger sister Kim Yo-jung — the summit carefully choreographed by President Moon has failed to attract enough support from the public.

The reason is that many people consider the North Korean leader's denuclearization pledge to be devoid of sincerity, and consider the declaration a rehashing of the 2007 inter-Korean summit agreement, the Oct. 4 declaration. The public remembers that the first inter-Korean summit in 2000 and the second one in 2007 ended up with nothing, although they were held amid national expectations and cheers.

The Moon Jae-in government takes the agreements reached by the first and second inter-Korean summits as the foundation for its North Korea policy, and the administration respects and tries to build upon them. Thus, the framework of the declaration is also in line with the Oct. 4 declaration. In particular, the questions on easing military tensions and establishing a peace regime are similar to the Oct. 4 declaration. While the Oct. 4 declaration states that the six-party talks should be tasked with resolving the nuclear issue, the Panmunjom Declaration simply states that the two Koreas will make efforts together, without specifying the specifics, to resolve the denuclearization issue.

Fourth, opposition lawmakers, North Korea experts and North Korean defectors claim that human rights issues should be discussed first at the summit, and conservatives also oppose the idea of negotiating with human rights violators. It was the Kim family, not the North Korean people, who failed to implement the inter-Korean agreements and declarations, said one North Korean defector. Rep. Kim Young-woo of the main opposition Liberty Korea Party said, "Right now, North Koreans' human rights are suppressed by the regime itself. Nevertheless, the Moon Jae-in government meets with Kim Jong-un and his aides and talks about the peace and prosperity of North Korea."

The task of disarming North Korea's nuclear weapons for the peace and prosperity of the world is now handed over to President Trump of the United States. After a telephone conversation between Moon Jae-in and Trump over the weekend, the White House said, "The two leaders emphasized that a peaceful and prosperous future for North Korea is contingent upon its complete, verifiable, and irreversible denuclearization." Eventually, North Korea will discard its nuclear programs, since President Trump continues to apply "maximum pressure" on the North until it agrees to complete denuclearization. Ultimately, the North Korean nuclear issue will be resolved when Kim Jong-un makes the right decision to keep his regime intact. It is an imperative, in the meantime, that the dovish Moon Jae-in government, together with comrades in Beijing, do not ease sanctions on the North quietly.

D. 북한과 직접대화 압력을 받는 부시(The same old North versus a cowed U.S.) 게재일: 2006년 12월 18일(국문 번역)

북한 핵 문제에 관한 6자회담이 1년 3개월 만에 오늘 재개되었다. 한반도 평화를 위해 환영할 만한 진전이지만 핵 문제 전문가들과 한반도 문제 옵저버들은 이번 회담이 많은 진전을 이루지 못할 것이라고 점치고 있다.

왜 그런가? 무엇보다 먼저 북한의 핵 문제에 관한 자세에 변화가 없기 때문이다. 반면에 북한의 핵무기 능력은 지난 7월 미사일 발사 실험과 10월 지하 핵실험으로 한층 고양되었다.

작년 9월 북한이 경제 원조와 외교적 승인을 맞바꾸어 핵 개발계획을 폐기하겠다고 선언하는 공동성명에 서명한 직후, 북한은 핵 폐기 이전에 2기의 경수로를 지원해야 한다는 새로운 요구사항을 제기했다. 북한이 뒤늦게 선 경수로 지원을 주장하는 바람에 공동성명은 수포로 돌아가고, 6자 회담은 표류하게 되었다. 그때 이후 북한의 입장에는 변화가 없다. 단지 북한은 6자회담 재개에 새로운 요구조건을 (마카오 소재 Banco Delta Asia 를 포함 해외 금융기관에 동결되어 있는 북한의 금융자산을 풀어달라는) 내걸었을 뿐이다.

그러나 미국의 입장에는 변화가 있다. 부시대통령은 지난 11월 하노이 방문 시 북한이 핵 무기와 개발 기술을 폐기하면 한국전을 공식적으로 종결시키는 평화조약을 체결할 용의가 있음을 시사했다. 크리스토퍼 힐 동아시아 및 태평양 담당 국무차관보는 11월 28, 29 양일간 북경에서 북한 외무부상 김계관과 만나 장장 16시간에 걸쳐 핵 폐기 대가로 북한이 받게 될 보상 패키지의 내용을 상세히 설명해 주었다. 이 패키지에는 2002년 부시 행정부가 중단한 대북 중유 지원의 재개, 한국, 일본, 미국으로부터 받게 될 식량 지원, 해외 금융기관에 동결되어 있는 북한 금융자산의 해제 가능성, 김정일 정권의 안전을 보장하게 될 미국과의 관계 정상화 등이 포함되어 있다.

결과적으로 미국의 중간선거가 끝날 때까지 버티고 보자는 김정일의 전략이 먹혀 들어간 것으로 보인다. 해외 계좌에 예치된 자금이 일부 동결되기는 했지만 김정일은 국제사회의 요구에 순응하기보다는 버티기 작전을 쓴 결과 그다지 잃은 것도 없이 대미 협상의 입지를 일층 강화하는 데 성공했다. 한때 김정일을 "피그미"라고 부르던 부시대통령은 평화조약 체결 용의를 표시하는 등 새로운 외교적 제스처를 취하지 않을 수 없는 처지가 되었다. 반면에 김정일은 미국 의회 내에서 부시 행정부의 대북정책을 비판하고, 부시에게 북한과 직접 대화하라고 주장하는 대북 동정론자들의 지지를 얻은 것으로 보인다.

그러면 북한과 직접대화를 안 해서 부시 행정부의 대북정책이 실패한 것인가? 부시 대통령이 북한의 직접대화 요구를 수락했더라면 북한의 핵 야욕을 중단시킬 수 있었을까? 1994년에 체결된 미-북 간 제네바 핵 합의는 결국 실패로 그쳤지만 미-북 간 직접 대화의 산물이라고 할 수 있다. 적어도 부시 행정부의 대북정책을 비판하는 비판론자들은 그렇게 믿을 것이다.

제1차 북한 핵 위기 시, 미국은 북한과 1993년 6월 뉴욕에서 1차회담을 가졌다. 2차 회담은 7월 제네바에서 열렸다. 그러나 이후 북한은 3차 회담 개최를 위해 취해야 할 조치들을 계속해서 이행하지 않아 회담은 공전되었다. 그러던 중 1994년 3월 9일 북한 관리가 서울을 "불바다"로 만들겠다고 위협하는 발언을 하자, 미국은 남한에 패트리어트 미사일 배치를 완료하는 것으로 응수하였다. 1994년 6월 IAEA가 북한 내에 있는 핵 물질의 군사목적 전용을 막는 안전조치를 보장할 수 없다고 선언하자 미국은 북한과의 대화를 중단하고 유엔 안보리 결의를 통한 대북 제재를 추진했다. 미국방부는 북한의 군사도발에 대비하여 주한 미군을 5만 이상으로 증강하고, 한반도 인근지역에 해군과 공군 병력을 증파하는 계획을 수립했다. 드디어 6월 중순, 궁지에 몰린 김일성은 지미 카터 전 미국대통령을 평양으로 초청하여 핵을 동결시키고 IAEA의 감시를 받아들이겠다는 메시지를 워싱턴에 전달하였다. 미-북 회담이 7월 재개되고 10월 21일 제네바 핵 합의가 이루어진다. 미-북 회담은 1994년 7월 9일 김일성의 돌연한 사망에도 불구하고 불과 3개월 만에 북한의 핵을 동결시키는 합의를 이루어 냈던 것이다.

미국이 제아무리 북한과 대화를 하겠다고 애를 써도 적정수준의 압력을 동반하지 않는 대화 노력은 헛수고에 그칠 뿐이다. 남한 내에 패트리어트 미사일 배치를 마치고, 동

해에 미 항공모함을 파견하고, 유엔 안보리 결의를 통해 북한을 응징하겠다는 국제사
회의 의지를 보인 연후에야 북한은 핵 동결에 동의했다는 사실을 기억해야 한다.

북한에게 핵 폐기에 대한 대가를 제시하면서 직접대화를 했더라면 북한의 핵 실험, 미
사일 발사, 우라늄 핵 개발 계획을 막을 수 있었을 것이라는 것은 탁상 공론에 불과하
다. 부시 행정부 북한정책 비판론자들이 6자 회담에 임하는 미국의 입장을 약화시켜서
는 안 된다. 현 단계에서 필요한 것은 북한의 핵무기 및 기술 보유를 불용한다는 단호한
결의와 이를 위한 동북아 지역 동맹국들의 단합된 모습을 보여주는 것이다.

The same old North versus a cowed U.S.

Park Sung-soo

Negotiators from China, South Korea, Japan, Russia, the United States and North Korea convened on Sept. 19, 2005, in Beijing. The six countries' negotiators will reconvene at China's state guest house again today.
[YONHAP]

After a year and three months, the six-party talks on North Korea's nuclear disarmament resumed today. Although a welcome development for peace on the Korean Peninsula, many experts and observers predict that the talks may not make much progress.

Why? First of all, there has been no change in the North's position on its nukes. To the contrary, the North's clout has been enhanced by the missile launches in July and the nuclear test in October.

In September last year, right Pyongyang signed a joint statement proclaiming its intention to dismantle its nuclear program in exchange for economic aid and diplomatic recognition. Pyongyang produced a new demand — that light-water reactors should be provided before it gives up nukes. Due to Pyongyang's belated demand for light-water reactors, the joint agreement was foiled and dialogue was suspended. Since then, there has been no change in the North's position except that it added a new condition for the resumption of the talks, the withdrawal of U.S. financial sanctions on its assets frozen at overseas financial companies, including the accounts at Banco Delta Asia in Macau. But there have been changes in the position of the U.S. President George W. Bush expressed, during his visit to Hanoi in November, willingness to sign a document with the North dismantled its nuclear technology. Christopher Hill, assistant secretary of state for East Asian and Pacific affairs, met with Kim Gye-gwan, vice foreign minister of North Korea, for 16 hours in Beijing on Nov. 28 and 29 and gave a detailed explanation of the package the North will get in return for nuclear disarmament, including a resumption of the heavy oil supply that the Bush administration suspended in October 2002; food and grain from South Korea, Japan and the United States; a possible end to financial sanctions on the North's overseas assets; and normalization of relations with the United States to guarantee the security of the Kim Jong-il regime.

It seems Kim Jong-il's strategy of persisting until the end of U.S. mid-term elections has worked. Without losing much — although his money deposited in overseas accounts is frozen — Mr. Kim has succeeded in boosting his position by choosing persistence over compliance. President Bush, who once called him a "pigmy" seems to have been compelled to take a new diplomatic initiative in expressing willingness to sign a peace treaty. Mr. Kim seems to have gained sympathizers in the U.S. Congress, which criticizes the administration's Korea policy and asks President Bush to talk directly with Pyongyang.

But was the absence of talk the cause of the failure of Bush's North Korea policy? If Bush had accepted the demand for dialogue, could he have stopped Pyongyang's nuclear ambitions? The Geneva Agreed Framework of 1994, a failed agreement on a nuclear freeze, and direct talk between Washington and Pyongyang — or so the critics of the Bush administration's North Korea policy believe.

During the first nuclear stand-off with North Korea, the United States held a round of talks with the North in New York in June 1993. A second round of talks was held in Geneva in July, but Pyongyang continuously failed to meet the conditions for a third round.

On March 9, 1994, when a North Korean official threatened to engulf Seoul in a "sea of fire," the United States responded by completing Patriot missile deployments in South Korea. In June 1994, when the IAEA declared it could not confirm its safeguards in North Korea, the U.S. broke off dialogue with the North and supported a UN Security Council resolution imposing sanctions. The Pentagon prepared a plan to augment U.S. forces in Korea by 50,000 troops or more and enforced it with additional deployments of air and sea power to the region to deter the North from any military hostility across the demilitarized zone.

In mid-June, Kim Il Sung, Kim Jong-il's late father, invited former U.S. President Jimmy Carter to Pyongyang and conveyed a message to Washington that the North was willing to freeze its nuclear program and allow IAEA inspections. Talk was resumed in July and the Agreed Framework was concluded on October 21, 1994. Despite the sudden death of Kim Il Sung on July 9, 1994, the talks between Pyongyang and Washington took only three months to produce an agreement on a nuclear freeze.

However eager the United States may be to talk to North Korea, the effort will be wasted if it does not accompany an appropriate level of pressure. It was only after the deployment of Patriot missiles, dispatch of a U.S. aircraft carrier to the East Sea (Sea of Japan) and show of international will to sanction the North that it was willing to freeze its nuclear program.

Armchair strategists say direct talk with North Korea, offering rewards for the North's compliance, could have stopped it from testing a nuke, launching missiles and pursuing a secret uranium program. Critics should not undermine the position of the U.S. at the six-party talks. What is needed at this stage is firm determination not to allow North Korea's possession of nuclear weapons and technology, and a show of solidarity among regional allies.

Regional allies must together put pressure on the North so that diplomacy can go to work.

The writer, former editorial page editor of the JoongAng Daily, is a professor of media studies at Myongji University.

나. 중재자 외교: 누구를 위한 중재인가?

A. 절반의 성공 (Mission (half) accomplished)
게재일: 2018년 3월 9일 (국문 번역)

문재인 대통령의 대북 특사단이 27일 평양에서 귀국해 북한 김정은 접견 결과를 보고했다. 예상했던 대로, 남북 정상회담을 포함한 남북 관계에 대한 뉴스는 만족스러웠지만, 비핵화와 북미대화와 관련된 사항들은 여전히 오리무중이었다.

문 대통령은 북한이 비핵화 회담에 그리 쉽게 동의하지 않을 것이며, 미국은 협상 테이블에 북한의 핵 프로그램이 오르지 않는 한 대화에 동의하지 않을 것이라는 것을 잘 알고 있었다. 평창 동계올림픽 폐막식 전 문 대통령은 김영철 북한 노동당 중앙위원회 부위원장과 한 시간 동안 회담을 가졌다. 청와대는 이때 김영철이 "기꺼이 미국과 회담하겠다"라고 말했다고 발표했다.

그러나 며칠 뒤 밝혀진 바에 의하면 실제 김영철은 "핵보유국 자격으로 대화하겠다."라고 말했는데 청와대가 이를 은폐한 것으로 드러났다. 또 청와대는 김영철이 패럴림픽이 끝난 뒤로 연기된 한미 합동 군사훈련을 올림픽이 끝난 후 제재하는 데에 반대했다는 것도 은폐했다.

남한은 북한 핵무기의 첫 번째 희생자가 될 것이다. 그럼에도 불구하고, 김영철을 통해 북한이 핵 폐기에 대해 논의할 준비가 되어 있지 않다는 것을 확인한 연후에도, 문 대통령은 북-미간 대화의 중재자 역할을 하겠다고 말했다. 대통령은 마치 북한의 핵무기와 미사일이 우리 안보에 위협이 되지 않는 것처럼 말하면서 방관자 행세를 하고 있다.

문 대통령의 특사들은 평양에서 북측 인사들로부터 따뜻한 환영을 받고 김정은 북한 노동당 위원장과 만찬을 가졌다. 김위원장과 회의는 4시간 이상 지속되었으며 주로 남북 관계에 관해 논의했다. 논의 주제에는 김정은이 지난달 서울을 방문 한 누이동생 김여정을 통해 문 대통령에게 전달한 친서에서 처음 제안한 정상회담과 한반도 평화 유지 문제 등이 포함되어 있었다.

북한 지도부는 한반도 평화에 대한 그들의 입장을 상세히 설명했음에 틀림없다. 그들은 북한에 대한 군사 위협이 해소되고 북한의 안전이 보장된다면 비핵화를 하겠다는 약속을 했다고 한다. 그리고 나서 그들은 미국과의 평화 조약 체결, 주한미군 철수, 한미 합동 군사 훈련 취소와 같은 제안들을 제시한 것으로 알려지고 있다.

문 대통령의 특사들은 북측이 미국과 대화에 응하도록 설득하기 위해 노력했을 것이다. 그들은 한미 합동 군사 훈련 규모의 축소와 훈련에 참가하는 미국의 전략 자산의 규모를 제한하는 것과 같은 북한의 회담 참가 조건에 대해 미국과 협상할 것을 약속했을 수도 있다.

대북 특사단 수석대표 정의용씨에 따르면 북한이 핵 문제를 논의하기 위해 미국과 솔직한 대화를 가질 의사가 있다고 밝혔다는데 그것은 다행스런 일이다. 문 대통령의 특사들은 북한이 핵과 탄도 미사일 시험 동결 등 비핵화를 위한 예비 조치에 대해 기꺼이 논의할 의향이 있다는 것을 설명하기 위해 워싱턴으로 갔다.

도널드 트럼프 미국 대통령이 북한의 대화 의지 표명에 대해 긍정적으로 반응한 것도 다행이다. 북-미 대화가 성사되면 문 대통령은 한반도에 화해와 화합의 시대를 열고 노벨 평화상 후보자로 나서게 된다. 문 대통령의 북한에 대한 화해와 협력 정책은 고 노무현 대통령의 대북 포용정책의 연장이다. 문 대통령의 스승이었던 노 대통령은 북한과의 화해와 공존이 동북아의 평화와 번영을 향한 첫걸음이라고 말했다. 그는 또한 남북 관계가 개선되면 핵 문제가 해결될 것이라고 말했다.

노 대통령의 대북 포용정책을 계승한 문 대통령은 북한의 핵개발을 비난하는 것을 자제하고 있다. 그는 핵무기의 동결과 해체를 촉구하는 대신, 그들이 통제 하에 있고 군사적 목적으로 사용되지 않는다면 아무런 피해가 없을 것이라는 견해를 표명했다. 그는 한국이 한반도에 평화 체제만 구축된다면 핵무기로 무장한 북한과 잘 지낼 수 있을 것이라고 생각한다.

문 대통령과 그의 지지자들은 남북 정상회담을 통해 남한과 북한을 하나의 국가로 단결시키면 북한의 핵 프로그램을 통제할 수 있다고 생각한다. 그러나 그들이 명심해야 할 것이 있다. 북한은 최고 영도자의 리더십을 부각시킬 필요가 있을 때 등 저들의 필요에 따라 남북 대화를 추진하고 관계개선을 추구한다. 남북관계에 긴장을 조성해 북한 주민들을 통합할 필요가 있을 때에는 북한은 남북관계를 경색시키는 정책을 추구한다. 문 대통령은 전임 대통령들이 추구한 대북 포용정책이 어떤 결말을 맺었는지 돌아보아야 한다.

지금 우리에게 가장 중요한 것은 미국과 긴밀한 협력관계를 유지하는 것이다. 우리는 대화는 하되 대화가 북한에 대한 유엔제재를 훼손해서는 안 된다는 국제사회의 규범을 지켜야 한다. 미국은 국제사회의 대북제재가 서서히 효과를 발휘하기 시작했다고 평가하고 있다. 김씨 왕조의 종말을 알리는 조짐이 나타나기 시작했다.

KOREA JOONGANG DAILY

Mission (half) accomplished

Moon should look back on the consequences of his predecessors' policies of engagement with North Korea.

Mar 09,2018

Park Sung-soo

President Moon Jae-in's envoys returned home on Tuesday from their mission in Pyongyang and reported on their meeting with North Korean leader Kim Jong-un. As anticipated, the news on inter-Korean relations, including a summit between both countries' leaders, was satisfactory, but other items related to denuclearization and talks with the United States still loomed at large.

Moon knew very well that North Korea would not agree to nuclear talks so easily and the United States in turn would not agree to a talk without putting North Korea's weapons program on the table.

Before the closing ceremony of the PyeongChang Winter Olympics, Moon spoke with Kim Yong-chol, vice chairman of the North Korean Workers' Party's Central Committee, in an hour-long meeting during which Kim said, "We are willing to hold talks with the United States," according to the Blue House.

A few days later, however, it was revealed that the Blue House covered up the fact that Kim actually said, "We will talk in the capacity of a nuclear power." The office also concealed the fact that Kim Yong-chol raised objections to the resumption of joint military exercises between South Korea and the United States, which were postponed to after the Paralympics.

South Korea will be the first victim of North Korea's nuclear weapons. Nevertheless, Moon said he would play the role of matchmaker for talks between Pyongyang and Washington, even after confirming through Kim Yong-chol that North Korea was not ready to talk about dismantling its nuclear program. The president is pretending to be a bystander, speaking as if the North's nuclear weapons and missiles are no threat to our security.

Moon's envoys were warmly received by their counterparts in Pyongyang and had dinner with North Korean leader Kim Jong-un on Monday. The meeting lasted over four hours and mainly concerned inter-Korean relations. Topics of discussion included a summit meeting that Kim Jong-un first proposed in his letter to President Moon, which was delivered by his sister Kim Yo-jong during her visit to Seoul last month, and keeping the peace on the Korean Peninsula.

The North Korean leadership must have elaborated on its position on maintaining peace on the Korean Peninsula. They used to give assurances that they would go nuclear-free if military threats against the North were resolved and the regime's security was guaranteed. Then they put forward proposals such as a peace treaty with the United States, withdrawal of the U.S. Forces Korea and cancellation of joint military exercises between South Korea and the United States.

Moon's envoys must have tried hard to persuade their northern counterparts to agree on dialogue with the United States. They might have promised to negotiate with the United States on conditions for North Korea's participation in the talks, such as reducing the scale of joint military exercises and limiting the scope of U.S. strategic assets in these drills.

It is fortunate that North Korea, according to South Korea's head negotiator, Chung Eui-yong, expressed its intention to have candid talks with the United States to discuss the nuclear issue. Moon's envoys went to Washington to explain the North's willingness to talk about preliminary steps for denuclearization, including freezing nuclear and ballistic missiles tests during the period of talks.

It is also fortunate that U.S. President Donald Trump reacted positively to the North's nod to talks. If Pyongyang and Washington can successfully arrange talks, President Moon will stand tall as the leader who opened an era of reconciliation and harmony on the Korean Peninsula and become a strong candidate for the Nobel Peace Prize.

Moon's plan for reconciliation and harmony is an extension of late President Roh Moo-hyun's policy of engagement with North Korea. Roh, who was a mentor to Moon, said reconciliation and coexistence with the North was the first step toward peace and prosperity in Northeast Asia. He also said the nuclear problem would be solved if relations between North and South improved.

Succeeding Roh's policy of engagement with the North, Moon refrains from condemning North Korea's nuclear development. Instead of calling for a freeze and dismantlement, he expresses the view that there will be no harm if they are under control and not used for military purposes. It is naïve, but he thinks South Korea can get along with a nuclear-armed North Korea if only a peace regime is established on the peninsula.

Moon and his followers in the Blue House think they can put the North Korean nuclear program under control by forging strong unity as one nation through an inter-Korean summit. They have to keep in mind, however, that North Korea chooses to promote dialogue and improve relations with the South when it is necessary to highlight the leadership of its supreme leader. When it is necessary to integrate the North Korean people through tension, it pursues a policy of straining relations. Moon should look back on the consequences of his predecessors' policies of engagement with North Korea.

The most important thing for us at the moment is maintaining close cooperation with the United States. We should stick to the international commitment that talks can be held, but they should not undermine sanctions. The United States has evaluated that international sanctions on North Korea have started to have an effect on the country. The death knell is sounding for the Kim dynasty.

* The author, a former diplomat at the Korean Embassy in the United Kingdom, is a former visiting professor of media studies at Myongji University.

Park Sung-soo

B. 중국은 중재자로 부적합 (China not fit for 'mediator role')
게재일: 2010년 3월 15일

지금 세계의 관심은 이달 말로 예상되는 김정일의 중국 방문에 모아져 있다. 김정일이 후진타오 주석과 정상회담을 갖는 계기에 6자 회담 복귀를 포함하여 북한 핵 문제에 모종의 중대 결단을 내릴 것이라고 막연하게 기대하기 때문이다. 그러나 북-중 정상회담에서 후진타오가 감정일에게 압력을 가하고 김정일이 중국의 권유를 받아들여 핵 개발 계획 포기를 약속할 것이라고 기대하는 것은 너무 안이한 생각이다. 그보다 4월 12-13일 핵 안전 정상회담과 5월 3-28로 예정된 2010 NPT Review Conference를 앞두고 중국과 북한은 북한 핵 문제를 세계의 핵 문제라는 더 큰 테두리에서 접근하려 할 것이다.

미국에게 한반도 비핵화와 핵군축 회담을 요구하는 북한의 주장에 동조하면서, 중국은 북한과 함께 "핵무기 없는 세계"를 만들겠다는 오바마 정부의 의지를 시험하려 할 것이다. 나아가 북한은 한반도 비핵화와 핵무기감축 회담에 앞서 미국과 평화협정을 먼저 체결해야 한다고 주장할 것이다. 또한 핵을 평화적으로 이용할 권리도 주장할 것이다.

작년 10월 원자바오 중국총리가 김정일과 만나 김정일이 6자 회담에 복귀할 의사를 가지고 있다는 것을 확인했다고 공언하였고, 이어서 관련국들에게 북한과 대화를 가질 것을 권유했는데 그로부터 5개월이 지났다. 원자바오 총리의 권유에 따라 미국은 12월에 보즈워스 특별대표를 평양에 파견했고, 한국은 10-11월에 싱가폴과 개성에서 북한과 남북정상회담 개최를 위한 실무 접촉을 가졌다. 그러나 북한은 아직도 6자 회담에 복귀하지 않았고, 북-미, 남-북 접촉에서도 아무 진전이 이루어지지 않았다.

초조해진 중국은 2월 김정일을 설득하기 위해 왕자루이 대외연락부장을 재차 평양에 파견했다. 김정일은 지방시찰일정이 바쁘다는 핑계로 차일피일 면담을 미루다가 2월 8일 함흥에서 왕부장을 면접했다. 그러나 후지 타오 주석의 구두 메시지에 대한 김 위원장의 답변은 의례적인 것에 불과했다. 신화사통신은 김정일이 북한의 "한반도 비핵화 실현을 위한 일관된 입장"을 다시 한번 강조하고, 6자 회담의 재개를 위해서는 당사국들의 성의 있는 노력이 정말 중요하다고 말했다고 보도했다.

이는 작년 10월 김정일이 원자바오 총리에게 말한 내용이나, 12월 방북한 보즈워스에게 북한 고위 관리들이 언급한 내용과 같은 수준에 불과하다. 어떻게 김정일이 후진타오 주석의 메시지를 이처럼 가볍게 취급할 수 있는가? 그래도 중국이 북한을 응징하거나 비난하지 않는 이유는 무엇일까? 여러 가지 의문이 제기되었다. 요약하면, 북한에 대한 중국의 영향력이 한계에 달했거나, 아니면 무슨 이유 때문에 중국이 북한에 대한 영향력 행사를 유보하고 있다는 것이다. 어느 경우 이거나 중국은 이제 더 이상 북 핵 문제 해결을 위한 중재 역할에 적합하지 않다. 이제 6자 회담이 북 핵 문제 해결을 위한 가장 실질적, 효율적 방법이라는 가설을 재검토할 때가 되었다.

북한이 작년 5월 제2차 핵실험을 필두로 미사일 발사, 우라늄 농축 착수 선언, 재처리한 플루토늄의 무기화 위협 등 오바마 정부 길들이기에 나선 지 10개월이 지났다. 그 사이 미국을 비롯한 우방국들이 취한 대응 조치는 6월 13일 채택된 안보리 결의 1874호 하나에 불과한 실정이다. 그러나 오바마 행정부의 대북정책이 실패 했다거나 비효율적이라는 것은 아니다. "도발에 대한 보상은 없다"는 원칙을 견지하면서 오바마 행정부는 관련국들과 긴밀한 공조를 유지하면서 북한의 대량살상무기의 수출과 핵무기 제조기술의 대외 유출을 저지하는 공동전선을 폈다. 오바마 정부의 대북 정책은 지난 1년 동안에 북한의 무기수출을 통한 수익을 80% 감소시키는 성과를 거두었으며, 북한의 대외관계를 마비시켜 머지않아 북한 지도부가 더 이상 버티기 어려운 상태로 몰고 갈 것이다.

문제는 북한의 6자 회담 복귀가 늦어지고 있고 그것이 의장국인 중국의 의지와 지도력에 관한 문제라는 것이다. 왜냐하면 외교적 해결을 주장하는 중국 때문에 다른 회담 참가국들은 경제 제재 등 압박 정책은 뒷전에 미룬 채 중국의 북한 설득 노력이 성과를 맺기를 기다리고 있기 때문이다.

북한 핵 문제의 외교적 해결은 북한이 경제적, 군사적으로 의존하고 있는 중국의 영향력 행사에 달려있다고 해도 과언이 아니다. 그런데 중국은 북한의 핵무기 개발을 중국과 동북아 안보에 대한 위협으로 간주하지 않는다. 중국은 오히려 미국의 미사일 방어계획이 중국의 안보에 위협이 된다고 우려하고 있다. 중국은 1980년대부터 미국의 미사일 방어계획이 중국을 겨냥하고 있다고 판단해왔다. 중국의 정세 분석가들은 미국이 불량국가들의 핵탄두를 장착한 장거리 미사일 개발 위험을 과대 포장해서 선전했다고 주장했다. 안보문제 연구기관 Nuclear Threat Initiative에 의하면, 심지어 많은 중국인 들은 미국이 불량국가들의 미사일 위협을 중국을 견제하기 위한 미사일 방어망 개발과 전개를 위한 "구실"로 이용하고 있다고 주장한다고 한다. 그러므로 중국은 북한의 핵무기와 미사일을 미국의 미사일 방어계획을 견제할 대응력의 일환으로 간주한다고 말할 수 있다. 중국이 북한에게 핵을 포기하라, 미사일 발사를 중단하라고 강압적으로 요구하지 않는 이유가 여기에 있는 것이다.

북한 핵개발계획에 대한 중국의 입장은 2005 NPT Review Conference에서 행한 중국측 수석대표 Hu Xiaodi의 연설에도 반영되어 있다. 첫째, 중국은 6자 회담의 목적이 "한반도의 비핵화"에 있다고 규정하고 있다. "북한의 비핵화"가 아니다. 둘째, "핵 문제 당사국은 북한과 미국"이며, 중국의 역할은 양국 사이를 "중재"하는 것이지 북한이 핵을 포기하도록 설득하는 것이 아니다. 셋째, 중국의 임무는 북한에게는 "조기에 회담에 복귀할 것"을 요구하고, 미국에게는 "6자 회담 재개를 위해 우호적인 분위기를 조성할 것"을 요구하는 것이다. 이제 중국이 6자 회담에서 어느 편에 서있는지 명백해졌다.

본질적으로 북한 핵 문제는 미-북 간 양자 문제가 아니며, 핵 선진국 미국과 이해관계가 다른 핵 중진국 중국이 중재 역할을 하는 6자 회담을 통해 해결될 문제도 아니다. 북한 핵 문제는 동북아의 안전을 위협하는 문제인 동시에 전 세계 핵확산방지체제의 존립을 위협하는 문제이다. 앞으로 핵 없는 세상을 만들기 위해서는 유엔의 핵확산 방지체제를 재점검하는 노력이 강화되어야 한다. 미국 오바마 대통령이 제안하여 4월 12-13일간 워싱턴에서 개최되는 핵 안전 정상회담과 5월 3일부터 28일까지 뉴욕에서 개최되는 5년마다 열리는 유엔의 NPT Review Conference는 핵확산 방지 체제를 획기적으로 강화할 수 있는 좋은 기회라고 할 수 있다. 국제사회는 북한과 이란 그리고 다른 국가들이 과거에 NPT를 위반함으로 해서 국제사회에 핵무기를 이용한 테러에 대한 공포가 확산되고 있다는 사실을 교훈으로 삼아야 한다. 우리 모두 핵무기 없는 세계를 만들려면 핵무기 보유국은 물론 핵무기를 보유하지 않은 국가들도 일치 단결하여 기존 NPT 체제를 대폭 강화하는 조치를 강구해야 한다.

China not fit for 'mediator role'

World attention is on North Korean leader Kim Jong-il's expected visit to China late this month. There are vague expectations that Kim could make important decisions on the fate of the North's nuclear development program, including the resumption of six-party talks, on the occasion of the summit with Chinese President Hu Jintao. But it is naïve to expect that Hu will press Kim to oblige or that Kim will promise, on Hu's advice, to give up his nuclear development programs.

At the global Nuclear Security Summit scheduled for April 12-13 in Washington, D.C., and the 2010 Non-Proliferation Treaty Review Meeting from May 3-28 in New York, China and North Korea will approach the nuclear issue on a global dimension.

By emphasizing North Korea's demand for denuclearization of the Korean Peninsula and nuclear disarmament talks with the United States, China and North Korea will try to put the Obama administration's will for a "world without nuclear weapons" on trial. North Korea, on its side, will claim that a peace treaty should precede the denuclearization process and nuclear disarmament talks. It will also demand the right for peaceful use of nuclear power.

Five months have passed since Chinese Premier Wen Jiabao announced openly that he personally confirmed Kim Jong-il's will to return to the six-party talks during their meeting in October and advised other participants to have a dialogue with the North. In compliance with his advice, Washington sent Stephen Bosworth, the special representative for North Korea policy, to Pyongyang in December, and Seoul held a series of working-level talks with Pyongyang for an inter-Korean summit meeting in Singapore and Kaesong. However, North Korea is not returning to the dialogue yet, and no progress has been made in the bilateral contacts Washington and Seoul had with Pyongyang.

Anxious about the delay in the talks' resumption, Beijing sent Wang Jiarui, a senior Chinese Communist Party envoy, to Pyongyang with "a verbal personal message" from President Hu Jintao. After postponing the meeting with the Chinese envoy on the excuse that he was busy with inspection tours, Kim finally met Wang in Hamheung on Feb. 8. But his response to Hu's message was merely formal. He reiterated the North's "persistent stance to realize the denuclearization of the Korean Peninsula," according to Xinhua News Agency. Kim also stressed it was important for the nations in the six-party setting, Xinhua reported, to be sincere and serious about resuming the talks.

This is on the same level as the remarks Kim made to Premier Wen in October and also with those of the North Korean officials Bosworth met in Pyongyang in December. How can Kim Jong-il treat Hu Jintao's personal message so lightly? Why has China not penalized or criticized North Korea for that?

Speculation is running rampant. In short, it is either because the Chinese influence on the North has reached its limit, or because China refrains from exercising its influence for unknown reasons. Either way, China is not fit to play the mediator role any longer. It is time to reconsider the hypothesis that the six-party talks are the most practical and effective way to address the nuclear issue.

Ten months have already passed since North Korea dared to try the nascent Obama administration with a series of provocations: testing a nuclear device for the second time, firing missiles, announcing the launching of a uranium enrichment program and threatening to weaponize plutonium collected from used fuel rods. What the United States and its allies have done in the meantime was adopt UN Security Council Resolution 1874 on June 12, 2009.

This does not mean that the North Korea policy of the Obama administration is a failure or ineffective. Keeping to the principle that there is "no reward to provocations," the Obama administration unfolded a common front against North Korea's export of WMDs and nuclear technology, maintaining close cooperation with countries concerned. Consequently, Washington's North Korea policy succeeded in decreasing 80 percent of North Korea's profits from arms sales in a year, and that will drive North Korean leaders into a situation where they cannot persist any longer.

The problem is that the resumption of the six-party process is delayed. That has to do with the will and leadership of China, which chairs the talks. Because China wants a diplomatic solution to the North Korea nuclear problem, other participants have been waiting, putting aside pressure tactics such as imposing stronger financial sanctions until the Chinese effort to persuade the North bears fruit.

It is no exaggeration that China is in a position to play a decisive role in finding a diplomatic solution to the North Korean nuclear issue, because North Korea depends on China economically and militarily.

It seems, however, that China does not consider North Korea's nuclear program a threat either to its security or to Northeast Asia's. China rather worries that the missile defense program of the United States threatens Chinese security.

The Chinese position toward the North's nuclear program is also clarified in the statement delivered by Hu Xiaodi, the Chinese representative at the 2005 NPT Review Conference.

First, China considers the goal of the six-party talks "denuclearization of the Korean Peninsula," not "denuclearization of North Korea."

Second, "North Korea and the U.S. are the key parties on the nuclear issue," and China's role is "diplomatic mediator" for the early resumption of the six-party talks, not persuading the North to give up its nuclear program.

Third, China urges North Korea "to consider coming back to the negotiating table at an early date," while urging the United States "to create an atmosphere conducive to the resumption of the six-party talks." These stances make it clear on which side China stands in the six-party process.

North Korea's nuclear development program is a serious problem that not only threatens the security of Northeast Asia, but also challenges the nuclear nonproliferation treaty. In order to create a world without nuclear weapons, the UN effort to review the performances of the nuclear nonproliferation treaty should be reinforced.

The Nuclear Security Summit to be held under the initiative of President Obama and the 2010 NPT Review Conference will provide optimum opportunities for this purpose. International society should learn lessons from NPT violations committed by North Korea, Iran and others in the past. All non-nuclear countries as well as nuclear powers should be united and take firm action to strengthen the existing NPT system if they really want to create a world without nuclear weapons.

Park Sung-soo

The writer is a visiting professor of media studies at Myongji University.

> *It's time to reconsider the idea that the six-party talks are the best venue in which to discuss denuclearization.*

C. 북-미대화의 필요조건 (What's needed for U.S.-North talks) 게재일: 2009년 8월 13일

북한 미디어가 릴리즈한 사진을 보면 건강이 안 좋다는 김정일은 환하게 웃으며 무언가 열심히 이야기하고 있고, 북한 강제수용소에서 12년간 복역하게 된 여기자들을 구출하려 평양에 들어간 미국 전 대통령 클린턴은 심각한 얼굴로 경청하고 있다. 예상을 뒤엎는 장면이었다. 상식적으로 말하면 사면을 요청하는 측은 사면권을 가진 자의 환심을 사기 위해 꼬리를 흔들기 마련이고, 사면권을 가진 자는 거드름을 피우며 선심을 쓰는 것이 보통인데 앞뒤가 뒤바뀌었다. 누가 부탁하는 측인지 분간이 어렵다.

이 장면이 시사하는 바는 크다. 클린턴의 방북은 "개인자격"이며, "인도적 목적"에 국한된다는 오바마 행정부의 거듭된 해명에도 불구하고 전직 미국 대통령이 김정일 위원장과 대좌하고 있는 장면은 바로 북-미 양자 대화 자체이기 때문이다. 특히 UN 안보리가 회원국들에게 북한을 오가는 선박, 항공기에 군사목적화물이 적재되었는지 감시할 것을 촉구하는 결의안을 통과시킨 지 얼마 안된 시점이기 때문에 더욱 그렇다.

클린턴이 대북 협상권을 위임 받았느냐, 오바마 대통령의 메시지를 전달했느냐 여부와 관계없다. 클린턴이 이끄는 미국측 인사들이 김정일위원장이 이끄는 김양건 통전부장, 강석주 외무차관 등 북한 정부 수뇌부와 마주 앉아 대화를 나누었다는 것 자체가 중요하다. 그렇기 때문에 전 미국무장관 헨리 키신저도 NYT 기고문에서 "클린턴 평양 방문으로 미국이 정책 방향을 바꾸고 미-북 양자회담이 열릴 것이라는 전망이 무르익고 있다"라고 우려를 표명했다.

북한과 대화를 갖는 것은 좋다. 그러나 우려하는 것은 그동안 북한이 대화를 국면 전환용으로 이용하여 왔다는 것이다. 이번에도 무언가 음모를 꾸미는 기색이 엿보인다. 무엇보다 김정일과 클린턴이 마주 앉은 장면은 사면권을 가진 자와 사면을 청하는 자 간의 대좌가 아니라, 물건을 팔려는 상인이 고객의 환심을 사기 위해 갖은 애교를 부리는 장면에 가깝다고 하겠다. 그렇다, 김정일은 다시 핵개발 계획을 팔려고 하는 것이다.

미사일 발사, 핵실험, 군사 도발 위협 등 모든 벼랑 끝 전술에도 불구하고 미국을 위시한 국제사회가 겁을 먹지 않으니 김정일로서도 다른 도리가 없게 된 것이다.

그러나 이번에는 문제가 간단치 않다. 잔뜩 의심하고 있는 미국이 호락호락 북한의 유인 전술에 말려들지 않을 것이기 때문이다. 불행하게도 북한은 김정일이 건강을 잃고 정상 집무가 불가능했던 시기에 미국의 대화 제의를 받아들여 오바마 정부와 하니문을 즐길 수도 있는 좋은 기회를 놓쳤을 뿐만 아니라, 연달아 터무니 없는 실수를 저질렀다. 6자 회담을 결렬시키고, 미사일을 발사하고, 핵실험을 강행하고, 유엔 결의에 군사 도발로 대응하겠다고 위협했다. 북한의 이성을 잃은 행위는 야당시절 부시 정부의 대북강경책을 비난하던 민주당이 대북 압력론을 지지하는 강경노선으로 선회하도록 만들었다.

그러면 김정일이 똑같은 핵개발 계획을 부시 정부에 이어 오바마 정부에 3번째로 팔아 먹기 위해 내놓은 제안은 무엇인가? 정확한 내용은 클린턴-오바마 면담 이후 알려지겠지만, 김정일이 클린턴을 통해 오바마에게 전달한 제안의 요지는 다음과 같을 것이다 : "북한은 한반도 비핵화를 규정한 1994년 제네바 합의를 충실히 이행했다. 제네바 합의를 깬 것은 미국이다. 미국이 북한에 적대적인 정책을 추진하지 아니하고 중유 지원, 경수로 건설 약속을 이행했으면 북한은 약속대로 비핵화를 이행했을 것이다. 부시 행정부가 북한에 대한 적대정책을 추진하고 제네바 합의를 이행하지 않아 북한도 별 수 없이 자위 수단을 강구한 것이다."

"그러므로 이제 모든 것을 원점으로 돌리자. 부시 시대에 일어난 일은 모두 무위로 돌리고 2000년 클린턴 당신이 대통령 재임 말기에 방북을 추진하던 시점으로 돌아가자. 오바마 대통령이 평양을 방문한다면 대대적으로 환영하겠다. 미국이 원한다면 북한 내 모든 핵 시설을 공개하고, 사찰도 받겠다."

부시 정부에 모든 허물을 뒤집어 씌우는 낡아 빠진 선전 문구에 불과하다. 그러나 마지막 대목은 의미가 있다. 북한은 지금까지 핵 시설로 신고한 장소 이외의 장소는 사찰을 거부해왔다. 미국이 원하는 장소를 모두 공개하고 사찰을 받는다면 오바마 정부가 최근 단기 목표로 설정한 핵 기술의 유출을 막고, 감시할 수 있기 때문이다.

미국 정부는 지금쯤 김정일의 제안에 대한 검토를 끝냈을 것이다. 미국의 입장에 약간의 변화가 있다는 징후가 미국관리들의 논평에서 묻어난다. 최근 로버트 우드 국무부 부대변인은 북한과의 대화 조건을 그 동안 오바바 정부가 요구해온 "돌이킬 수 없는 비핵화에 동의해야 한다" 가 아닌 "국제사회의 의무를 이행하겠다는 의지를 보여야 한다."로 바꾸어 말했다.

오바마 정부가 김정일의 화해 제스처를 완전히 무시하기 어렵다는 것은 이해할 만하다. 그러나 문제는 전세계, 특히 일본, 한국 등 주변국들이 북한의 비핵화 의지를 입증할 구체적인 증거를 원한다는 것이다. 북한의 핵 기술 유출 봉쇄도 중요하지만 북한의 주변국들에게는 북한이 보유 핵을 폐기하고, 핵 보유국 지위를 얻으려는 야망을 포기하였다는 것을 보장받는 것이 더 중요하다.

북미대화를 재개하는 것을 환영한다. 그러나 기존 합의를 파기하는 상대와 건설적인 대화를 가질 것으로 기대하는 것은 오산이다. 오바마 정부는 김정일의 대화 제의를 긍정적으로 검토하되, 북한이 먼저 국제사회의 신뢰를 회복하기 위한 조치를 취할 것을 요구해야 한다.

북한은 그 동안 서명한 합의서의 파기를 선언한 것을 사과해야 한다. 그리고 북한 핵 문제에 관한 모든 기존 합의와 UN 결의를 준수하겠다는 것을 약속해야 한다. 그렇지 않으면 새로 재개하는 대화와 그 대화를 통해 어렵게 도달하게 될 합의도 또 다시 북한에 의해 헌신짝처럼 파기될 것이기 때문이다.

What's needed for U.S.-North talks

*North Korea
must live up to
its obligations
and inspire
global
confidence*

In the pictures released by official North Korean media, Kim Jong-il — reportedly in ill health — was all smiles, explaining something energetically to a former U.S. President. Bill Clinton, in Pyongyang to rescue two U.S. journalists from 12 years hard labor in a North Korean gulag, seemed to be listening attentively.

It was a scene that defied expectation. Conventional wisdom would dictate that the one who is asking for amnesty tries to please the one who is granting it; the former wags his or her tail, while the latter arrogantly makes a gesture of leniency. In this case, the situation is reversed. It is unclear which side is asking for a pardon.

There are meaningful implications within this scene. Although the Obama administration repeatedly said former President Clinton went to the North on a "private" mission for humanitarian purposes, the Clinton-Kim meeting itself symbolizes bilateral contact between the two countries, notably at a time not long after the UN Security Council adopted a strong resolution calling upon its members to inspect cargo vessels and airplanes suspected of carrying military-related materials in or out of the country.

It does not matter whether Clinton had the authority to negotiate with the North, or carried a message from President Obama. What matters is that the American delegation led by Clinton held a meeting with leading members of the North Korean government, including Kim Yang-gon, the director of the Workers Party's Unification Front Department, and Kang Sok-ju, first vice minister of the Foreign Ministry, whom both accompanied Kim Jong-il.

That is why former U.S. Secretary of State Henry Kissinger wrote recently in the New York Times, "Already speculation is rife that the Clinton visit inaugurates the prospect of a change of course of American policy and of a bilateral U.S.-North Korea solution."

There is no objection to a dialogue with North Korea. What is worrisome is that the North has a track record of making use of a "dialogue" when it was eager to change course. Once more, there are signs of intrigue. First of all, the atmosphere of the meeting was not one between somebody granting amnesty and somebody pleading. It was more like a salesman flattering a potential buyer into buying his merchandise. Of course, Kim Jong-il is trying to sell his nuclear program once again. He has no other choice, because his tactics of firing missiles, testing a nuclear bomb, threatening military provocations and other forms of brinkmanship have failed to frighten the U.S. and others in the international community.

This time, however, it will not be easy for the reclusive dictator to induce distrustful Americans to join a bilateral dialogue. While Kim Jong-il could not take care of state affairs while his health was poor, the North not only lost the chance to enjoy a "honeymoon" with the Obama administration by accepting an offer of dialogue, but also made some consecutively awful mistakes. It broke off six-party talks, fired missiles, tested a nuclear bomb and threatened the UN resolution with military force.

The U.S. Democrats who used to criticize the Bush administration's hard-line North Korea policy were so upset by the North's provocative behavior that they changed position to favor pressuring Pyongyang.

How, then, did Kim propose to sell the nuclear program for the third time? Outside of the North, the exact content of the proposal would only be known to those participating in any meeting between Obama and Clinton, but the gist of it could be as follows:

"North Korea had observed faithfully the terms and conditions of the 1994 Geneva Agreement. It was the United States that broke it. If only Washington did not promote a hostile policy toward us, and fulfilled obligations of supplying heavy oil and constructing light-water reactors, we would have fulfilled our denuclearization obligation. Since the Bush administration promoted a hostile policy toward us and failed to fulfill its duties, we had no choice but take self-defense measures.

"Now, we must return to square one. Let's nullify all that happened during Bush era and go back to the year 2000 when you, as president at the time, considered an official visit to Pyongyang. If President Obama decides to visit Pyongyang, we will give him a heartfelt welcome. If Washington wants to inspect all nuclear sites in North Korea, we will open any desired location and accept inspections."

It is nothing but well-worn propaganda to place the blame on the Bush administration. But the last sentence makes some sense. North Korea has so far refused to open suspected sites other than the ones they already reported for inspection. If they open all suspected facilities for inspection, it will help the United States accomplish its short-term goal of containing North Korea's nuclear know-how.

By now, the Obama administration must have completed its evaluations of any proposal.

Signs of the slight changes in Washington's position can be gleaned from brief remarks made by American officials. Robert Wood, the State Department's deputy spokesman, said, "Simply, what the North needs to do is live up to its obligations," if it wants a dialogue with the U.S. This stands in contrast with the U.S.'s earlier position requiring that the North agree to irreversible denuclearization.

It is understandable that the Obama administration might feel it's burdensome to reject Kim's proposal. But the whole world, especially neighboring countries like Japan and South Korea, wants concrete evidence that can prove North Korea's commitment to denuclearization.

It is important to contain North Korea's nuclear know-how, but it is more important for them to get proof that the North has discarded nuclear material and given up on its ambition to be a nuclear state.

The resumption of the U.S.-North Korea dialogue would be welcomed. But it is a mistake to expect a constructive dialogue with the ones who threw out all the existing agreements. The Obama administration may consider Kim Jong-il's proposal positively. But it must let the North know that it needs to restore international confidence first. North Korea should apologize for declaring previous agreements invalid, and it must honor all agreements and UN resolutions related to its nuclear program.

Park Sung-soo

The writer is a visiting professor of media studies at Myongji University.

다. 6자회담: 회담을 위한 회담

A. 무엇을 위한 6자회담인가? (What cause will six-party talks serve?) 게재일: 2011년 5월 3일

김정일은 점술가를 비서로 둘 정도로 미신을 믿는다고 한다. 그런 그에게 4월은 귀인을 만나 운수가 대통한 달이었다.

김정일은 극심한 식량난으로 북한주민 몇백만 명이 굶어 죽든 말든 상관 안 하는 무자비한 독재자다. 그러나 내년에 강성대국을 건설하고 아들 김정은의 후계체제를 공고히 하기 위해서는 경제적, 군사적, 정치적 지도력을 강화할 필요가 있다. 그러기 위해 식량난을 해소하고, 경제를 활성화해 김정은 체제 구축에 필요한 통치자금을 마련해야 한다. 때문에 식량난을 해소하고, 북한기업의 대외활동을 제한하는 유엔 제재 등 경제 제재를 해제하는 것이 시급한 현안으로 떠올랐다.

그러나 두 가지 모두 북한이 해결하기에는 어려운 문제들이다. 그러던 차에 뜻밖에 귀인이랄까, 수호천사들이 나타났다. 첫 번째 수호천사는 북 핵 문제 해결의 중재역할을 자임하고, 국제사회에 북한의 식량난 해소를 위한 지원을 호소한 카터 전 미국 대통령과 엘더스 멤버들이다. 두 번째는 대북식량지원의 필요성을 지속적으로 강조해온 WFP이고, 세 번째 수호천사는 6자 회담 재개를 위해 온갖 노고를 아끼지 않는 중국 정부와 우다웨이 외무성 한반도 사무 특별대표다.

카터 전 대통령 등 엘더스 멤버 4명은 모두 전직 국가수반이며, 그 가운데 2명은 노벨 평화상 수상자들이다. 민간사절로는 가히 세계 최고위급이다. 그들이 4월 26일부터 28일까지 평양을 방문했다. 국제사회에 핵에 대한 북한의 입장을 홍보하고, 중재역할을 하겠다고 나섰다. 북한의 식량난 해소에도 팔을 걷어 붙였다. 카터는 방북에 앞서 북경에서 북한의 식량난이 한국 때문에 심화되었다고 비난했다. 이어서 귀로 28일 서울에서 가진 회견에서는 "대북 식량지원을 군사적, 정치적 사안과 연계시키는 것은 명백한 인권침해" 라며 또 다시 한국정부를 맹렬하게 비난했다.

이명박 정부의 대북정책에 대한 카터의 비난은 국제사회에 즉각적인 반향을 일으켰다. 뉴욕 타임즈는 4월29일 "Not a Political Tool" 제하 사설을 통해 북한이 천안함 사건 등 무력도발에 대해 사과하지 않는 한 식량지원을 거부한다는 이명박 정부의 정책 때문에 북한주민들이 계속해서 고통을 받을 수밖에 없었다고 주장했다. 이어서 이 신문은 "오바마 대통령이 같은 잘못을 저지를 이유가 없다" 라고 주장했다. 나는 개인적으로 뉴욕 타임즈의 편의주의적 인도주의에 동의하지 않는다. 그리고 뉴욕 타임즈의 주장은 오바마 정부에게는 부담스러울 것이다.

식량난 해소에 결정적인 도움은 WFP로부터 나왔다. 대북식량지원의 필요성을 지속적으로 강조해온 WFP는 4월29일 북한에 대한 긴급 식량지원을 결정했다. 거기에는 악화되는 식량상황에 다급해진 북한이 WFP의 모니터링 요구를 수용한 것이 결정적으로 작용했다. WFP가 자원했다기보다 북한이 WFP를 수호천사로 모셔 온 것이다. 여하튼 이로써 굶주림으로 고통 받는 북한주민 350만 명이 긴급 식량 지원을 받게 되었다. 북한으로서는 우선 발등의 불을 끈 셈이다.

북한에 대한 식량지원 문제는 모니터링 원칙이 지켜지는 한 긍정적으로 검토할 수 있다. 그러나 북한을 국제사회에 복귀시킨다는 명분 아래 북한에 대한 유엔 제재를 해제하는 것을 목적으로 하는 6자 회담재개에는 문제가 있다.

카터 일행은 김정일 면담이 이루어지지 않아 핵 문제 중재라는 본래의 목적은 거론도 못하고 방북을 끝냈다. 핵 보유국으로 인정을 받는 것을 목표로 하고 있는 김정일에게 지금 필요한 것은 유엔 제재 해제이지 핵 문제 중재가 아니기 때문이다. 김정일은 카터 일행이 유엔 제재 해제에는 도움이 되지 않는다고 판단했던 것이다. 그래서 국제 사회의 원로들이 북한의 식량난을 호소하는 홍보대사 역할을 하는데 그치고 말았다.

세 번째 수호천사 중국 정부와 외무성 한반도 사무 특별대표 우다웨이는 6자 회담 재개를 위해 노력하고 있다. 중국은 6자 회담을 통해 한반도 문제에 대한 주도권을 유지하려고 한다. 그리고 6자 회담 재개에는 북한을 국제사회에 복귀시킨다는 명분이 있다. 우다웨이는 4월 26~29일 간 서울을 방문해 북한 김계관과 협의한 3단계 방안을 설명했다. 다음 단계는 평양을 방문해 방한 결과를 설명하고 한국, 북한, 미국의 입장을 조율해 남북대화와 북미회담 일정을 마련하는 것이다.

그러나 6자 회담은 2003년부터 2009년까지 7년 동안에 북한에 의해 4번이나 중단된 바 있는 실패한 회담이다. 그리고 6자 회담을 통해 북한의 핵개발을 중단시키는 것은 불가능하다는 것은 이미 입증된 바 있다. 북한에게 핵 무기 개발을 위한 시간을 벌어주는데 이용되었을 뿐이다. 이제 또 다시 1994년 제네바 합의와 2005년 9.19 공동성명을 이행하겠다는 북한의 약속만 믿고 6자 회담을 재개할 수는 없다.

한반도의 긴장을 완화하고 북한을 국제사회에 복귀시켜 돌발사고를 미연에 방지해야 한다는 것은 북한지도부를 불신하는 국민을 설득시키기에는 너무 약한 명분이다. 김정일이 조건 없이 남북정상회담에 나와 대남 도발에 대해 사고하고, 핵 폐기 의지를 밝히지 않는 한 제5차 6자 회담 재개는 회담을 위한 회담에 지나지 않을 것이다.

What cause will six-party talks serve?

Park Sung-soo

April must have been an extremely lucky month for Kim Jong-il, who is reportedly a superstitious man, even as to have an astrology secretary. And, "guardian angels" of late have come into the picture for him.

Kim is a ruthless dictator who does not mind even if millions of North Koreans are dying because of famine. It is necessary for him to strengthen his economic, military and political leadership now because his goal is to build up North Korea as a strong and prosperous country by next year and consolidate the power base of his son who will succeed him.

The North has urgent pending issues like easing food shortages and providing political funding for consolidation of Kim Jong-un's rule. A priority is removing economic sanctions that ban the activities of North Korean businesses in the international market.

However, they are both difficult issues for the North to solve. Unexpectedly, guardian angels of a sort appeared for Pyongyang. The first was former U.S. President Jimmy Carter and the Elders, who volunteered to serve as mediators for North Korea's nuclear issue, and who appealed to the international community to provide food aid to the North.

The second is the World Food Program (WFP) that has consistently emphasized the need to provide food aid to the North. The third is the Chinese government and Wu Dawei, the special envoy of the Chinese government on the Korean Peninsula, who has tried hard to resume the six-party talks.

The four members of the Elders, including former President Carter, are former heads of state. As far as a civilian mission is concerned, they are the highest level representatives. They visited Pyongyang and volunteered to advocate for North Korea's position on denuclearization.

They also rolled up their sleeves to help solve acute food shortage in the North. Carter criticized Seoul for aggravating the food crisis in the North by suspending food aid. On Thursday, he again criticized South Korea for its refusal to send food to the North, saying that deliberate withholding of food aid amounted to a "human rights violation."

Carter's criticism aroused an echo in the international community. Under the headline "Not a Political Tool," The New York Times editorially commented that "President Lee Myung-bak's vow that the North will not receive any more food aid until it apologizes will only guarantee more suffering for the North's people."

The decisive help for a solution to the dire food situation came from the WFP. On Friday, it decided to provide emergency food aid to the famine-stricken country. The decision was facilitated by North Korea's acceptance of the WFP's demand to monitor the distribution. Therefore, it was not the WFP that volunteered to be a guardian angel but the North invited WFP to be a guardian angel. Thanks to WFP's decision, some 3.5 million North Koreans will now receive emergency food aid.

We can consider the issue of providing food to the North as positive as long as the North accepts the principle that the donor should be allowed to monitor the distribution.

But there are problems in the resumption of the six-party talks.

Carter and the Elders rounded up their Pyongyang visit without even touching on the nuclear issue because their request for a meeting with Kim Jong-il did not materialize. Kim did not meet them because the North's nuclear program is, in Kim's position, not a subject of mediation, because the North aims to be recognized as a nuclear power.

What he needs is the lifting of economic sanctions. Kim Jong-il decided that Carter and the Elders were not helpful to the lifting of sanctions. As a result, the Elders ended up playing the role of North Korea's honorary ambassador for food aid.

The third guardian angel, the Chinese government and Wu Dawei, are working hard to resume the six-party talks. Through the talks, China aims to take the initiative in issues related to the Korean Peninsula. And the resumption of the talks will erves the cause that it will facilitate North Korea's reinstatement in the international community.

Wu Dawei visited Seoul last week to explain the three-stage proposal for the talks. He now plans to visit Pyongyang to coordinate the itinerary for inter-Korean and U.S.-North Korea talks. However, the six-party talks have been boycotted by North Korea. Moreover, it is already proven that North Korea's nuclear program cannot be dismantled through dialogue.

We cannot agree to resuming the talks only believing in North Korea's promise that it will abide by the 1994 Geneva Agreement and the Joint Statement signed on Sept. 19, 2005. The pretext that talks will ease tension on the Korean Peninsula is too weak to persuade people who have a deep distrust of Pyongyang's leadership.

Unless Kim Jong-il agrees to a summit with President Lee Myung-bak without conditions, apologizes for military provocations and proclaims his will to discard North Korea's nuclear programs, resuming the six-party talks will be nothing but a talk for the sake of a talk.

The writer is a visiting professor of communication at Sejong University.

> The pretext that talks will ease tension on the Korean Peninsula is too weak to persuade the people who have a deep distrust of Pyongyang.

B. 비핵화가 목적이지 회담이 목적 아니다 (Denuclearization the goal, not talks) 게재일: 2011년 8월 4일 (국문 번역)

선거를 앞둔 오바마 정부는 북한 핵 문제에 대한 기본 입장을 전략적 인내에서 개입으로 바꾸었다. 북한이 또 다시 미사일 발사, 3차 핵실험, 천안함 사건이나 연평도 포격과 같은 무력도발을 일으키는 경우 이를 막을 아무런 대화 노력을 기울이지 않았다는 비난을 피하기 위해서이다.

인도네시아 발리에서 남북 비핵화 회담이 열렸고, 이어서 지난주 뉴욕에서 북한의 비핵화 이행의지를 탐색하는 미북 회담도 열렸다. 이로써 북한은 2년 7개월에 걸친 유엔 제재와 외교적 고립으로부터 벗어나게 될 것으로 보인다. 그러나 이번에도 북한이 진정으로 핵을 포기할 것이라고 믿는 사람은 많지 않다.

대화와 협상을 통한 북 핵 해결에 반대할 이유는 없다. 그러나 대화를 통한 해결 노력은 지난 18년간 아무런 결실을 거두지 못했다. 1993년 북한의 NPT탈퇴선언 이후 시작된 북 핵 회담은 이번으로 4번째, 2003년8월 6자 회담 출범 이후부터는 3번째 원점으로 돌아가 다시 시작하기를 반복하고 있다. 이유는 북한이 일방적으로 합의를 파기하고 핵 실험, 미사일 발사, 핵 물질 추출 등 활동을 재개했기 때문이다.

1994년 제네바 핵 합의는 2002년 북한이 비밀리에 농축우라늄 핵개발 계획을 추진했고, 핵 물질재처리를 했다는 것을 인정함으로써 파기되었고, 2005년 9.19 공동성명은 북한의 대포동 미사일 발사, 1차 핵실험을 감행함으로 해서 효력을 상실했다. 2007-2008년에 채택된 핵 시설 불능화 및 검증 원칙에 관한 일련의 합의는 북한의 장거리 로켓발사, 핵 시설 원상복구, 핵 연료봉 재처리, 2009년 5월 실시된 2차 핵실험에 의해 무산되었다.

이번 대화국면은 미국과 중국에 의해 조성되었으나 양국이 대화를 추진하는 배경에는 차이가 있다. 미국은 북한과 대화를 하지 않아 추가도발과 핵개발을 방지하지 못했다는 비난을 피하기 위한 국내정치적 필요 때문이다. 반면 중국은 한반도 상황을 안정적으로 관리한다는 전략목표 아래 줄곧 6자 회담을 추진해왔다. 미국의 대북 유화론자들은 외교적 타결 이외에 다른 방법이 없으니 무조건 대화를 해야 한다고 주장한다. 그러나 북한의 벼랑 끝 전술에 끌려 다니다 일방적인 약속 파기로 끝나는 원칙 없는 대화보다 북한을 유엔 제재와 외교적 고립상태에 놓아 두는 것이 더 효과적인 북 핵 해결 방법이 될 수 있다.

선거가 민주국가의 합리적인 대외정책 수행을 방해하는 경우가 있다. 오바마 정부가 대북정책을 바꾸지 않을 수 없는 사정은 이해한다. 문제는 지금부터 시작이다. 지난 주 뉴욕에서 개최된 북미 접촉에서 벌써 농축 우라늄 문제에 대한 양측의 입장에 큰 차이가 있다는 것이 드러났다. 미국은 농축우라늄 개발계획이 9.19 공동성명과 UN 안보리 대북제재 결의(1718, 1874) 위반이라고 주장한 데 반해 북한은 핵의 평화적 이용이라는 논리를 펴고 6자 회담을 열어 농축우라늄 개발계획을 논의하자고 주장했다.

그러나 목적은 비핵화에 있는 것이지 6자회담에 있는 것이 아니다. 오바마 정부는 대북 개입 정책에 분명한 원칙을 세워야 한다. 뉴욕접촉 시에 북한에 제시한 6자 회담 재개를 위한 전제조건을 관철시켜야 한다. 북한은 농축 우라늄 개발 계획을 포함한 모든 핵개발 활동을 중단하고, IAEA 사찰단을 복귀시키고, 2005년 9.19 공동성명 이행을 확약하고, 핵실험과 탄도 미사일 발사를 중지해야 한다.

북한의 비핵화 의지가 확인되지 않은 상황에서 재개되는 대화는 언젠가 다시 북 핵 불능화라는 본질문제에 부딪칠 수 밖에 없고 그 과정에 북한의 벼랑 끝 전술에 끌려 다니는 지루한 밀고 당기기가 반복될 것이다. 미국은 북한이 비핵화를 이행할 진정한 의지를 보일 때까지 기다려야 한다.

Denuclearization the goal, not talks

Park Sung-soo

Bracing for the upcoming presidential election, the Obama administration changed tack on the North Korean nuclear issue, moving from a position of strategic patience to engagement. The goal appears to be avoiding political criticism from the opposition that the administration made few efforts to engage in dialogue with the North if it takes military action, such as firing missiles, conducting a third nuclear test, or pursuing armed provocations like the sinking of our warship Cheonan and the North's bombardment of Yeonpyeong Island.

Inter-Korean talks on denuclearization were held in Bali, Indonesia, on July 22, and exploratory contact between the North and the United States to verify its will to implement denuclearization was held in New York last week. It seems that the North will ultimately be freed from its 31-month-long UN sanctions and diplomatic isolation. But few believe the North will abandon its nuclear development program in earnest.

It goes without saying that the North Korean nuclear issue should be solved through dialogue. But efforts to do so have failed for the last 18 years. Since the North declared its withdrawal from the Non-Proliferation Treaty in 1993, this is the fourth time that talks on the North's nuclear disarmament have resumed. It is also the third round of talks since the launch of the six-party talks in 2003. The North

Before resuming talks, the North must end all of its nuclear development activities, and reinstate IAEA inspections.

has sabotaged the talks repeatedly by testing nuclear bombs, firing missiles and extracting nuclear material from used fuel-rods.

The Agreed Framework between the U.S. and North Korea — adopted in Geneva in 1994 — was nullified after the North admitted it clandestinely engaged in a uranium enrichment program and extracted nuclear material from used fuel-rods. The joint statement adopted at the fourth round of six-party talks on Sept. 19, 2005 became invalid after the North fired Taepodong missiles and carried out a nuclear test. A series of agreements to disable the North's nuclear facilities and implement verification — all adopted at talks from 2007 to 2008 — were invalidated after the North fired long-range missiles, reinstated nuclear experiments, resumed its processing of used fuel rods and carried out its second nuclear test in May 2009.

The dialogue this time was initiated by the U.S. and China, but each has a different rationale for doing so. While the U.S. needs dialogue for domestic political consumption, China has been promoting the six-party talks with a strategic goal in mind: Stability on the Korean Peninsula.

Americans who advocate engagement of the North claim the Obama administration should pursue dialogue without reserve, as there is no other realistic diplomatic solution. In the long run, however, leaving the North under UN sanctions is an indisputably more effective solution to the problem than pursuing dialogue that will only put Washington in a situation where it is exploited by Pyongyang's brinkmanship tactics.

Elections often interfere with a

democratic government by preventing it from seeking a rational foreign policy. It is understandable that the Obama administration had to change its stance on the North. But what matters is how the U.S. deals with the reclusive state. In the U.S.-North talks in New York last week, a large gap between the two sides was revealed on richment program. While the U.S. claimed the UEP was in clear violation of the Sept. 19, 2005 joint statement and UN Security Council resolutions insisted it had the right to use nuclear energy for peaceful means and that the UEP falls under that category. It proposed resuming the six-party talks and discussing the UEP issue there.

However denuclearization should be the goal, not the talks. Obama must establish a clear principle for engagement with the North. He must assert that conditions for the resumption of the six-party talks — which were presented in New York — should be met. Before resuming talks, the North must end all of its nuclear development activities, and reinstate IAEA inspections, proclaim it will fully implement the joint statement adopted on Sept. 19, 2005, and stop testing nuclear weapons and ballistic missiles.

If the U.S. agrees to the talks without confirming the North's will for denuclearization, Washington will be pulled into the typical brinkmanship tactics of the recalcitrant regime. Washington must wait for Pyongyang show its genuine willingness to denuclearize.

The writer is a visiting professor of communication at Sejong University.

C. 회담 전에 취할 '필요 조치' (The 'necessary steps' before talks) 게재일: 2011년 1월 22일 (국문 번역)

북한이 군사 도발과 핵 폐기에 관한 의무와 약속을 위반한 것에 대한 대가도 치르지도 않은 채 6자 회담에 복귀하게 될 것이라는 우려는 사라졌다. 미-중 양국 정상은 19일 공동성명을 통해 "2005년 9.19 공동성명에서 강조된 것처럼 한반도의 평화와 안정을 유지하는 것이 중요하다"는 데에 의견을 같이하고, "6자 회담 재개를 위해 필요한 조치"를 취하라고 관련국에 촉구하였다.

공동성명에 열거된 "필요한 조치"는 두 가지다. 첫째, 양국 정상은 "최근 긴장이 고조되고 있는 한반도의 평화와 안정" 유지에 우려를 표명했으며, 둘째, "2005년 공동성명 및 이와 관련된 국제적 의무와 약속에 위배되는 모든 활동"에 반대 의사를 표명했다. 그리고 한반도의 평화와 안정 유지를 위해 양국 정상은 "남북관계의 개선이 중요"하며, "진정성 있고 건설적인 남북 대화가 필수적"이라고 강조하였다.

공동성명은 동북아 현안을 한반도의 평화와 안정 문제 그리고 한반도 비핵화 문제로 구분하고, 각각 필요한 조치를 취할 것을 요구하고 있다. 한반도의 평화와 안정을 위해서는 건설적인 남북 대화를 주문하고, 한반도 비핵화를 위해서는 2005년 공동성명과 관련된 국제적 의무와 약속에 위배되는 모든 활동을 중단하거나 폐기하라는 것이다.

우리 입장에선 남북대화, 후 6자 회담은 당연한 수순이다. 남북대화를 통해 북한이 천안함 폭침과 연평도 포격에 대해 사과하고 재발방지를 약속한 다음 6자 회담을 재개하자는 것이 우리측이 제시한 6자 회담 재개 전제조건이었다. 그러나 천안함 사건에 관한 유엔 안보리 심의 과정에 북한의 손을 들어 준 중국이 연평도 포격 직후 민간인 2명을 포함한 4명의 인명을 앗아간 포격사건의 책임도 묻지 않고 조건 없이 6자회담을 재개하자고 제안한 이후 6자회담 재개는 북한을 위한 "공짜 점심"으로 인식되게 되었고, 한, 미, 일 3국은 중국의 제안을 거부한 바 있다.

미-중 양국 정상이 공동성명을 통해 6자 회담을 재개하기 위해 "필요한 조치"를 취할 것을 촉구한 것 자체가 6자 회담과 한반도 비핵화 프로세스를 다자 협상의 궤도에 올려놓았다고 평가할 수 있다. 과거 6자 회담은 모든 관심을 북한의 핵개발계획 폐기에 집중시켰고 그 결과 실질적인 협상은 미-북 간 직접접촉을 통해 진행되는 다자 형식을 빌린 양자회담이었다. 반면에 남북대화를 6자 회담 재개를 위한 필수조치라고 규정한 이번 공동성명은 6자 회담을 남북한을 당사국으로 하고, 미국과 중국, 일본과 러시아가 동맹국 내지 이해관련국으로 참가하는 다자협상으로 격상시켰다고 할 수 있다.

두 번째 필요한 조치인 2005년 공동성명 및 관련된 국제적 의무와 약속에 위배되는 모든 활동의 중단에는 우라늄 농축프로그램의 중단은 물론, 9.19 공동성명 이후 북한이 비핵화 약속을 위반하며 추진한 폐 연료봉 재처리를 통한 플루토늄 추출, 핵실험, 미사일 개발 등 모든 활동이 포함한다. 공동성명의 "필요한 조치"에는 북한이 해야 할 많은 일이 들어있는 셈이다.

북한은 아직 공동성명에 대한 공식 반응을 내놓지 않고 있다. 그러나 북한의 최대 후원국 중국이 고심 끝에 동의한 사항을 북한이 반대하거나 거부하지는 못할 것이다. 중국도 이제 더 이상 북한에 대한 영향력 행사를 거부하거나 회피하기 어렵게 되었다. 이제 더 이상 북한의 도발을 방조하거나 북한이 국제적 의무와 약속을 위반하는 행위를 지원하기 어려워졌다. 세계 각국은 중국이 G-2 국가의 위상에 걸 맞는 지도력을 발휘할 것인지 지켜볼 것이기 때문이다.

중국이 북한을 설득해 공동성명의 요구사항들을 충족시킬 수 있도록 할 수 있을지 여부는 조만간 판명될 것이다. 수요일 북한 인민무력부장 김영춘이 김관진 국방장관에게 남북고위급 군사회담을 제의하는 전문을 보내왔다. 북한측 제의의 진정성은 아직 검증되지 않았다. 그러나 최소한 북한이 중국의 요구에 응해 움직이기 시작한 것으로 보인다.

The 'necessary steps' before talks

Park Sung-soo

There is no need to worry about inviting North Korea to the six-party talks without asking it to take responsibility for recent military attacks and violations of international obligations and commitments. In a joint statement announced on Wednesday, President Barack Obama of the United States and President Hu Jintao of China "agreed on the critical importance of maintaining peace and stability on the Korean Peninsula as underscored by the Joint Statement of Sept. 19, 2005," and "called for the necessary steps that would allow for early resumption of the six-party talks process."

There are two things mentioned in the joint statement as "necessary steps." First, the two leaders expressed concern over heightened tensions on the peninsula triggered by recent events. Second, they expressed objection to "all activities inconsistent with the 2005 Joint Statement and relevant international obligations and commitments." And for the maintenance of peace and stability on the peninsula, the two leaders "emphasized the importance of an improvement in North-South relations and agreed that sincere and constructive inter-Korean dialogue is an essential step."

The joint statement divides the issue into maintenance of peace and stability on the peninsula and the denuclearization of it, and demands to take necessary steps on both sides; constructive inter-Korean dialogue for peace and stability on the peninsula; and dismantling of all activities inconsistent with the 2005 Joint Statement for the goal of denuclearization.

On South Korea's side, holding inter-Korean dialogue first to be fol-lowed by the six-party talks is the due sequence of the event. Holding South-North talks, in which North Korea apologizes for the sinking of the South Korean naval ship Cheonan and the shelling of Yeonpyeong Island and promises not to repeat brutal attacks, and then resuming the six-party talks was the precondition South Korea demanded for the resumption of the six-party talks.

However, China, which sided with Pyongyang when the sinking of the Cheonan was debated at the UN Security Council, proposed to resume the six-party talks without any preconditions, even without holding North Korea responsible for the brutal bombardment of the island in which four lives, including two civilians, were sacrificed. Since then, the resumption of the six-party talks has become synonymous with a "free lunch" for North Korea and the three participants in the talks, South Korea, Japan and the United States, rejected the Chinese proposal.

The fact that the leaders of the United States and China called for "necessary steps" that would allow for an early resumption of the six-party talks can be interpreted as a measure that put the talks and the denuclearization process on the track of multilateral negotiations. The six-party talks in the past concentrated attention on the dismantling of the North's nuclear development program, and as a consequence, the practical negotiations progressed through direct contact between the United States and North Korea. It was actually a bilateral negotiation under the coat of multilateral talks. On the other hand, the measure taken by the statement, resolving that sincere and constructive inter-Korean dialogue is an essential step for resumption of the six-party talks, upgrades the talks to a multilateral dimension in which South and North Korea are the countries directly involved, while the United States, China, Japan and Russia participate as allies and interested parties.

The "objection to all activities inconsistent with the 2005 Joint Statement and relevant international obligations and commitments," the second necessary step, includes the uranium enrichment program that the North claimed recently and all other actions the North took in defiance of the 2005 Joint Statement, such as the extraction of plutonium from used fuel rods, nuclear tests and missile development. That is, there are many things that the North should do in order to satisfy "necessary steps."

North Korea still refrains from making official comments on the joint statement. It will be difficult for Pyongyang to oppose or reject the measures on which China, the guardian of North Korea, agreed. On China's part, too, it will be difficult, from now on, to evade or refuse to exercise influence on North Korea. It will also be difficult for the country to stand on the side of North Korea when the latter provokes armed attacks or violates international obligations or commitments. The whole international community will watch to see whether China exercises leadership commensurate with a G-2 state.

Whether China can actually persuade the North to meet the demands of the Joint Statement or not will be proven sooner or later. On Wednesday, North Korea's Minister of the People's Armed Forces, Kim Young-chun, sent a telegram to South Korean Defense Minster Kim Kwan-jin, proposing dialogue between high-level military officials from the two Koreas. Although the sincerity of the North's proposal is not tested, it seems, at least, the North has started to comply with China's demands.

The writer is a visiting professor of media studies at Myongji University.

> The whole international community will watch whether China exercises leadership commensurate with a G-2 state.

03.

북한의 협상 전술

가. 벼랑 끝 전술, 지연 전술

A. 북한에 책임을 물어야 한다 (Time to hold the North accountable) 게재일: 2009년 4월 20일 (국문 번역)

북한이 다시 벼랑 끝 전술을 쓰고 있다. 북한은 지난 화요일 6자 회담을 보이콧하고 핵 시설을 재가동하겠다고 선언했다. 유엔 안보리가 탄도 미사일 개발을 금지한 2006년 유엔 결의를 위반했다고 비난하고 더 이상 미사일을 발사하지 말라고 명령한 데 대한 반발이다. 북한은 국제원자력기구가 파견한 사찰 요원들에게 철수 명령도 내렸다.

채찍과 당근 두 가지를 모두 구사한다는 것 말고는 구체적인 대북정책을 마련하지 못한 오바마 정부는 적절한 대응책을 찾지 못하고 전전긍긍하는 모습이다. 거듭된 경고에도 불구하고 북한이 장거리 미사일을 발사했지만 미국은 이의 저지를 위해 미사일 방어망을 가동하는 것을 자제했다. 미사일 발사 후에는 유엔 안보리에서 북한을 응징하는 결의안을 채택하겠다고 했다. 그러나 북한에 국제적 압력을 가중시키려던 미국의 노력은 중국과 러시아의 반대로 무산되었다. 단지 기존 유엔 결의의 대북 제재조치를 강화하는 내용의 의장성명을 채택하는 데 만족할 수 밖에 없었다.

북한이 핵 프로그램을 재가동하고 6자 회담을 보이콧하겠다고 선언한 마당에 백악관 대변인은 북한의 움직임을 "잘못된 방향으로 가는 심각한 조치"라고 하고 북한에게 협상 테이블로 돌아올 것을 촉구하는데 그치고 있다. 북한 관측통들은 이번 사태가 다음 두 가지 중 한 방향으로 진전될 것으로 예상하고 있다.

하나는 지난 1998년과 2006년의 경우와 마찬가지로 수 주일 냉각기를 거친 후 미-북 당국간 접촉이 이루어지고, 여기에서 북한이 새로 제시하는 일련의 요구조건을 놓고 양국간 협상이 벌어질 것이라는 것이다. 다른 하나는 북한이 한 걸음 더 나아가 또 한 차례 핵실험을 감행하여 오바마 정부 길들이기를 시도하거나, 서해 북방한계선 상에서 군사 도발을 감행하여 이명박 정부를 시험에 들게 하려 할 것이라는 것이다. 후자의 경우 북한은 아마도 중유와 전력 등 에너지 공급, 경수로 지원을 포함하는 경제지원 보다 더 큰 양보를 얻어내려 할 것이다.

지금까지 저지른 도발행위에도 불구하고 북한이 다음 단계에도 계속해서 적대적인 자세를 취한 다는 것은 터무니 없는 일이다. 북한이 핵 실험을 감행하거나 서해 북방한 계선 상에서 군사도발을 일으킬 가능성을 평가절하 하거나 그러한 도발행위가 한반도 안보에 미칠 악영향을 과소평가할 생각은 없다. 그러나 북한의 위협을 과대평가하는 것은 북의 벼랑 끝 전술에 패배하는 것을 의미한다.

그 전례를 북한이 1998년 대포동 1호 미사일을 발사하자 한달 후에 미국이 북한과 직접대화를 시작하고, 미사일 발사를 유예하는 대가로 북한에 10억 달러를 지원하기로 하는 미사일 모라토리움에 합의한 데서 찾아볼 수 있다. 미국의 정권교체 덕분에 그 합의사항이 실천에 옮겨지지는 못했지만 그와 같은 선례는 틀림없이 북한의 구미를 돋우었을 것이다. 북한이 2006년 대포동 2호 미사일을 발사하고 핵 실험을 감행한 후 미-북 회담이 급 물살을 탄 것도 같은 경우에 속한다.

북한은 핵 문제와 별도로 미사일 모라토리움, 고위층 교환 방문, 미-북 수교문제, 심지어 남북 정상회담 등 여러 이슈를 놓고 미국과 직접 협상을 벌였던 1998년 페리 프로세스의 추억을 간직하고 있는 것 같다. 아무튼 북한은 전임 부시 행정부보다 오바마 정부로부터 더 많은 양보를 얻어낼 것으로 기대하고 있을지 모른다.

그러나 오바마 정부는 6자 회담 틀 밖에서 북한과 직접대화를 갖는 데에는 관심이 없는 것으로 보인다. 지금 미국은 중국이 북한과 다른 6자 회담 참가국들 사이에서 중재역할을 해 줄 것에 큰 희망을 걸고 있다. 미국의 당면 목표는 중국의 주선으로 스테판 보스워스 북한정책 특별 대표를 평양에 파견하고 북한을 6자 회담에 복귀시키는 것이다.

그러나 북한이 전형적인 벼랑 끝 전술을 구사하고 있는 마당에 미국이 대화 재개에만 매달리는 모습은 북한을 의기양양하게 만들 뿐이다. 미국은 북한이 합의사항을 위반했을 때 미국이 취할 수 있는 조치들을 취해야 한다.

먼저 북한을 테러지원국 명단에 다시 올려야 한다. 작년 8월 미국은 결렬 위기에 봉착한 핵 협상을 살리기 위해 북한을 테러지원국 명단에서 삭제했다. 북한이 핵 시설을 재가동한 마당에 미국이 테러지원국 명단 삭제를 취소하는 것은 너무나 당연한 일이다.

또 한 가지 중요한 일은 북한에 대한 금융제재를 강화하는 것이다. 미국 재무부는 2007년 2.13 핵 합의서 서명을 위해 Banco Delta Asia 등 마카오 소재 중국계 은행에 동결되어 있던 북한 계좌에 대한 수사를 서둘러 마무리해야 했다. 미국은 이제 그 북한 계좌의 소유주들을 안보리가 요구하는 금융제재 대상기관 리스트에 올릴 수 있다. 북한이 마카오를 20년 이상 무기거래의 대외 창구로 이용해왔음에 비추어 그들 중 상당수가 대량살상무기 거래에 관련되어 있을 것이다.

금융제재는 대량살상무기의 개발과 제작에 들어가는 자금의 흐름을 차단할 뿐 아니라, 불법 무기거래를 가능하게 하는 금융거래를 차단하기 때문에 대량살상무기 확산 방지 구상 (PSI) 자체보다 더 효과적인 방지책이다.

Time to hold the North accountable

North Korea's empty threats are just that, and the U.S. must deliver the consequences it has promised.

North Korea has resorted to brinkmanship again. It declared on Tuesday it would boycott the six-party talks and restart its partly disabled nuclear facilities.

The action came after the United Nations Security Council condemned the North for violating a 2006 resolution banning it from developing ballistic missiles and demanded the North stop further launchings. Pyongyang ordered the inspectors of the International Atomic Energy Agency to leave North Korea.

The Obama administration, which has not yet formulated a concrete North Korea policy except that it would use both carrot and stick in dealing with the North, seems to be at a loss. Washington had to hold off on using its missile defense system, even though the North fired a long-range missile in defiance of repeated warnings.

After the test-launch, Washington said it would punish the North by adopting a resolution at the UN Security Council. But the U.S. effort to put the North under international pressure was foiled by opposition from China and Russia. It had to be satisfied with the adoption of a statement to tighten sanctions against North Korea.

Now that the North has threatened to restart its nuclear program and boycott the six-party talks, it is a pity that the White House spokesman has only commented that the move was "a serious step in the wrong direction," and that the North should return to the bargaining table.

North Korea observers predict the incident will take one of the following two courses.

First, as was the case in 1998 and 2006, there could be contact between the U.S. and North Korean authorities after a cooling off period of a few weeks, and both sides could have negotiations on a new set of demands from the North.

Or, the North could go a step further and try either to tame the Obama administration by carrying out another nuclear test, or put the Lee Myung-bak administration to a test by provoking a military conflict along the Northern Limit Line in the West Sea.

In the case of the latter, the North will probably try to get even bigger concessions than an economic package, including a generous supply of heavy oil, electricity and light-water reactors.

It is absurd to assume that North Korea will still take hostilities to the next level even after all these provocations. I don't mean to discount the possibility that the North will go ahead with a nuclear test or provoke a military conflict along the NLL, nor do I underestimate the adverse effects these would have on the security of the Korean Peninsula.

But overestimating the North Korea threat will mean admitting defeat to North Korea's brinkmanship. One past example of this was that Washington started direct talks with Pyongyang one month after Pyongyang fired a Taepodong-1 missile in 1998, and the two sides agreed on a missile moratorium under which the United States was to compensate

the North with $1 billion. Due to the change of government in Washington, the agreement did not materialize, but it must have stimulated North Korea's appetite. The same applied to the rapid development of talks between Washington and Pyongyang after the North fired a Taepodong-2 missile and tested a nuclear bomb in 2006.

North Koreans seem to remember the Perry Process in 1998, under which the North had the pleasure of having direct talks with Washington on a variety of issues, including a missile moratorium, high-level visits, diplomatic openings and even an inter-Korean summit, separate from the nuclear issue. North Koreans might, somehow, expect that they can get more concessions from the Obama administration than from its predecessor.

But the Obama government seems uninterested in direct talks with the North outside of the framework of the six-party talks. At the moment, Washington pins its hopes on China's role as a mediator between North Korea and other participants at the six-party talks. Its primary goals are sending Stephen Bosworth, the special representative for North Korea policy, to Pyongyang through the good offices of Beijing and returning Pyongyang to the bargaining table.

If the United States shows only interest in dialogue at a time when Pyongyang resorts to its typical brinkmanship tactics, however, it will make the North elated. The United States must take the measures mandated by

its agreements with the North.

It must, first of all, reinstate Pyongyang on the list of state sponsors of terrorism. In August last year, Washington removed the North from the list to salvage the nuclear deal.

Now that the North is restarting its nuclear facilities, it is only natural that Washington cancel the removal.

It is also important to strengthen financial sanctions against North Korea. The U.S. Treasury had to close investigations on North Korean accounts frozen at Chinese banks in Macau, including Banco Delta Asia, to clear the way for the nuclear agreement signed on Feb. 13, 2007. The U.S. can now put the owners of the accounts on the sanctions list wanted by the Security Council. In view of the fact that the North used Macau as a base for weapons deals over 20 years, many of them must be connected with transactions dealing with weapons of mass destruction.

Financial sanctions are more effective than the Proliferation Security Initiative itself in that they not only block the flow of money for the development and manufacturing of weapons, but they also interrupt financial transactions that enable the program to begin in the first place.

Park Sung-soo

The writer is a visiting professor of media studies at Myongji University.

B. 6자회담 회의론 확산, 북한의 선택은? (North's strategy risks sanctions) 게재일: 2005년 12월 8일(국문 번역)

제4차 6자 회담 결과 채택된 공동성명은 북한이 핵 개발계획 폐기 이전에 경수로 지원을 요구함으로써 그 의미가 퇴색했다. 제5차 회담은 3일밖에 열리지 않았으며, 미국이 마카오 은행과 북한의 8개 무역회사에 내린 금융제재조치를 철회하라는 북한의 주장 때문에 진전을 보지 못했다. 그래도 6자 회담이 북한 핵 문제 해결을 위한 유용한 방안인가?

북한이 핵 시설을 동결하겠다고 약속한 1994 제네바 합의를 깨고 핵 무기 개발 계획을 재개했다고 시인한 이후 3년 이상의 세월이 흘렀다. 2002년 북한은 별도의 우라늄 핵 개발 계획도 추진 중이었음을 시인했다. 중국 고위관리의 셔틀 외교의 결과 6자 회담이 열리고 지금까지 5차에 걸쳐 회담이 개최되었다.

그러나 그 결과는 미미한 수준이다. 북한이 핵 개발계획 폐기의 대가로 경제원조와 국교수립 등 외교적 승인을 받아들이기로 한 9.19 공동선언 이외에는 지난 3년간 이룩한 성과가 거의 없다. 반면 북한은 그동안에도 영변에 보관되어 있던 폐연료봉으로부터 플루토늄을 채취했으며, 2003년 재가동한 5메가 와트 원자로에서 추가로 핵 물질을 추출해왔으며, 심지어는 우라늄 핵 개발 계획도 발전시켜 온 것으로 추정된다.

이와 같은 상황하에서 미국 정부와 의회에 6자 회담에 대한 회의론이 팽배하고, 6자 회담이 북한의 핵 개발 야욕을 억제할 수 있는 수단으로 유용한지 여부를 의심받는 것은 당연하다 하겠다. 지난 11월 5차 6자 회담이 개최되기 직전 톰 란토스 의원은 "북한이 제5차 6자 회담에서도 또 다시 지연전술을 쓴다면 미국 정부와 의회는 이를 견디기 어려울 것" 이라고 말한 바 있다.

그런데 란토스 의원과 워싱턴의 많은 다른 인사들이 우려한 바와 같이 북한은 5차회담에서도 핵 개발 계획을 포기할 의사가 없음을 분명히 하고 또 다시 지연전술을 썼다. 이번에는 북한 상사 8개와 마카오 은행에 대한 경제제재를 철회하라는 것이었다. 미국은 또 다시 북한의 지연 전술에 말리게 되자 극도의 좌절감을 맛볼 수 밖에 없게 되었다.

그러나 여기에 북한이 간과해서는 안될 점이 있다. 북한이 계속해서 벼랑 끝 전술과 지연전술을 써서 6자 회담을 무용지물을 만들면, 미국은 6자 회담이 추구하던 지역협력의 틀 밖에서 북한 핵 문제를 풀 수 밖에 없게 될 것이다. 미국이 6자 회담의 틀을 벗어나면 비교적 자유로이 국제적으로 인정된 각종 제재수단을 동원할 수 있다. 미국은 경제, 금융 제재를 취할 수 있으며, 북한이 해외에 수출하거나 수입하는 각종 화물을 세계 주요 항만에서 미국의 우방들의 도움을 받아 검사, 수색할 수도 있다.

지난 10월 미국 정부는 대량살상 무기와 관련된 정보를 거래한 북한 무역회사 8개와 이들 북한상사들이 마약 및 달라 위폐를 밀거래 해 벌어들인 돈을 돈세탁 해온 마카오 은행 Banco Delta Asia. 에 금융 제재를 가했다. 미 정부 당국은 마카오 은행에 대한 제재조치가 북한의 무역 및 금융, 특히 외환 조달 창구의 아칼레스 건을 다치는 것 임을 잘 알고 있었을 것이다.

또 한가지 북한 지도부에 압력을 가하는 효과적인 방법은 북한 내 인권 유린 상황을 국제사회에 알리는 것이다. 북한의 인권문제에 관한 국제대회가 오늘부터 3일간 서울에서 열린다. 미국의 Freedom House와 한국의 인권단체들이 공동으로 주관하는 이 대회는 미국 정부의 재정지원을 받는다. 미 국무부 북한인권특사 Jay Lefkowitz를 비롯 미 국무부 관리들도 이 대회에 참석한다. 물론 북한은 강력 항의 하겠지만 미국은 이미 인권문제를 북한에 대한 압력수단으로 이용한다는 방침을 정했다.

북한에게 남은 선택의 길은 명백하다. 북한은 미국을 6자 회담의 틀 안에 잡아두기 위해 최선의 노력을 기울여야 한다. 그래야 각종 경제 제재를 피할 수 있고 북한 내 인권 유린 상에 대한 국제적 비판도 덜 받을 수 있다.

이제 더 이상 북한은 벼랑 끝 전술이나 지연전술을 써서는 안 된다. 북한은 6자 회담 재개의 전제 조건으로 마카오 은행과 북한 상사에 대한 경제제재 철회를 더 이상 주장하지 말아야 한다. 북한은 또한 건설에 약 10년이 소요되는 경수로를 핵 개발계획 폐기 이전에 제공하라는 선 경수로 지원 주장을 철회해야 한다.

북한은 6자 회담 재개에 합의 하고 9.19 공동선언을 이행할 합리적인 제안을 하루 속히 제시해야 한다.

[OUTLOOK]North's strategy risks sanctions

U.S. complaints about the pace of nuclear talks have had no effect. But Washington has other options.

The significance of the joint statement adopted at the fourth round of the six-party talks on North Korea's nuclear disarmament was undermined by the North's demand that it be provided a light-water reactor before dismantling its nuclear programs. The fifth round of talks lasted only three days and was marred by another demand from the North, that the United States withdraw financial sanctions on a Macau bank and eight North Korean companies. Are the six-party talks on the North Korean nuclear program still a useful tool for solving the nuclear crisis?

More than three years have passed since North Korea acknowledged that it had resumed its nuclear weapons development program and defied the 1994 Agreed Framework in which it agreed to freeze its nuclear facilities. It also told a visiting U.S. team that it had a separate uranium development program. After a senior Chinese official conducted some diplomacy as an intermediary between Pyongyang and Washington, the six-party talks started and five rounds have been held so far.

But the results are rather meager; except for the Sept. 19 statement that North Korea would receive economic aid and diplomatic recognition in exchange for dismantling its nuclear programs, there has not been much achieved in the past three years. In the meantime, North Korea is presumed to have extracted plutonium from used fuel rods stored at Yongbyon, collected additional plutonium from its five-megawatt reactor that was reactivated in 2003 and even made progress in its uranium nuclear development program. Under such circumstances, it is natural that skepticism prevails in the U.S. government and the Congress over the usefulness of the six-party talks as a deterrent to North Korean nuclear ambitions. Before the last round of talks in Beijing in November, Congressman Tom Lantos said, "If North Korea employs delaying tactics again at the fifth round of six-party talks, the patience of the U.S. government and the Congress will run out."

As Mr. Lantos and others in Washington worried, Pyongyang proved that it had no intention to abandon its nuclear development program and resorted to delaying tactics again. North Korea introduced a new issue — a demand to withdraw the U.S. financial sanctions on eight North Korean companies and a Macau bank — at the fifth round. The United States is likely to be dragged around further by the delaying tactics of North Korea, so Washington must feel frustrated.

But there is one thing that the North should not overlook. If North Korea makes the six-party talks useless by resorting to brinkmanship and delaying tactics, the United States will give up the framework of regional cooperation, which the six-party talks represent, to solve the North Korean nuclear problem. If Washington abandons that framework, it can impose internationally accepted sanctions, including economic and financial sanctions on North Korean trading and financial arms overseas, and it can also carry out checks and inspections on North Korean goods at international ports and harbors with the help of friendly countries.

In October, the U.S. government imposed sanctions on North Korean companies involved in trafficking in the technology for weapons of mass destruction and on a Macau bank, Banco Delta Asia, that worked with North Korean companies laundering money from drug trafficking and the counterfeiting of U.S. currency. Washington must have known that imposing financial sanctions on the Macau bank was like striking the Achilles' heel of North Korea's trade and finance, especially the source of its meager foreign exchange holdings.

Another effective way of imposing pressure on North Korean leadership is by revealing the human rights situation inside North Korea to the international community. An international conference on North Korean human rights is being held in Seoul for three days beginning today. The conference, co-sponsored by the U.S. group Freedom House and human rights organizations in Korea, gets financial support from the U.S. government. Jay Lefkowitz, the U.S. special envoy for human rights in North Korea, and other State Department officials will attend. Pyongyang will react strongly, but Washington seems determined to use human rights to put pressure on North Korea.

The choice that lies before North Korea is clear. Pyongyang must try hard to keep the United States within the framework of the six-party talks if it wants to avoid various forms of economic sanctions and escape international pressure on human rights violations committed inside North Korea.

North Korea should not try to rely on brinkmanship or delaying tactics anymore. It must stop urging the United States to lift the financial sanctions on the bank and trading companies as a prerequisite to resume the six-party talks. Pyongyang must also withdraw its demand for a light water reactor before beginning a nuclear program dismantlement that will take about 10 years to complete.

The North must agree to the resumption of the fifth round of talks and present reasonable proposals for the implementation of the Sept. 19 joint statement as soon as possible.

* The writer is the editorial page editor of the JoongAng Daily.
by Park Sung-soo

나. 위장 평화공세

A. 평창올림픽과 북한의 비핵화 (Olympic truce is not everything) 게재일: 2018년 2월 1일

문재인 대통령은 평창동계올림픽을 북한 핵 문제 해결을 위한 평화협상의 장으로 만들겠다는 원대한 계획을 가지고 있다. 문 대통령은 북한이 평창올림픽에 참가하는 계기를 최대한 활용하여 스포츠를 통한 세계 평화의 증진이라는 올림픽 이상을 구현할 수 있게 되기를 희망한다.

문 대통령은 평창올림픽을 통해 남한과 북한이 화해와 평화를 성취하는 것이 실현 가능하다고 생각한다. 나아가 북한의 올림픽 참가를 계기로 평양과 워싱턴이 머리를 맞대고 직접 대화를 시작하는 보기 드문 장면이 전개될 수 있다고 생각한다.

올림픽 기간 중에 평화를 지키는 전통은 고대 그리스 시대에 올림픽 기간 중에 휴전을 선포하던 전통에서 유래한다. 고대 그리스 시대에는 올림픽이 열리는 기간에 올림픽 개최 도시가 공격을 당하지 않도록 하고, 올림픽에 참가하는 선수와 관중들이 경기가 열리는 도시까지 안전하게 여행하고 제전이 끝나면 안전하게 각자 거주지로 돌아갈 수 있도록 하기 위해 휴전을 선포하였다.

올림픽 기간에 선포하는 휴전은 올림픽 개최 직전부터 대회 기간 중에 전쟁을 중단하는 한시적인 조치였다. 고대 그리스에서 실시하던 이 휴전의 전통을 IOC가 1998년 모든 회원국들에게 현대 올림픽 기간 중에도 준수하라고 촉구하였다.

북한 김정은이 신년사를 통해 갑자기 평창올림픽에 선수단을 파견하겠다고 선언한 것은 분명 IOC의 권고를 준수하기 위한 것은 아니다. 김정은은 북한이 평창올림픽에 참가하면 미국측에게 한미합동군사훈련 실시를 올림픽이 끝날 때까지 연기할 것을 제안하겠다고 한 문제인 대통령의 제안에 구미가 당겼던 것이다.

북한이 문대통령의 제안을 받아들인 이유는 다음 두가지로 보인다.

첫째, 핵탄두 개발을 완료하였으며, 미국 본토에 있는 목표까지 핵탄두를 운반할 장거리 미사일도 보유하고 있다고 호언하는 북한은 한미합동군사훈련이 연기되면 핵무기 개발을 마무리하는 데 필요한 시간을 벌 수 있다는 이점이 있다.

둘째, 평창올림픽에 선수단뿐 아니라 공연단, 응원단, 태권도 시범단, 참관단 등 500여명의 인원을 파견해 올림픽에 시선들 집중하고 있는 전세계를 상대로 대대적인 체제 선전활동을 벌이는 등 평화공세를 펼칠 수 있기 때문이다.

한편으로는, 북한이 연이어 장거리 로켓 발사 실험을 강행하는 등 핵개발과 군사도발을 지속하는 가운데 북한과 가까운 평창에서 동계올림픽을 치르는 데에는 분명 선수들의 안전이 위협받는다는 측면이 있다. 일부 국가에서 이 때문에 안전문제로 불참 가능성을 거론하기도 했다. 북한의 참가가 이런 우려를 불식시켜 평창올림픽 흥행에 도움을 주는 것은 사실이다. 그러나 구걸해서 얻은 평화는 오래가지 못한다. 북한은 벌써부터 노동신문(1월21일자)을 통해 "역대 최악의 인기 없는 경기 대회로 기록될 수 있는 이번 겨울철 올림픽 경기 대회에 우리가 구원의 손길을 보내주었다"고 생색을 내기 시작했다. 올림픽이 끝나면 더 큰 평화올림픽 대가를 요구할 것이고 요구가 충족되지 않으면 핵무기로 위협할 것이다.

핵 보유국이라는 갑의 위치에 있는 김정은은 핵이 없는 우리에게 한미군사훈련을 영구 중단하라, 유엔의 대북 재제 결의에 입각한 5.24조치, 개성공단 폐쇄, 금강산 관광 중단을 철회하라고 압력을 가하고 있다. 그러나 북한 스스로 못 박은 것처럼 올림픽과 비핵화는 전혀 별개의 사안이다. 북한의 비핵화 없이는 한미 훈련을 중단해서도, 평화협정을 체결해서도 안 된다.

로켓맨 김정은은 그의 핵무기 장난감으로 미국 본토와 유사시 주한미군을 지원할 괌, 하와이, 일본에 있는 미군기지를 위협함으로써 미국과 일본의 손발을 묶어놓을 수 있다고 생각한다. 그런 다음 한반도에서 군사도발을 일으키면 손쉽게 적화통일을 이룰수 있다는 계산이다.

전쟁을 피하기 위해 평화협상을 체결했다가 적의 속국으로 전락한 사례가 많이 있다.

월남은 파리평화협정이 체결되고 미군이 철수한 후 1년 반 만에 패망했다. 지금 우리나라 상황이 월남 패망 당시의 상황과 너무 유사하다고 걱정하는 사람들이 많다. 최근 미국 고위관리들이 북한의 평화공세를 경계하는 발언을 쏟아내고 있다. 마이크 펜스 부통령은 "북한이 평창올림픽을 '납치'(hijack)해 체제 선전장으로 활용하고 있다"고 경고하였으며, 마이크 폼페오 중앙정보국장은 북한이 평창올림픽을 활용해 '핵 있는 평화'를 선전하려 한다고 말했다.

평창올림픽 개막을 앞두고 북한이 대규모 열병식을 벌이고, 마식령에서 남북한 선수들이 참가하는 스키행사를 개최하는 것은 평창올림픽을 북한의 체제선전에 이용하는 것이다. 대회기간 중 홍수를 이루게 될 북한 미녀응원단과 공연단에대한 언론보도는 북한을 핵을 장난감 삼아 세계 평화를 위협하는 로켓 맨 김정은의 나라라는 이미지를 벗고, "평화를 사랑하는 미녀들의 나라"라는 이미지를 부각시킬지 모른다.

문재인 대통령의 평화 올림픽 구상으로 인해 평창이 북한체제의 선전장으로 이용되면 평창올림픽은 평양올림픽이 될 우려가 크다. 문 대통령이 올림픽 이후에도 북한과 화해 무드를 지속하기 위해 한미군사훈련을 지연시키거나, 평화협정 체결을 추진하는 등 북한의 평화공세에 말려들면 더 심각한 상황이 조성될 것이다. 여론은 분열되고, 동맹간의 사이도 벌어지게 될 것이며, 우리의 국가안보는 전대미문의 위기에 봉착하게 될 것이다.

Olympic truce is not everything

Park Sung-soo

President Moon Jae-in has an audacious plan to turn the PyeongChang Winter Olympics into a venue for peace talks on the North Korean nuclear issue. President Moon is hopeful of promoting the Olympic ideal of seeking world peace through sports by making the best use of North Korea's participation in the PyeongChang Olympics.

He thinks it possible to achieve peace and reconciliation between South and North Korea. He even thinks it possible to use North Korea's participation as a rare chance for starting a dialogue between Pyongyang and Washington.

However, the tradition of keeping peace during the Olympic Games, which originated from ancient Greece, was a truce that was observed during the Olympics. A truce was announced to ensure that the host city was not attacked during the Games and athletes and spectators could travel safely to the Games and peacefully return to their respective countries.

The Olympic truce was a temporary measure of laying down arms before and during the Olympic Games. In 1998, the International Olympic Committee (IOC) renewed the tradition by calling upon all nations to observe this truce during the modern Games.

Obviously, North Korean leader Kim Jong-un's unexpected declaration in his New Year's address that he would send athletes to the PyeongChang Olympics was not in answer to the IOC's recommendation to observe the Olympic truce. Kim Jong-un is interested in President Moon's proposal to ask Washington to postpone the annual South Korea-U.S. joint military exercise till the end of the Games if the North participates in the PyeongChang Games.

The reasons behind Kim's decision to participate are quite clear.

First, Pyongyang, which boasts of having completed the development of both nuclear warheads and long-range missiles capable of delivering bombs to continental targets, can gain time to make final touches to its weapons plans.

Second, Pyongyang can stage a large scale peace offensive towards the Olympic audience worldwide by mobilizing a delegation of about 500, which includes a performance group, a cheering squad, a martial arts performance group and observers, to accompany athletes.

However, it cannot be denied, in light of the situation where North Korea has continued to stage military provocations by test firing long-range missiles, that there is a security problem in staging the Olympics in Pyeongchang, which is near the border with the North. There were countries that considered non-participation out of worries over the safety of their athletes. Thus, North Korea's participation itself has contributed to making PyeongChang a success with the participation of the largest number of athletes from the largest number of countries.

But no peace comes without a price. North Korea's propaganda organ, Rodong Sinmun, on Jan. 21 reported, "We have extended a helping hand to the Winter Olympic Games. Otherwise, it would have gone down in history as the most unpopular and the worst Games ever held." Even before the Games open, they have started to give self-credit for their participation. Once the Games are over, they will certainly come up with demands for even bigger rewards. If they are not satisfied, they will threaten Seoul with nuclear weapons.

From the privileged position of being a nuclear power, Kim Jong-un now puts pressure on the South, a non-nuclear state, to stop annual joint drills with the U.S. permanently, reopen the Kaesong Industrial Complex, resume tourism projects at Mount Kumgang and withdraw sanctions against the North taken in compliance with UN resolutions. However, participation in the Olympic Games is one thing, and denuclearization is another. If the North takes no action towards denuclearization, the joint South Korea-U.S. military exercise should not be stopped, nor should a peace agreement with the North be signed.

The Rocket Man thinks he can bind the hands and feet of the United States and Japan by threatening, with his nuclear toys, the American military bases in Guam, Hawaii and Japan, which will assume the role of supporting U.S. Forces in South Korea in case of emergency. He thinks he will then be able to unify the peninsula single-handedly.

In history, there are precedents in which countries that pushed for a peace treaty to avoid a war become subjected to their rival. In the case of Vietnam, the Paris Peace Accords were signed first and then the U.S. forces withdrew. It was only one and half years after the U.S. troop withdrawal that Vietnam collapsed. There are many people who worry that many things in South Korea nowadays resemble those in Vietnam the night before its collapse.

Staging a military parade on an unprecedented scale in Pyongyang, on the eve of the Olympics, is a shameless act of using the Olympics for the propaganda of the North Korean regime and its leader Kim Jong-un. Flooding press reports and television coverage of the performances of the North Korean art troupe and cheering squad will overflow in the international press. It is possible that the reports on pretty North Korean performers and cheerleaders will change the image of North Korea — from a strange idiotic country of the Little Rocket Man, who threatens world peace with his nuclear toys, to a country of peace-loving pretty girls.

Due to President Moon's audacious plan to make the Olympics an event for "peace and reconciliation," there is the concern that it will be remembered as the Pyongyang Olympics instead of the PyeongChang Olympics. An even more worrisome situation will be created if President Moon tries to extend the Olympic truce for a prolonged period to cater to North Korea's peace offensives. Then, public opinion will be divided, allies will be fractured, and the nation will be in the turmoil of an unprecedented crisis.

> Reports on cheerleaders may change North Korea's image to one of peace-loving pretty girls.

The author, a former minister at the Korean Embassy in the United Kingdom, is a former visiting professor of media studies at Myongji University.

B. 평양에 진정 변화가 오는가? (Is Pyongyang 'Gonna Fly Now?') 게재일: 2012년 8월 8일 (국문 번역)

김정은 체제 출범 7개월 만에 김정은의 고모부 장성택이 이끄는 로얄 패밀리가 총 참모장 리영호를 숙청하는 권력투쟁이 벌어졌다. 이를 계기로 김정은은 예상보다 빨리 선군 노선을 버리고 실용주의 노선을 택하게 될 것으로 보인다.

김정은이 선군정치를 버릴 것이라는 것은 이미 예견된 일이다. 고모 김경희와 고모부 장성택 등 로열 패밀리와 당과 군 지도부의 도움으로 권력을 유지하는 집단지도 방식으로는 선군정치를 할 수 없기 때문이다. 선군정치란 국가 예산과 권력을 군에 몰아주는 군 영합주의적 통치방식으로 국가지도자가 군을 제어할 강력한 리더쉽을 발휘할 수 있어야 유지가 가능하다. 군을 제어할 카리스마가 없는 김정은은 군이 저항하면 수뇌부를 숙청하는 것 이외에 달리 방법이 없는데 그 다음에는 아무도 '선군'이라는 말을 믿지 않을 것이다.

탈북 지식인 단체 'NK 지식인 연대'가 입수한 북한 내부 정보에 의하면 리영호는 7월 15일 노동당 중앙위원회 정치국 상무위원회에서 장성택 그룹이 설계한 "신경제재건정책(6.28방침)" 채택에 반대하고, "장성택이 강성무역총회사를 비롯해서 총 참모부산하의 알짜배기 무역회사를 내각에 넘겨주는 문제를 검토하였는데, 이는 결국은 장성택이 이 회사들을 자기 손안에 넣으려고 하는 것이라고 생각한다."라며 항의했다고 한다.

결국 김정은이 자리를 박차고 일어나 "나를 따르지 않고 나의 령도를 받들지 않는 사람은 함께 혁명을 할 수 없고, 그런 사람들은 주체혁명위업을 계승해 나가는 데 방해가 된다"라고 선언하고, "오늘 정치국 상무위원회에서 망발한 리영호총참모장을 모든 직위와 직급에서 즉시 해임한다"고 선언했다.

김정은이 권력유지를 위해 주민들의 먹는 문제 해결에 우선권을 두면서 문제가 불거지기 시작했다. 주민들의 먹는 문제를 해결하려면 경제를 재건해야 한다. 그런데 선군정치 14년 동안 내각이 군에 밀리는 바람에 실속 있는 사업들은 모두 군에 빼앗기고 내각은 난제가 산적한 누더기 경제를 관리하는 형편이다. 국가경제를 재건하려면 군이 독점하고 있는 사업들을 내각에 이관하는 것이 필수적이다. 그러나 군은 독점적 이익을 누려온 각종 경제사업과 총 참모부 산하 알짜배기 무역회사들을 넘겨주지 않으려고 강력하게 저항했고, 장성택은 군이 주요 경제사업을 장악하고 있는 한 주민들의 먹는 문제를 해결할 수 없다는 주장을 굽히지 않아 로열 패밀리와 군부의 충돌은 불가피했다.

최근 북한에는 여러 가지 변화의 조짐이 일어나고 있다. 베이징대 국제관계학원 주펑 교수에 의하면 국경지역에 있는 북한 도시에 중국인들도 참여할 수 있는 자유시장이 개설되고 있다고 한다. 주민들의 생활에도 변화가 오고 있다. 인민일보 7월 28일자는 "최근 평양 만수대 지구에 주택건설 사업이 시작되고, 능라 유원지에 돌고래관과 미니 골프장이 들어서는 등 시민들의 휴식과 오락시설이 크게 늘었다"고 보도했다.

흥미로운 사실은 이와 같은 변화의 중심에 김정은이 있다는 것이다. 최근 북한 언론은 김정은이 공식행사에 부인을 동반하고 참석한 사실을 보도하기 시작했다. 7월 7일 김정은이 부인 이설주와 함께 참관한 모란봉 악단 시범공연에는 영화 "록키"의 주제곡 "Gonna Fly Now"가 연주되었고, 스크린에는 록키가 쏘련 복서 이반 드라고에게 일격을 가하는 장면이 방영되었으며, 프랭크 시나트라의 "마이 웨이"가 연주되고, 미키 마우스 등 디즈니 캐릭터도 등장했다.

"미 제국주의 타도"를 부르짖는 북한의 최고 지도자 앞에서 '어메리칸 드림'을 상징하는 영화의 주제곡이 연주되고, 소련의 인민영웅이 케이오 당하고, 자본주의의 상징 디즈니 캐릭터가 등장하는 공연이 펼쳐진 것은 놀라운 일이다. 더욱 놀라운 것은 이 공연이 김정은이 엄지 손가락을 들어올리는 장면과 함께 북한 국영TV에 녹화 방영되었다는 것이다. 때문에 "외국의 발전된 건 수용하라"는 김정은의 지시가 김이 미국에 개방적인 자세를 취할 것 임을 암시한다는 해석이 나오기도 했다.

그러나 아직 김정은이 진정 개혁 개방으로 나갈 것이라고 기대하는 것은 이르다. 첫째, 북한은 아직 선군정치 유지를 공언하고 있다. 북한 외무성은 7월20일 대변인 성명을 통해 미국이 대북적대노선을 포기하지 않으면 "핵 문제를 전면 재검토하겠다"고 위협했다. 중국 인민일보는 이를 "북한이 경제건설과 함께 기존의 선군정치 발전에도 주력"하고 있다는 것을 보여준다고 해석했다. 둘째, 김정은의 야심적인 경제개선 조치들이 성과를 거두어야 한다. 10월부터 시행될 기업의 자율경영권 확대, 협동농장 분조 인원 축소, 근로자 임금 인상 등이 조기에 성과를 거두어야 김정은이 주민들의 지지를 얻어 권력기반을 안정시킬 수 있기 때문이다. 우리는 한반도 정세의 안정을 위해 북한이 하루 빨리 '선군'을 버리고 실용주의 노선으로 나아가기를 고대해 왔다. 이제 정부는 북한의 경제구조 개선 노력을 지켜보면서 북한의 경제재건을 측면 지원하는 데 활용 가능한 우리측 카드를 점검해야 하겠다.

Is Pyongyang 'Gonna Fly Now?'

Park Sung-soo

Seven months after Kim Jong-un assumed power in North Korea, the army's chief, Ri Yong-ho, was purged by Kim's uncle Jang Song-thaek. As a consequence, the young North Korean leader is expected to abandon the "military-first" policy, a political and economic principle adopted by Kim Jong-il, sooner or later and will adopt a pragmatic line of economic reconstruction. It is time for South Korea to watch the developments in the North and cope with the wind of change.

North Korea experts predicted that Kim Jong-un would abandon the "military-first" policy. They reasoned that it is difficult to maintain a "military-first" policy under collective leadership, in which a royal family headed by Kim's aunt Kim Kyong-hui and uncle Jang Song-thaek and the leaders of the party and the military help rule the country. For a leader like Kim Jong-un who does not have adequate charisma to rein in the Army, there is no other means but purging the military chief when the Army disobeys.

According to a North Korean source close to the Solidarity of NK Intellectuals, an organization of intellectuals who fled from the North, Ri Yong-ho objected to the adoption of the "New Economy Reconstruction Plan" presented by a group under Jang Song-thaek at a meeting of the Political Bureau of the Central Committee of the Workers' Party held in the presence of Kim Jong-un on July 15. He said, "Jang Song-thaek recently studied the plan for the transfer of profitable businesses under the General Staff Department, including the Army's trading arm Kangsong General Trading Company and others, to the cabinet. It is a ploy to lay his hands on them."

We have looked forward to the day of stability of the situation on the Korean Peninsula, when the North discards its 'military-first' policy' and adopts a pragmatic line.

At last, Kim Jung-un jumped up from his chair and said, "Those who do not follow me or respect my orders cannot participate in a revolution with me." Then, he declared, "Ri Yong-ho, who uttered thoughtless words at today's meeting, is relieved of all his posts and rank."

The struggle originated from Kim's decision to give priority to the food shortage. To do that, it is necessary to restructure North Korea's ailing economy. However, the economic sector under the control of the state council is in tatters as the cabinet was a secondary priority during 14 years of "military-first" policy. In order to make up for the food shortage and reconstruct the economy, therefore, it is urgently needed to transfer the economic projects monopolized by the Army to the cabinet. But the Army strongly resisted the plan to transfer them together with profit-bearing trading arms of the General Staff Department to the state council.

There are also signs of change in the lives of North Korean people. According to Feng Zhu, a professor of international relations at Peking University, free markets in which Chinese merchants can participate are opening in North Korean cities along the border. The People's Daily of China reported on July 28, "The number of leisure and entertainment facilities in Pyongyang has increased greatly. A housing project has been launched in the Mansudae area, and a dolphin show hall and a mini-golf course are open at Rungna People's Pleasure Ground."

It is noteworthy that Kim Jung-un is at the forefront of change. North Korean media has started to carry reports, photos and video footage of Kim accompanying his wife at official functions. During a performance by the Moranbong Troupe held in honor of Kim Jung-un and his wife on July 7, the theme song from "Rocky," "Gonna Fly Now," was played; the scene where Rocky knocks out the Soviet boxer Ivan Drago was shown; the

Frank Sinatra hit "My Way" was played; and performers dressed as Disney characters were featured.

At a performance staged in honor of the supreme leader of the country that cries out "Down With American Imperialism!" the theme song from a film that symbolizes the American Dream was played, the scene of an American hero knocking down a Soviet hero was shown, and Disney characters, an embodiment of cultural imperialism, were featured!

Even more surprising is that North Korean Central TV broadcast the entire program five days later, highlighting the scene of Kim applauding and giving the thumbs-up. The remark he made right after the performance — "We should boldly accept good things in other countries and make them our own," — is interpreted as a sign that the North will open up toward the United States.

However, it is premature to predict that Kim's westernized taste will lead to genuine reform. North Korea still insists on the goals set out by the "military-first" policy. On July 20, Pyongyang claimed that the United States was involved in the plot to demolish statues of North Korean leaders and declared, "The situation compels North Korea to totally re-examine the nuclear issue." The People's Daily interpreted the statement as proof that "North Korea concentrates its efforts on the development of the 'military-first' policy along with the efforts to build up the economy."

We have looked forward to the day of stability of the situation on the Korean Peninsula, when the North discards its "military-first" policy and adopts a pragmatic line. It is time for us to watch North Korea's efforts for economic reconstruction and check options that we can use when it is fit for us to provide support to the North.

The author is a visiting professor of communications at Sejong University.

다. 통미 봉남

A. 클린턴의 강하고 직접적인 외교 (Clinton's 'tough and direct diplomacy') 게재일: 2009년 2월 27일 (국문 번역)

지난 일요일 미국의 신임 국무장관 힐러리 로담 클린턴은 취임 후 첫 아시아 순방을 성공적으로 마쳤다. 순방 중 클린턴의 막힘 없는 발언은 화려하게 뉴스 헤드라인을 장식했지만 그 바람에 북한의 김정일과 추종세력 그리고 남한의 햇볕정책 옹호론자들은 크게 실망하고 좌절했을 것이다.

북한은 오바마 정부가 들어서면 보수적인 부시 정부보다 유연한 대북 포용정책을 쓸 것으로 기대했을 것이고, 그렇기 때문에 부시 정부가 양보에 양보를 거듭한 핵시설에 대한 검증 방안 채택을 거부하고 작년 7월부터 6자 회담을 결렬시켰다.

그런 마당에 클린턴이 후계 계승문제로 북한이 위기에 봉착할 수 있을 것이라는 등, 김정일 위원장을 만날 의사도 계획도 없다는 등 거침없이 쏟아냈으니 북한 지도부로서는 황당하고 난감하기 그지 없었을 것이다. 미국의 국무장관이 제3국의 후계문제에 대해 용훼하는 것이 과연 합당한 일인지에 대해서는 논란의 여지가 있다. 그러나 어떻든 클린턴의 솔직한 발언은 오바마 정부의 대북정책이 과거와 많이 달라졌다는 것을 말해준다. 클린턴의 발언은 미국이 후계문제와 같은 북한 내부정세 변화도 협상에 활용하는 적극적인 정책을 구사할 것이라는 의지를 반영한다. 미국은 이제 더 이상 북한의 벼랑 끝 전술에 끌려 다니지 않을 것이며, 모든 방법을 동원해 적극적인 자세로 대응해 나갈 것이라는 것이다.

북한 후계문제를 언급하면서 클린턴은 "한국은 북에서 무슨 일이 일어나고 있는지, 후계문제가 어떻게 될지, 그것이 남한에 어떤 영향을 미칠지 매우 우려하고 있다" 고 말했는데, 미 국무장관으로서는 이례적인 발언이다. 이로 미루어 한미 양국은 북한 후계문제를 놓고 심도 있는 협의를 진행하고 있으며, 김정일 사후 대책도 수립하고 있다는 것을 알 수 있다.

 벼랑 끝 전술과 함께 북한이 즐겨 쓰는 전술은 소위 "통미봉남"이다. 북한은 미국의
정권교체기 등에 이 전술을 쓴다. 이번에도 북한은 미국에 대화를 구애하면서, 남한에
대해서는 군사도발 위협, 남북합의서 무효화, 서해 해상 군사분계선 백지화 선언 등 도
발의 수위를 높이고 있다. 이 같은 책동을 의식한 듯 클린턴은 "북한이 한미관계를 이
간시키려 하는 것은 오산이다. 한미동맹은 그 어느 때보다 굳건하다."고 말했다. 오마
바 정부는 한국 어깨너머로 북한과 협상하는 일은 없을 것이며, 한미동맹이 미북 직접
대화에 우선한다는 것이다.

 클린턴은 오바바 정부의 대북 정책 기조도 밝혔는데 한마디로 "선 핵 폐기, 후 외교관
계 수립"으로 요약된다. 순방에 앞서 가진 아시아 소사이어티 연설에서 클린턴은 "북
한이 진정으로 핵 계획을 완전하고 검증 가능하게 제거할 준비가 되었다면 오바마 정
부는 북미관계를 정상화할 용의가 있다."라고 말해 대북 협상의 목표가 북한 핵 계획
의 "완전하고 검증 가능한 제거"에 있음을 분명히 했다. 일본으로 가는 비행기에서는
"우리의 목표는 북한의 비핵화에 있으며, 그것은 모든 종류의 핵 개발계획을 완전하고
검증 가능하게 밝히는 것"이라고 말했다. 클린턴은 "검증가능하고 완전한 폐기와 비
핵화"라는 표현을 쓰기도 했다. 이들 표현은 사실상 부시 1기 정부가 협상 목표로 정한
CVID(완전하고, 검증 가능하며, 되돌릴 수 없는 폐기)와 같다.

 이번 순방에서 밝혀지지 않은 것은 북 핵 문제에서 중국의 역할이다. 클린턴은 중국
지도자들과 만나기 전 기자들에게 "6자 회담과 관련 중국이 어떤 역할을 할 용의가 있
는지, 북한과 양자 관계에서 무엇을 할 수 있을지 알 수 없다."고 말해 중국의 역할에 반
신반의하고 있음을 숨기지 않았다. 그리고 중국지도자들과 회담 후에도 "중국은 6자
회담의 의장국으로서 항상 긍정적인 역할을 해왔다"라는 공식 입장을 되풀이 하는데
그쳤다. 두 가지로 해석할 수 있는데, 특별한 협의 내용이 없었거나 아니면 양국이 그
내용을 공개하기를 원치 않거나 둘 가운데 하나로 보인다. 앞으로 어떤 상황이 전개될
지 지켜보는 수밖에 없다.

결국 클린턴은 오바마 정부의 "강하고 직접적인 외교"가 무엇인지 그 진수를 보여주었다. 대북 교섭에 있어서 강하고 직접적인 외교는 북한의 비핵화 원칙을 견지하는 것이다. 그리고 북한의 벼랑 끝 전술에 휘둘리지 않고 북한이 통미봉남으로 한미관계를 이간시키는 것을 좌시하지 않는 것이다.

클린턴의 아시아 순방 중 발언으로 미루어 이제 북한은 현실을 직시해야 할 것 같다. 북한지도부는 북한이 장거리 미사일을 발사하더라도 오바마 정부는 놀라지 않을 것이라는 것을 알아야 한다. 그들은 벼랑 끝 전술이 굳건한 한, 미, 일 공조 앞에서는 통하지 않는다는 것을 알아야 한다. 또한 지도자 승계 문제가 불확실한 상황에서 북한이 주변 강대국들과 대치하는 것이 현명한 일인지 숙고해야 할 것이다. 이제 북한은 2007년 6자 회담 합의사항을 이행하고 북한 주민들에게 필요한 경제, 에너지 등 필요한 지원을 얻어야 할 때다.

[Viewpoint]Clinton's 'tough and direct diplomacy'

The secretary of state showed Kim Jong-il his immature, irresponsible tactics will not affect the U.S.-South alliance.

February 27, 2009

Hillary Rodham Clinton, U.S. secretary of state, rounded up her first official tour of Asian countries successfully on Sunday. The remarks she made during the trip decorated headlines around the world. But they must have given frustration to Kim Jong-il and his followers in the North and sunshine policy supporters in the South.

The North Koreans were obviously expecting more or less flexible engagement policy from the incoming Obama administration. In anticipation for that, they broke off the six-party talks since July last year refusing to agree on a set of verification procedure for the inspection of its nuclear facilities.

It was unfortunate for the North, therefore, that Hillary Clinton never hesitated to say that North Korea could be in a crisis situation due to succession problem and that she had no intention or plan to meet North Korean leader Kim Jong-il. North Korean leaders must have been shocked to hear such awful words.

Obviously, there is a controversy over whether it was proper for the secretary of state of the United States to meddle in the succession problem of a third country. However, her frank remarks reflect the change in the U.S. position in negotiations with North Korea. They are the expression of will that the United States will pursue an active strategy of utilizing internal changes in North Korea, such as succession problem, in its nuclear deal with the North. That is, Washington will not be dragged along by the North's brinkmanship tactics any longer but will respond actively to the North by utilizing all available means.

Referring to the succession problem, Clinton said, "They (South Koreans) are confronting a lot of worries about what's up in North Korea, what the succession could be, what it means for them." It was unusual for the secretary to sympathize the worries of another country. Her remarks are the reflection that the two countries are in close cooperation over the issue and are discussing a contingency plan for post Kim Jong-il era.

Besides the brinkmanship tactics, there is another tactic the North resort to. That is the tactic of "talking with the U.S. while isolating the South." When there is a change of government in Washington, North Korea uses the tactic. It was no exception this time, while appealing for a dialogue with Washington, the North started to threaten the South with possible military provocations, cancellation of inter-Korean agreements and invalidation of maritime demarcation line, etc. As if to nail it, Clinton said, "If North Koreans are going to drive a wedge between the United States and the Republic of Korea, they are badly miscalculating that." "Our alliance is stronger than ever," she added.

It means the Obama administration will not promote a deal with North Korea behind South Korea's back. In other words, the Korea-U.S. alliance has priority over a direct talk between Washington and Pyongyang.

The administration's position on the nuclear deal was also defined by her. It can be summed up as "dismantlement first, diplomatic normalization later."

In an address to the Asia Society, she said, "If North Korea is genuinely prepared to completely and verifiably eliminate their nuclear weapons program, the Obama administration will be willing to normalize bilateral relations···" She said her goal lies in "completely and verifiably eliminating" North Korean nuclear weapons program. On the plane en route to Japan, she said, "My goal is the denuclearization of North Korea, and that means a verifiably complete accounting of whatever programs···" She also used such expression as "verifiable and complete dismantling and denuclearization." Literally, they all sound the same with CVID? complete, verifiable, irrevocable, dismantlement ? the goal set by the first-term Bush administration officials.

One thing left unclear is the role China plays in the North Korea issue. Prior to her meetings with Chinese leaders, she said, "What will China be willing to do with respect to the six-party talks and their bilateral relationship with North Korea?" She did not conceal she was half in doubt and half in expectations.

After the meeting with the Chinese leaders, however, she did not say a word except the official position: "China has already contributed in positive ways, as the chair of the six-party talks." Either there was not much discussion, or the two sides were not willing to disclose the contents. We have to wait and see what comes next.

All in all, Clinton revealed the essence of "tough and direct diplomacy" of the new administration. In talks with North Korea, the tough and direct diplomacy of the Obama administration is keeping the principle of denuclearization. It also means that the United States will not be swayed by North Korea's brinkmanship tactics nor allow North Korea to drive a wedge between Washington and Seoul any longer..

Judging from the remarks Clinton made during her Asia tour, it is time for North Korea to face facts as they are. The North Korean leaders should realize that the Obama administration will not be surprised even if they launch a long-range missile.

They should realize that the brinkmanship tactics will not work as long as the alliance among South Korea, the United States and Japan is tightly maintained. They should also consider whether it is wise to confront against its neighboring powers when its leadership situation is shaky. It is time for North Korea to fulfill the obligations in the 2007 agreement and get economic, energy and other necessary assistance for North Korean people.

* The writer, a former editorial writer of the JoongAng Daily, is a visiting professor of media studies at Myongji Univeristy.

B. 노무현-김정일 정상회담? (A Roh-Kim summit meeting?)

게재일: 2004년 9월 3일 (국문 번역)

북한은 미국과 직접 거래하는 협상 전략을 바꾸지 않을 것으로 보인다.

노무현 대통령과 북한 지도자 김정일 간 정상 회담이 북핵 문제에 대한 해결책을 찾는 데 도움이 될 것인가? 이해찬 국무총리는 최근 니혼게이자이 경제신문과의 인터뷰에서 "북핵 문제가 해결의 실마리를 찾는 것이 중요하다. 남북정상회담이 재개된다면 핵 문제의 실마리를 찾는 데 도움이 될 수 있는 회담이 되는 것이 바람직하다."라고 말했다.

이 총리는 남북 정상회담 보다 북핵 문제 해결을 먼저 언급할 만큼 신중하기는 하지만, 핵 문제보다는 정상회담에 더 관심이 많은 것이 분명하다. 어떻게 보면 이총리가 핵 문제를 언급한 것은 노-김 회담 추진의 필요성을 강조하기 위해서일 수도 있다. 정치권에는 지난 몇 달 동안, 특히 6월 들어, 2000년 역사적인 남북 정상회담 4주년을 맞아 남북정상회담이 열릴 것이라는 소문이 돌고 있다. 김대중 전 대통령이 평양을 방문할 것이라는 소문, 전 국가 정보원장 임동원을 평양에 특사로 파견할 것이라는 소문도 있다. 회의 장소로는 제주도나 금강산이 거론되고, 회의 개최 시기는 10월이라는 등이다. 노-김 회담의 망령이 여권 핵심 인사들의 뇌리에 아직도 맴돌고 있다.

북핵 문제 해결에 도움이 된다면 이총리 뿐 아니라 모든 한국 국민은 이런 남북정상회담을 환영할 것이다. 나아가 남북한 지도자들이 만나서 교착상태에 빠진 북핵 협상을 타결한다면 매우 이상적일 것이다.

그러나 북한이 미국과 직거래하는 협상 전술을 바꿀 가능성은 낮다. 북한은 오래 전부터 핵문제는 미국과 북한 사이에서 해결해야 한다고 주장해 왔고 핵 협상에서 한국의 역할을 부인해 왔다. 북한에게 핵무기 개발 프로그램은 북한의 생존이 달려 있는 중대한 보험이다. 북한은 정권의 안전 보장, 제재 해제, 에너지와 금융을 포함한 경제 지원, 외교적 승인 등 자신의 정책 목표가 미국과의 직접 협상을 통해서만 달성될 수 있다는 것을 잘 알고 있다. 게다가 핵 문제에서 한국은 미국, 일본과 긴밀한 협력관계를 유지해야 할 의무가 있어 자유롭지 않다는 것도 알고 있다.

따라서 평양은 핵문제와 남북협력 카드를 역비례적으로 사용해 왔다. 미국이 대북 압박을 강화하는 정책을 취하면 남한으로 눈을 돌려 남북협력 프로젝트를 추진했다. 올 상반기 각종 남북협력사업이 추진됐다. 잦은 경제협력 회의와 각료회의 외에도 군사회담이 두 차례 열렸다. 양측 군 당국은 처음으로 회의를 열고 비무장지대 내에 설치된 모든 방송시설을 해체하고 양측 서해 해군사령부 간 핫라인 채널을 가동하기로 합의했다.

불과 몇 년 전만 해도 남북의 고위급 군지휘관들이 한자리에 모여 긴장완화와 소통창구 개방에 대해 합의한다는 것은 상상조차 할 수 없는 일이었다. 남북은 또 남북을 잇는 끊어진 철로의 연결, 남북을 잇는 도로 건설, 개성공단 시설 증설, 금강산 당일 관광코스 개설 등 협력사업을 성사시켰다.

이처럼 예외적으로 활발한 남북 간 협력과 사업의 진전은 한때 남한 내 일각에서 북한이 크게 변했고, 그래서 북핵 문제에 관한 제3차 6자회담이 큰 진전을 이룰 것이라는 생각을 갖게 했다.

6월에 열린 3차 회담은 정말 진전을 이루었다. 그러나 그것은 북한이 바뀌었기 때문이 아니라 미국이 새로운 제안을 했기 때문이다. 남한에 대한 북한의 태도에는 전형적인 "깜짝" 변화가 나타났다. 평양은 지난 3주 안에 열릴 예정이었던 군사 회담과 제14차 장관급회담, 제10차 경제협력회의 등에 대표단을 파견해 달라는 서울 측 요구에 응하지 않고 있다.

북한은 지난 7월 한국이 동남아에서 탈북자 468명을 공수해 온 것과 김일성 사망 10주기에 남한 인사들의 조문을 위한 방북을 불허한 것 등을 비난했다. 그러나 남북 협력사업 추진을 위해 사전에 합의한 군사회담, 각료회담, 경제협력 회의 일정을 탈북자 문제와 김일성 조문 문제를 이유로 취소하는 것을 이해할 수 없다. **Roh-Kim**

A Roh-Kim summit meeting?

The North is not likely to change its negotiating tactics of directly dealing with Washington.

Friday, September 3, 2004

Will a summit meeting between President Roh Moo-hyun and North Korean leader Kim Jong-il be conducive to finding a solution to the North Korean nuclear problem? Prime Minister Lee Hae-chan was quoted by a Japanese economic daily, Nihon Keizai, as having told the paper in a recent interview: "I think it important that the North Korean nuclear problem find a way to a solution. If a South-North summit meeting is to be resumed, it is desirable that the meeting should be one that can help find a clue to the nuclear problem."

Prime Minister Lee is discreet enough to put the solution of the North's nuclear problem ahead of the inter-Korean summit meeting, but it is apparent that he is more interested in the summit meeting than the nuclear issue. In a way, Mr. Lee might have mentioned the nuclear issue to emphasize the necessity of promoting a Roh-Kim meeting.

There have been rumors about an inter-Korean summit meeting in the political community in the past months, especially in June, on the occasion of the fourth anniversary of the historic South-North Summit Meeting in 2000.

Rumors circulated that former President Kim Dae-jung would visit Pyeongyang; that former director of the National Intelligence Service Lim Dong-won should be sent to Pyeongyang as a special envoy; that Jeju island or Mount Geumgang was likely to be the venue for the meeting; that the timing of the meeting could be October, and so forth. The specter of a Roh-Kim meeting is still lingering in the minds of key governing camp figures.

If it helps to solve the North Korean nuclear problem, all Korean people, not only Mr. Lee, would welcome such an inter-Korean summit meeting. It even sounds ideal that the leaders of both Koreas would meet and agree to sort out the nuclear standoff between North Korea and the United States.

It is not likely, however, that the North will change its negotiating tactics of a direct deal with Washington. Pyeongyang has long maintained that the nuclear issue should be resolved between Washington and Pyeongyang and denied Seoul's role in the nuclear talks. For North Korea, a nuclear weapons development program is a vital insurance policy on which its regime's survival hinges. The North knows well that its policy goals — a guarantee of the regime's security, the lifting of sanctions, economic assistance, including energy and finance, and diplomatic recognition — are achievable only through direct negotiations with Washington. Moreover, the scope Seoul has in the nuclear issue is bound by its obligation to maintain close cooperation with the United States and Japan.

Therefore, Pyeongyang has been playing the cards of the nuclear issue and of inter-Korean cooperation in inverse proportion. When Washington increased pressure on it, it turned to the

South and promoted inter-Korean projects.

In the first half of this year, various inter-Korean projects were promoted. In addition to frequent economic cooperation and ministerial meetings, there were two rounds of military talks. For the first time, the military authorities of both sides held meetings and agreed to dismantle all propaganda facilities installed inside the Demilitarized Zone and to operate hot line communication channels between the West Sea navy commands of both sides.

It was unimaginable only a few years back that the high-ranking military officers of the two Koreas would get together and agree on measures to ease tension and open communication channels. The two Koreas also accomplished such cooperation projects as reconnecting broken railways linking the North and the South, construction of a road linking both sides, dedication of the Gaeseong industrial park, and expansion of the Mount Geumgang tourism project by allowing travel by land and a one-day tour course.

Such exceptionally active inter-Korean cooperation and progress once led some in the South to think that the North had changed greatly and that the third round of six-party talks on the North Korean nuclear development program would make big strides.

The third round talks in June made progress, indeed. But it was not because the North had changed, but because Washington produced a new proposal.

Then came the typical "out of the blue" change in North Korean attitudes toward the South. Pyeongyang has not been responding to Seoul's request to send representatives to the military talks, the 14th ministerial meeting and the 10th economic cooperation meeting that had been scheduled to take place in the past three weeks.

Pyeongyang blamed Seoul's airlift of 468 North Korean defectors from a Southeast Asian country in July and its refusal to allow South Koreans to pay condolences on the 10th anniversary of Kim Il Sung's death. But it is hard for us to understand how the defector issue and condolence call could be made excuses for stopping prescheduled inter-Korean meetings on ongoing cooperation projects.

We still don't know the real reason. One thing is clear here: Pyeongyang is now busy dealing with the United States over the nuclear issue, and this is time for the North to strike a deal with Washington.

Oddly enough, Pyeongyang is busy with invectives against President George W. Bush and criticizing Washington for not abandoning its anti-North policy. Despite Beijing's strenuous efforts to make the six-way talks a success, it seems that the North is refusing to attend a working-level meeting, where the list of North Korean nuclear facilities to be frozen would be decided, and even threatening to boycott the fourth plenary meeting this month.

What is wrong with the North? Are the invectives and accusations part of their negotiating tactics, or a signal that the North has decided to keep its nuclear weapons development program? We have to see.

In any case, it is not the right time to promote an inter-Korean summit meeting.

04.

국제사회의
북핵 대응 전략

가. '최대한의 압박' 정책

A. 비핵화 완결까지 '최대 압박' 유지(Maximum pressure and no less) 게재일: 2018년 6월 8일 (국문 번역)

미국의 대통령이 테러지원국 지도자가 보낸 메신저로부터 큰 봉투에 담긴 친서를 받아 들고 기뻐하면서 예정대로 6월 12일 싱가폴에서 테러지원국 지도자와 회담을 진행하겠다고 말했다. 필요하면 여러 차례 만날 수도 있다고도 하였다. 그리고 테러지원국의 메신저를 백악관 앞마당까지 나와 배웅하는 등 환대하는 모습을 보였다. 최근 세계의 이목을 집중시킨 가운데 뉴욕과 워싱턴에서 미국의 국무장관과 대통령이 북한 노동당 중앙위원회 김영철부위원장을 환대하면서 벌인 "한반도의 비핵화"라는 3막 드라마의 1막2장 장면이었다.

이 장면을 취재하던 기자들에게 트럼프 대통령은 북한과의 관계가 잘 진전되고 있다고 하면서 "더 이상 '최대한의 압박'이란 말을 쓰고 싶지 않다."고 말했다. 이 발언은 트럼프의 북한 비핵화에 대한 스탠스가 유화적으로 바뀐 것이 아닌가 하는 의구심을 낳고 있다. 트럼프 대통령은 전임자들이 저지른 과오를 되풀이하지 않겠다고 말한 바 있는데 북한의 비핵화가 완결될 때까지 "최대한의 압박과 제재"를 지속하지 않는다면 트럼프도 북한의 지연 전술에 말려들어 전임대통령들이 저지른 과오를 되풀이하게 될 것이다.

이 드라마의 1막1장은 4월 27일 판문점에서 문재인 대통령과 김정은 위원장이 화려한 의전 행사를 펼치는 가운데 한반도에 평화의 시대가 왔음을 알리는 판문점 선언으로 시작하였다. 그러나 판문점 선언의 잉크가 마르기도 전에 북한 당국자들은 연례 한미 군사훈련 중단을 요구하였고, 백악관 인사들에게 인신공격을 퍼붓는 등 "엄청난 분노와 적대감"을 표출하였다. 그러자 5월24일 트럼프대통령이 전격 북미회담 취소를 선언하였다. 그렇게 해서 드라마의 제1막1장은 북미관계에 암운이 드리워지는 장면으로 끝난 바 있다.

제2막의 무대는 6월 12일 전세계의 이목을 집중시킨 가운데 열리게 될 싱가폴 북미정상회담이다. 트럼프 대통령과 북한 김정은 위원장이 역사적인 화해의 악수를 교환하며 북한의 완전한 비핵화와 미국이 북한의 체제유지를 보장하는 "빅딜"을 성사시키는 장면을 클라이맥스로 하게 될 것이다. 이어 제3막 피날레는 남북한과 미국 3국 정상이 한국전쟁의 종전선언을 하는 것이 될 것이라고 한다. 65년째 정전협정을 유지하고 있는 남북한이 군사적 긴장상태를 풀고 화해와 협력의 길로 나아간다는 것이며 궁극적으로 평화협정 체결에 이르게 될 것이다. 그래서 드라마는 전세계가 한국전쟁이 종식되고, 한반도에 평화의 시대가 도래하는 것을 축하하는 해피 엔딩으로 끝나게 될 것이다.

문제는 이 드라마가 초반부터 "한반도 비핵화"라는 주제를 본격적으로 다루지 않고 겉핥기만 하더니 중반에 들어가면서 더욱 그 목표가 희미해지고 있는 것 아닌가 하는 것이다. 초반 성과를 압축한 판문점 선언은 대부분 남북관계 개선에 관한 내용이었고, 비핵화 관련은 "완전한 비핵화" 단 한마디였다는 것은 잘 알려진 사실이다.

드라마의 중반 도입부는 뉴욕, 판문점, 싱가폴 3갈래로 열리고 있는 미-북 실무접촉인데, 여기서 비핵화를 다루는 판문점 채널은 별 진전을 이루지 못하는 것으로 알려지고 있다. 그래서 김정은의 최측근 김영철의 미국 방문 중 정상회담의 주제-비핵화와 체제보장-에 대한 심도 있는 논의가 이루어지지 않을까 기대했는데 무위로 돌아갔다. 김-폼페이오 회담은 뉴욕 마천루 관광과 북한이 비핵화 하면 이룩하게 될 풍요로운 사회의 모습을 보여주는 데 그쳤다는 것, 그리고 비핵화의 최종 결단은 최고 존엄이 하게 될 것이라는 것 등 상식선에 그치는 내용이었다.

그래서 김영철이 가지고 온 김정은 친서에 관심이 쏠렸다. 그런데 그것마저 기대에 못미치는 내용이라고 한다. 대문짝만한 봉투에 든 친서에는 트럼프대통령을 다른 대통령이 못한 일을 할 사람이라고 추켜세우고, 트럼프와의 만남에 관심이 많다, 자주 만나고 싶다는 등 구애의 말 이외에 중요한 내용 -비핵화와 체제보장 관련- 은 없는 것으로 알려지고 있다. 결국 트럼프와 폼페이오는 김영철이 전달한 구두 메시지 -100퍼센트 비핵화 하겠다-는 말만 믿고 싱가폴 회담에서 "빅 딜"이 이루어지기를 기대하는 처지가 된 듯하다.

트럼프가 오죽 답답했으면 김영철에게 "여러 번 만나는 것도 좋지만 그 뒤에는 반드시 비핵화가 있어야 한다"고 다짐을 주었겠는가!

북한이 체제보장의 방법으로 남-북-미 간 종전선언을 하여 군사적 위협을 제거하는 것을 선호한다는 것은 알려진 사실이다. 북한은 원래 정전협정을 평화협정으로 바꾸어야 한다고 주장하여 왔다. 그러나 평화협정 체결이 주한미군 철수와 한미동맹 폐지를 담고 있어서 실현 가능성이 없음에 비추어 절충안으로 나온 제안이 정전협정이다.

정상회담의 화려한 성공에 관심을 두면 비핵화의 본질을 놓치게 된다. 북한의 협상술에 말리면 종전선언, 평화협정 등 정치협상을 타결시키는 것이 문제의 해결에 이르는 길처럼 보이게 된다. 비핵화는 종전선언, 평화협정 이전에 타결되어야 할 시급한 현안이다. 정치 협상은 비핵화가 이루어진 다음에 시간을 두고 남북한 국민의 의사가 반영되는 방식으로 추진되어야 한다. (예: 종전 선언이 서해 5도 주민의 안전에 미칠 영향 등)

북미정상회담이 타결되려면 북한의 핵무기 개발 계획이 100퍼센트 제거되어야 하며, 그러기 위해서는 다음 2가지 조건이 충족되어야 한다.

첫째, 북한이 보유하고 있는 핵탄두 30여 발의 제거, 1,000발이 넘는 중·단거리 탄도미사일과 ICBM 제거, 핵무기 생산 시설의 제거.

둘째, 비핵화 검증과정에 언제, 어느 곳이라도 사찰할 수 있는 특별사찰의 허용.

북미정상회담의 목표는 종전선언, 평화협정 등 정치협상을 타결시키고 노벨 평화상을 타는 것이 아니다. 북한이 보유하고 있는 핵탄두와 탄도미사일을 제거하고 그 생산시설을 제거하는 구체적이고 실질적인 목표를 달성하는 것이다. 그것이 달성되면 한반도와 동북아 지역에 평화와 번영이 보장될 것이다.

KOREA JOONGANG DAILY

Maximum pressure and no less

June 08,2018

Park Sung-soo
* The author, a former diplomat at the Korean Embassy in the United Kingdom, is a former visiting professor of media studies at Myongji University.

U.S. President Donald Trump rejoiced when he received a big white envelope containing a personal letter from North Korean leader Kim Jong-un. The letter was delivered by Kim Yong-chol, a special envoy of the North Korean leader. Without opening the letter, the president said the summit with Kim Jong-un on June 12 in Singapore would be on and added that the meeting could be held several times, if necessary. However, we worry that President Trump's unpredictability makes him vulnerable to North Korea's procedural delaying tactics.

Trump and Secretary of State Mike Pompeo gave Kim Yong-chol, vice chairman of the Central Committee of North Korea's Workers' Party, a state reception. They escorted the North Korean envoy to the front yard of the White House to bid farewell. An old saying goes that it is impolite to be too modest.

President Trump said, to the journalists who covered the North Korean envoy's visit, that relations with North Korea were progressing well and that he no longer wanted to use the phrase "maximum pressure." This statement raises doubts that Trump's stance on North Korea's denuclearization has changed to a more conciliatory one.

President Trump said earlier that he would not repeat the error committed by his predecessors. However, if he does not maintain "maximum pressure" until North Korea's denuclearization is complete, he will repeat the mistakes committed by his predecessors.

On April 27, the first phase of the denuclearization of the Korean Peninsula unfolded in Panmunjom. President Moon Jae-in, together with North Korean leader Kim Jong-un, announced the Panmunjom Declaration. This heralded the advent of the era of peace on the Korean Peninsula.
However, even before the ink of the declaration dried up, North Korean officials called for

the suspension of the annual South Korea–U.S. military drills and launched personal attacks on White House officials for pouring "great anger and hostility" on them. Then, on May 24, President Trump announced the cancellation of the summit with Kim Jong-un. This cast a dark cloud over the Kim–Trump summit in Singapore.

Now, the second phase will open in Singapore on June 12. President Trump and Chairman Kim will, in a historic gesture of reconciliation, exchange handshakes and make a "big deal" in which Washington gives assurances of the security of the North Korean regime, and the North, in return, agrees to a plan for the complete denuclearization of its nuclear programs.

The problem is that the drama has not dealt with the topic of denuclearization in earnest from the beginning, and it seems to be losing its purpose even further as time goes by. The Panmunjom Declaration was mostly about improving inter-Korean relations. There were only three lines related to denuclearization.

Analysts speculated that an in-depth discussion on the topic would be made during Kim Yong-chol's visit to the United States, but it turned out to be wrong.

The meetings between Kim and Pompeo were nothing but a tour of New York's skyscrapers and a briefing on the future of North Korea if Pyongyang agrees to complete denuclearization. And what Kim Yong-chol uttered were matters of common knowledge, such as how the final decision on denuclearization would be made by Kim Jong-un and how the North would complete 100 percent denuclearization.

Therefore, attention was focused on Kim Jong-un's letter to President Trump that Kim Yong-chol carried with him. However, it did not meet expectations, either. It was in a big envelope, but the content was rather modest. It flattered President Trump, saying that he could achieve things that his predecessors couldn't do, and the letter showed Kim's keen desire to meet with President Trump and his desire to meet Trump often.

There was no mention of a clear plan for denuclearization. Incidentally, President Trump and Secretary of State Pompeo believe in the verbal message Kim Yong-chol delivered to them: North Korea will complete 100 percent denuclearization.

Would Trump say, "It is good to have met this many times, but we must still ensure denuclearization," to Kim Yong-chol?

As a way of ensuring the security of its regime, North Korea wants to eliminate military tension by declaring the end of the Korean War. Originally, the North had insisted on turning the armistice into a peace treaty.

However, considering that the conclusion of a peace treaty is not feasible as it includes the withdrawal of U.S. troops from Korea and the abolition of the Korea–U.S. alliance, declaring the end of the war comes with compromises.

If one pays attention to the spectacular success of the summit, one will miss the purpose of the talks and be dragged into North Korea's negotiation tactics. He would think that reaching a political negotiation, including the declaration of the end of the Korean War and a peace treaty, will lead to the resolution of the problem. However, denuclearization is an issue that should be resolved before the declaration of the end of the Korean War and a peace treaty.

For the summit to be concluded, North Korea's nuclear weapons program must be eliminated completely, and there are two conditions that should be met by North Korea to do so.

First, some 40 nuclear warheads and more than 1,000 short to medium-range ballistic missiles and intercontinental ballistic missiles held by the North should be removed. All nuclear facilities should be destroyed.

Second, special inspections must be allowed anytime and anywhere during the denuclearization verification process.

The goal of the summit is not to win the Nobel Peace Prize by declaring the end of the Korean War. It is to achieve the concrete and practical goal of removing nuclear warheads and ballistic missiles held by North Korea and removing their production facilities. If it is achieved, peace and prosperity will be guaranteed on the Korean Peninsula and in Northeast Asia.

B. 압박과 협상 병행 전략 (Coaxing Pyongyang to talk)
게재일: 2006년 3월 16일 (국문 번역)

북한은 3월 8일 동해안에서 단거리 미사일 2발을 시험 발사했다. 그런데 그 시기가 북한 외무부 미주국장 이건이 미국 정보당국으로부터 북한의 위조달러 제조 및 자금세탁에 관해 미국 측이 수집한 정보를 청취하기 위해 뉴욕을 방문하는 기간 중이었다. 미국은 지난 9월 위조달러 유통 및 자금 세탁 혐의가 있는 마카오 주재 북한 무역상사들과 마카오 은행 Banco Delta Asia에 금융제재 조치를 내린 바 있다.

미국은 이건 국장으로부터 북한이 위조달러 제조 및 자금 세탁 행위를 근절하는데 협조하겠다는 다짐을 받을 것으로 기대했다. 그러나 이건은 북한이 위조달러를 제조한 바 없으며 오히려 피해국이라고 주장했다. 그리고 나아가 미-북 간에 불법자금 세탁에 관한 정보를 교류할 수 있도록 "협력위원회"를 설치하자고 제안했다. 그렇다면 북한의 미사일 발사 시험은 미국의 압력에 굴복해 위조달러를 제조했다고 자백하거나, 금융제재에 굴복할 의사가 없다는 것을 밝히는 북한식 의사표현 방법이었을까?

북한의 미사일 발사에 대한 워싱턴의 반응이 나왔다. 북한은 일단 미사일 성능으로 미국 군부의 관심을 끄는 데 성공했다. 주한미군사령관 버월 벨 장군이 하원 군사위원회 청문회 참석차 워싱턴을 방문 중이었다. 벨 사령관은 북한제 미사일의 성능을 높이 평가했다. 하원 청문회에서 벨 사령관은 이번에 발사된 북한제 미사일이 "과거에 만든 미사일에 비해 획기적으로 성능이 향상되었다"고 증언했다. 그리고 이번 미사일들이 액체연료가 아닌 고체연료를 사용하고 있어서 신뢰도, 기동성, 정확도가 훨씬 높다고 설명했다. 그러나 한 단계 업그레이드 된 미사일 방어망 구축을 위해 의회로부터 예산 승인을 얻기 위해 안간힘을 쓰는 국방부를 제외하고는 미 행정부 내 다른 어느 부서도 북한의 군사력 시위에 관심이 없었다.

미 행정부 고위 관리들, 특히 재무부 관리들은 6개월 전 마카오 은행에 내린 금융제재가 큰 효과를 거둔데 대해 관심이 높다. 그들은 전 세계 은행들이 마카오 은행과 거래를 단절하고 있으며, 북한의 지도부도 금융제재 철회를 요구하는 것으로 미루어 보아 금융제재가 북한의 아픈 곳을 찔렀다고 판단하고 있다. 이제 미국관리들은 추가 제재조치를 취할 것이다.

홍콩의 사우스 차이나 모닝 포스트에 의하면 미국은 홍콩에서 북한의 위조지폐 및 밀수행위와 관련이 있는 은행 계좌 3개를 적발했다고 한다. 동지에 따르면, 미국은 법적 조치가 끝나는 대로 중국은행 홍콩 자회사인 지요우 은행에 있는 계좌에서 2백67만 달러를 압수할 것이라고 한다. 미 재무부는 싱가폴 소재 제3의 은행도 북한의 불법자금 세탁과 관련이 있는 것으로 의심하고 있다. 따라서 북한의 불법자금 거래와 관련이 있는 은행에 대한 폭로가 더 이어질 것으로 보인다.

사실 북한이 이근 국장을 뉴욕에 파견하지 않을 수 없었던 것도 금융제재 때문이었다. 표면상으로는 미국의 조치에 대한 배경설명 청취가 목적이지만, 사실은 동결된 북한자금의 해금이 방미의 목적이었다. 3월 초 조선중앙통신은 북한 정부 대변인이 미국을 향해 북한 무역회사들에 대한 금융제재를 해제하여 은행을 통한 정상적인 거래가 이루어지게 하라고 촉구하고, 금융제재 때문에 북한이 국제 금융거래도 현금으로 할 수밖에 없다고 불평했다고 보도했다.

북한이 불법 활동에 관한 미국 측 정보를 청취할 관리를 파견해 달라는 제안을 받아들였을 때 미국과 여타 6자 회담 참가국들은 북한이 조만간 회담에 복귀하고 미국과 협조하여 위조지폐 문제를 원만하게 마무리 지을 것이라고 믿었다. 주한 미국대사 알렉산더 버시바우는 미국이 원하는 것은 북한이 100달러짜리 위폐를 제조할 때 사용한 동판을 폐기했다는 것을 입증할 자료를 제시하는 것이라고 명시적으로 말하기도 했다. 따라서 뉴욕회담 후 이근 국장이 기자들에게 미국의 지속적인 압력 때문에 북한이 6자 회담에 복귀하지 않을 것이라고 말한 것은 기대에 크게 미치지 못했다.

또한 이국장의 발언이 북한이 미사일 발사를 통해 전하려고 했던 메시지와 일맥상통하는 것처럼 들리는 것은 매우 불행한 일이다. 즉, 북한은 미국의 압력에 굴복해 위조지폐 제조를 시인하거나 금융제재에 굴하지 않을 것이라는 것이다.

북한의 입장에 서 보면 문제가 좀 더 명확해진다. 북한이 정부차원에서 달러화 위조에 간여하였음을 인정하고, 금융제재 철회를 요청한 다음에는 6자 회담에 다른 참가국들과 동등한 대화 상대로 참가하기는 어렵게 될 것이다.

압박과 협상 두 가지를 병행하는 미국의 새로운 "squeeze strategy"는 이상적인 대북 전략으로 보인다. 그러나 압박정책은 보통 협상의 여지를 남기지 않는 경우가 많다. 북핵 문제를 대화를 통해 해결하려면 미국은 북한에게 정부차원에서 위조지폐 제조를 했다는 것을 시인하라고 요구하는 등 북한을 너무 강하게 밀어붙여서는 안 된다. 북한은 지금 금융제재가 몰고 오는 고통의 효과를 맛보기 시작했다. 과거의 잘못을 자백하라고 강요하여 북한을 자극하기보다는 6자 회담 대화의 장으로 유인하는 것이 바람직하다.

Coaxing Pyongyang to talk

Park Sung-joo

Using both pressure and negotiation sounds ideal, but pressure often leaves no room for negotiation.

The writer is the editorial page editor of the JoongAng Daily.

North Korea test-fired two short-range missiles into the East Sea (Sea of Japan) on March 8. The timing of the firing coincided with the visit by Lee Gun, the head of the North American Affairs Bureau of North Korea's Foreign Ministry, to New York to be "briefed" on U.S. intelligence about alleged North Korean counterfeiting and money laundering activities. Those activities led to the imposition of sanctions on Macau-based North Korean companies and Banco Delta Asia, a Macau bank.

Although Washington expected to hear North Korea's resolve to cooperate in ending counterfeiting and money laundering, Mr. Lee is said to have claimed that the North itself is a victim rather than a perpetrator of counterfeiting. He went even further to suggest setting up a "cooperative committee" through which Pyongyang could exchange information on illegal financial transactions with Washington. Was the missile firing a North Korean way of saying it had no intention of succumbing to U.S. pressure to admit to counterfeiting and to yield to financial sanctions?

There was an immediate reaction from Washington. North Korea succeeded in getting the attention of the U.S. military on its improved missile capability. Gen. Burwell Bell, the commander of the U.S. Forces in Korea, was in Washington to attend a hearing at the House Armed Services Committee. He evaluated highly the improved capability of the North Korean missiles. He told the hearing that the missiles were "a quantum leap forward from the kind of missiles that they have produced in the past." He explained that the missiles were boosted by solid fuel, rather than liquid fuel, providing greater reliability, mobility and precision. However, other branches of the U.S. government, other than the military, which is eager to get

Congressional approval for funds for an upgraded missile defense system, are not interested in the North's military showing off.

Senior officials of the administration, especially the Treasury Department, are more impressed by the effectiveness of the sanctions they imposed on a Macau bank six months ago. They believe the action has really struck a nerve because banks around the world have stopped dealing with the Macau bank and the North Korean leadership pleads for lifting of the sanctions. Now they say that further law enforcement actions are planned.

According to the South China Morning Post in Hong Kong, the U.S. government has uncovered three bank accounts that are related to North Korea's counterfeiting and smuggling activities. According to the paper, Washington will confiscate $2.67 million deposited at Jiyou Bank, a Hong Kong subsidiary of the Bank of China, through legal procedures. As there is another bank in Singapore that is suspected by the Treasury of being involved in money laundering for North Korea, it is highly likely that further exposures will follow.

It was the financial sanctions that forced North Korea to send Mr. Lee to New York, ostensibly to hear a "briefing" on the background of the U.S. actions but actually to get North Korea's money unfrozen. A North Korean government spokesman was quoted by the Central News Agency of North Korea early this month urging Washington to lift financial sanctions on its trading companies and allow them to resume normal banking transactions. It complained that the sanctions forced North Korea to deal largely in cash even in international financial transactions.

When the North accepted the U.S. proposal to send an official to New York to be "briefed" on the U.S. findings on the North's illicit activities,

therefore, there was a good reason for Washington and others in the six-party talks to believe that the North would come back to the talks soon and cooperate with Washington to conclude the counterfeiting issue smoothly. Alexander Vershbow, the U.S. ambassador to South Korea, has even categorically said that what Washington wanted was Pyongyang to provide evidence that plates used to print the $100 "supernotes" had been destroyed. It is disappointing, therefore, that Mr. Lee told reporters after the meeting that the North would not return to the six-party talks because of continued U.S. pressure on it.

It is unfortunate that his words sound like they convey the same message as the North's missile firing: Pyongyang has no intention of succumbing to U.S. pressure to admit to counterfeiting and to yield to financial sanctions.

If we put ourselves in the North's shoes, things get clearer. After admitting counterfeiting U.S. dollars and pleading for the lifting of financial sanctions, it would be difficult for North Korea to be an equal dialogue partner in the six-party talks. The talks would be turned into a tribunal where the terms of surrender of North Korea are decided.

Washington's new "squeeze strategy" of using both pressure and negotiation together sounds ideal, but pressure often does not leave room for negotiation. In order to settle the North Korean nuclear issue through dialogue, Washington should refrain from pushing Pyongyang too hard, demanding that it admit its involvement in counterfeiting on the government level. North Korea has started to feel the painful effects of the U.S. financial sanctions. It is desirable to induce the North back to the negotiating table of the six-party talks, instead of provoking it with a demand to confess its criminal records.

C. 북한의 환심을 사려 노력할 때가 아니다 (No time for gifts to the North) 게재일: 2006년 2월 9일 (국문 번역)

미국 대통령이 연두교서에서 북한을 "전세계에 정의와 평화를 실현하기 위해 자유를 회복해야 할" 5개 지역 가운데 하나로 거명하는 것은 무슨 의미일까? 금년 연두교서에서 부시 대통령은 "악의 축," "불법 정권," "깡패국가" 같은 자극적인 단어는 피했으나 5년 연속 빠뜨리지 않고 북한을 테러분자들에게 피신처를 제공하고, 극열분자들에게 자금을 대주고, 대량살상무기 획득을 꾀하는 폭정과 독재가 지배하는 소수 국가 가운데 하나로 지목했다.

지난 월요일에는 2006 국방 4개년계획(QDR)을 통해 미국정부가 향후 추진할 방위 전략을 밝혔는데, 이 방위 백서에서도 북한을 이란과 함께 대량살상무기를 보유한 **잠**재적 적대국가로 지목하고 있다. 이 보고서는 "북한은 핵무기와 생화학 무기의 생산을 추진하였고, 장거리 미사일 등 무기를 개발하여 미국이 우려하는 국가들에 판매한 바 있다" 고 지적하고 있다.

새로운 방위 4개년 계획은 미국의 전략 목표를 미국 본토 방위, 대테러 및 비정규전, 재래전의 3개 분야로 구분하고 향후 대 테러 및 비정규 전에 보다 큰 비중을 둘 것이라고 한다. 이를 위해 미 국방성은 재래전에 대비한 전쟁 억제력을 강화할 예정이다. 잠수함에 장착한 트라이던트 ballistic 미사일 가운데 일부를 재래전 용으로 개조하여 국지전 전략목표 공격에 활용하며, 무인비행기를 추가 구입하여 분쟁 예상지역에 대한 정찰 능력을 향상시키며, 차세대 장거리 기동타격 능력을 향상시키는 시스템을 개발한다.

곤도리사 라이스 국무장관은 지난달 초 북한은 한반도 안보 상황을 정확히 인식해야 한다. 미국은 북한의 군사활동을 저지할 실질적인 억제력을 갖추고 있다고 말한 바 있다. 미국이 북한에게 북한의 군사활동을 억제할 수 있는 능력을 보유하고 있다고 경고를 발할 때 라이스 장관은 미국이 그 동안 추진해 온 군사력 전환계획을 염두에 두고 한 말일 것이다.

미국은 주한미군의 유연성과 기동성을 대폭 향상시켰으며, 장차 동북아지역 신속 기동군의 일부로 재편할 예정이다. 한국과 미국 정부가 공히 더 이상 필요를 느끼지 않는 주한미군의 인계철선 역할은 사실상 소멸되었다. 한미 간 합의에 따라 금년 말까지 미군 제2사단을 북한과 대치하고 있는 접경지역으로부터 철수시켜 후방지역에 재배치하면, 서울과 군사분계선 사이에 잔류하게 될 미군은 거의 없게 된다. 미군은 북한군 장사포 사정거리 밖으로 이동하게 된다. 미국이 영변에 있는 북한 핵 시설에 대한 정밀 폭격을 감행하는 경우 군사분계선에 배치한 장사포로 주한미군에 보복을 가하겠다던 북한의 위협은 이제 더 이상 통하지 않게 되었다. 도리어 북한이 초현대식 무기로 무장하고 북한의 주요 군사시설을 위협하는 미 기동군의 위협을 막아내기에 안간힘을 써야 할지 모른다. 동해 혹은 황해에 침투한 잠수함에서 발사하는 미사일 공격, 출처를 알 수 없는 무인 비행체, 그리고 미국 본토에 있는 기지로부터 11시간 이내에 한반도에 날아오는 특수작전 군을 격퇴해야 할 것이다.

작년 9월 미국이 마카오 주재 8개 북한 무역회사와 마카오 은행 방코 델타 아시아에 금융제재를 가했을 때 미국은 이미 대 북한 정책의 중심이 협상에서 압력 전술로 바뀌었음을 암시한 셈이다. 방코 델타 아시아는 북한과 20년 이상 거래하면서, 북한이 마약 거래, 달라 위조 지폐 발행 등 불법활동으로 벌어들인 돈을 세탁해 준 협의를 받고 있다. 알렉산더 버시바우 주한 미국대사가 지난 12월 한국 기자들에게 북한을 나치스 이래 처음으로 정권차원에서 위조지폐를 발행하는 불법활동을 하는 "범죄 정권"이라고 말한 것은 결코 사적인 견해를 표현한 것이 아니었다.

다니엘 글래셔 미재무성 부차관보를 단장으로 하는 대표단이 1월 23일 서울에 도착했다. 방문 목적은 북한의 위조지폐 발행을 중지시키기 위한 미국의 노력에 한국정부도 협조해 달라는 것이었다. 주한미국대사관은 글래셔 부차관보가 한국정부에 북한의 위조지폐 발행을 중지시키기 위해 모종의 조치를 취해 줄 것을 요청했다고 발표했다. 그이틀 후에는 부시 대통령이 워싱턴에서 기자회견을 통해 북한의 위조지폐 발행을 반드시 중단시키겠다고 강조했다.

미국의 대북 금융제재가 미치는 영향을 벌써 서울에서도 느낄 수 있다. 지난 수요일 한국외환은행이 방코 델타 아시아와의 모든 거래를 중단했다.

미국은 보다 더 강력한 금융제재조치를 취할 것을 검토 중이라고 한다. 새로운 조치는 대통령령으로 북한과 거래를 한 모든 금융기관에 대해 미국과의 거래를 금지하는 내용이 될 것이라고 한다. 이 조치가 취해지면 그나마 미약한 북한의 대외 무역은 동결될 것이며, 대외금융 거래도 마비될 것이다.

북한은 사태의 심각성을 뒤늦게 서야 인식한 것으로 보인다. 북한 지도자 김정일은 지난 1월 서둘러 중국을 방문, 금융제재 해제와 위조지폐 문제의 정치적 해결에 중국이 힘써 줄 것을 부탁했다. 그러나 워싱턴의 반응은 낙관적이지는 않다. 부시 대통령과 라이스 장관은 위조지폐 문제에 타협은 없다는 말만 되풀이하고 있다.

미국은 북한이 위조지폐 문제에 대해 납득할 만한 해명을 하고 관련자가 있는 경우 그들을 처벌할 때까지 기다릴 것으로 보인다. 그리고 위조지폐 문제가 해결된 이후에 핵 문제에 관한 6자 회담 재개를 고려할 것이다. 지금은 김정일이 자신의 장래를 위해 무엇을 할 것인지 지켜볼 때이다. 서울의 저명인사가 김정일을 기쁘게 할 선물 보따리를 들고 평양을 방문하는 것을 논의할 때가 아니다.

[OUTLOOK]No time for gifts to the North

Kim Jong-il seems to have realized belatedly how strong the U.S. financial sanctions can be.

What is the implication of singling out North Korea as one of five places where "the demands of justice and peace of this world require their freedom" in the State of the Union address by the U.S. president? Although George W. Bush avoided using such spicy words as "axis of evil," "unlawful regime" or "rogue state" in this year's address, he did not fail to include North Korea, for five years in a row, as one of a few countries that are tyrannies and dictatorships that shelter terrorists, feed radicalism and seek weapons of mass destruction.

Washington made public its new defense strategy on Monday with the announcement of its 2006 Quadrennial Defense Review. The review also singled out North Korea, together with Iran, as a potentially hostile state that possessed or sought weapons of mass destruction. The report points out that "North Korea has pursued nuclear, chemical and biological weapons and had developed and sold weapons, including long-range missiles, to other states of concern."

Under the new plan, the U.S. military will divide its activities into three areas: homeland defense, the war on terror/irregular warfare and conventional campaigns. A greater emphasis will be given to the war on terror and irregular warfare activities. For this, the U.S. Defense Department will develop a wider range of conventional deterrent options, convert a small number of Trident submarine-launched ballistic missile for use in conventional prompt global strikes, increase the procurement of unmanned aerial vehicles and develop next-generation, long-range strike systems.

Secretary of State Condoleezza Rice said early last month that North Korea should clearly understand the security situation on the Korean Peninsula and that the United States had the practical means to deter North Korean military action. She might have had the military transformation plan in her mind when she warned the North of U.S. practical means of restraint against any military action by the North.

The United States has already enhanced the flexibility and mobility of its forces in Korea. The troops here will be realigned as a part of mobile forces based in Northeast Asia. The traditional tripwire role of the U.S. forces here, which neither Seoul nor Washington still consider necessary, has virtually ceased to exist. The agreement to consolidate the U.S. 2nd Infantry Division away from the border with North Korea this year will leave few U.S. troops between Seoul and the Demilitarized Zone, keeping U.S. troops outside the range of North Korea's artillery. North Korea's threat of retaliation with artillery against possible U.S. precision strikes at its nuclear facilities in Yongbyon has lost its effect. To the contrary, North Korea will be put in the position of having to deter U.S. mobile forces armed with modern weaponry and which aim to strike its key military facilities from all-sides — submarine-launched missiles from the sea, unmanned aerial vehicles from nowhere and special operational forces arriving from their U.S. bases in 11 hours.

Last September, Washington sent out a signal that the weight of its North Korea policy was being shifted from negotiation to pressure tactics when it imposed sanctions on eight North Korean companies based in Macao and Banco Delta Asia, a Macao bank, for helping Pyongyang launder money from illicit activities such as drug trafficking and counterfeiting U.S. currency.

It was not an expression of a personal view that Alexander Vershbow, the U.S. envoy to South Korea, used with a group of Korean journalists in December when he called North Korea a "criminal regime" engaged in such criminal activities as counterfeiting, on a government level, for the first time since the Nazis did so in the 1940s.

On Jan. 23, a delegation from the U.S. Treasury Department led by Daniel Glaser, a deputy assistant treasury secretary, arrived in Seoul to ask for Seoul's cooperation in the U.S. effort to stop North Korea from counterfeiting. The American Embassy issued a statement the following day saying that the Treasury official had urged South Korea to take unspecified steps against North Korea's counterfeiting. President Bush also vowed to press North Korea to stop counterfeiting at a press conference in Washington two days later.

The effect of the financial sanctions is already being felt in Seoul. Last Wednesday, the Korea Exchange Bank halted all financial transactions with Banco Delta Asia.

It is reported that Washington is considering imposing even stronger financial sanctions against North Korea. That would be a presidential decree banning all financial institutions that have financial transactions with North Korean entities from doing business with U.S. financial or business concerns. If that order goes into effect, it will virtually freeze North Korea's meager external trade and paralyze its overseas financial transactions.

North Korea seems to have realized the seriousness of the situation belatedly. North Korean leader Kim Jong-il hurriedly visited China in January to ask for Beijing's help in lifting the U.S. financial sanctions and finding a political solution to the counterfeiting issue. The reaction so far from Washington is not very accommodating. Mr. Bush and Ms. Rice have repeatedly said they will not compromise on counterfeiting.

It seems that Washington will wait till Pyongyang gives a proper explanation about its counterfeiting activities and punishes those involved if there are any. It will be after the resolution of the counterfeiting issue that Washington will consider the resumption of the six-party talks on North Korea's nuclear program. It is time to wait and see what Kim Jong-il will do for his own future. It is not time to talk about a South Korean dignitary's visit to Pyongyang with a bundle of gifts to please Kim Jong-il.

* The writer is the editorial page editor of the JoongAng Daily.

by Park Sung-soo

나. 유엔 제재

A. 중국은 북핵 정책을 수정해야 한다. (Keep nuclear ambiguity an option) 게재일: 2013년 3월 22일 (국문 번역)

일부 군사 전문가들이 한미연합군사훈련에 동원된 미군 보유 핵무기 일부의 잔류 가능성을 점치고 있다. 민감한 문제이기 때문에 연합훈련에 핵무기를 적재한 미군함정이나 전략공군기가 참가하는지 여부와 잔류 가능성 두 가지 모두 미국이 확인도 부인도 하지 않을 것이다. 그러나 그 모호성 자체는 유용한 수단이 될 수 있다. 북한은 물론 중국에게도 커다란 위협이 되기 때문이다.

북한은 3차 핵 실험 이후 핵 보유국을 자처하며 남한을 "여러 종류의 핵 무기로 불바다"로 만들겠다고 위협하고, 미국 본토까지 핵 탄두를 날릴 수 있는 것처럼 허세를 부리고 있다. 주변국들은 말로는 협상을 통한 해결을 주장하지만 정작 북한이 협상을 통해 핵을 포기할 것이라고 기대하는 나라는 없다. 그동안 10년 이상 지속된 협상은 북한에게 더 많은 플루토늄 탄두를 확보하고, 우라늄 프로그램도 개발할 시간을 벌어주었고, 심지어 합의 위반에 보상을 안겨주는 결과까지 빚었다. 이제 남은 해결 방안은 3월 7일 채택된 안보리의 대북 제재 결의를 이행하는 것이다.

안보리 결의 2094호는 북한의 핵과 미사일 개발 저지를 위해 관련 물자와 자금을 차단하기 위한 실효적이고 강력한 조치들로 구성되어 있다. 제재 대상과 통제 품목을 확대하였고, 금융제재 강화, 화물검색 강화, 금수품 적재 의심 선박 및 항공기의 차단, catch-all 개념의 금수조치 등 실효성 있는 조치들을 포함하고 있다. 그러나 이런 강력한 조치들도 북한경제의 70퍼센트 이상을 좌우하고, 북한에 식량, 석유 등 전략물자를 공급하고 있는 중국의 적극적인 참여 없이는 아무 실효를 거둘 수 없다.

연합뉴스에 따르면 유엔주재 중국대사 리바오둥은 안보리에서 북한 제재 결의안이 통과된 직후 기자들에게 중국은 "원칙"을 말하는 국가라며, "중국은 한반도와 동북아 지역의 평화와 안정을 유지하고 핵 비확산과 한반도 비핵화, 대화와 협상을 통한 북핵 문제의 평화적 해결을 위해 힘쓴다는 입장을 일관되게 견지해왔다"고 강조했다고 한다. 리 대사는 "안보리가 결의안을 채택한 것은 제재 자체에 그 목적이 있는 것이 아니다"라고 강조하고 "급선무는 외교노력을 강화하고 긴장국면을 완화하며 북 핵 문제를 되도록 빨리 대화와 협상의 궤도에 올려놓는 것"이라고 덧붙이고 6자회담의 재개와 외교 노력을 통한 해결을 주장했다고 한다. 한마디로 중국은 북한의 핵개발 저지를 위한 제재조치에는 관심이 없고, "대화와 협상을 통한 평화적 해결 원칙"을 견지하며 "6자회담 재개" 와 같은 외교적 노력에나 힘을 기울이겠다는 것이다.

버락 오바마 대통령은 3월 13일 ABC 방송에 출연해 "중국은 북한의 잘못된 행동을 계속 참아 왔지만 지금은 생각이 바뀌고 있다."고 말했다. 오바마 대통령은 "중국이 북한에 대해 재검토(recalculate)하고 이제 감당할 수 없게 되었다고 말하기 시작했다"고 말한 것으로 전해지고 있다. 이어서 14일 오바마는 시진핑 중국 국가주석에게 전화를 걸어 취임을 축하했다. 백악관에 의하면 오바마는 시진핑에게 "북한의 핵과 미사일 프로그램이 미국은 물론이고 미국의 동맹국들과 동북아지역에 위협이 되고 있다"고 지적하고 "북한의 비핵화 이행을 위해 중국과 긴밀한 협조와 조정이 필요하다"고 강조했다고 한다. 이에 대해 중국 외교부는 "시 주석이 한반도 정세에 대해 중국의 '원칙적 입장'을 설명했다"고 만 말하고 구체적인 내용은 언급을 피했다. 양측 입장에 차이가 감지된다. 주요 통화 내용에 관해서도 미국은 미-중 협력시대를 논의했다고 강조했지만, 중국은 평등과 상호 존중을 주문했다고 밝혀 미국이 일방적으로 중국에 구애하는 듯한 분위기이다.

만약 시진핑 주석이 언급한 중국의 입장이 리 바오동 대사가 말한 "대화와 협상을 통한 평화적 해결"과 같은 입장이라면 "중국이 북한에 대해 재검토하고 있다"는 오바마의 평가는 잘못된 정보에 근거한 것이다. 그리고 정상간 통화에서 오바마가 말했다는 "북한의 비핵화 이행을 위한 중국과의 긴밀한 협조와 조정"도 공허한 말에 지나지 않는다. 중국이 대북정책을 '재검토' 하지 않는 한 안보리 결의 2094호를 통한 북한 핵 문제 해결은 불가능하다.

중국은 북 핵 문제에 관한 기존 입장을 재검토 해야 한다. 세계에서 가장 강력하고 영향력 있는 2개국(G2)의 한 축인 중국은 유엔 결의를 준수해야 할 뿐 아니라 그 실행에 앞장서야 할 책임이 있다. 중국은 북한에 들어가는 핵개발 관련 물자와 자금의 유입을 막아야 한다. 그리고 북한이 핵을 포기하지 않는 한, 북한 정권을 연장시켜주는 곡물과 석유의 지원을 중단해야 한다. 중국이 유엔 결의에 반해 북한 독재정권을 비호하는 정책을 고수한다면, 동북아 정세는 불안해지고 세계평화가 위협을 받게 된다. 그러므로 중국에 압력을 넣어서라도 북한정책을 바꾸도록 해야 한다.

중국은 미국 항공모함이 서해에 진출하는 것을 매우 두려워한다. 2010년 11월 연평도 포격사건 직후 한-미 양국은 서해에서 연합훈련을 실시했다. 훈련의 일환으로 미국의 항모 조지 워싱턴호가 서해에 진입했다. 중국 외교부는 즉각 조지 워싱턴 호 서해 진입 자체가 군사적 긴장을 조성하는 행위라고 비난하는 성명을 냈다. 수도 베이징을 포함한 화북지역과 요녕반도가 조지 워싱턴호 함재기 F-Hornet기의 작전범위에 들어가는 등 중국의 국가안보가 심각하게 위협을 받는다는 것이다. 중국 국방부는 허둥지둥 산동반도의 지반 군구와 난징 군구 등에서 대규모 군사훈련, 로켓포 훈련을 벌이는 등 대응작전을 펴지 않을 수 없었다.

북한이 주변국들을 핵 선제공격으로 위협하고, 60년간 지켜온 휴전협정을 폐기하는 등 도발행위를 일삼고 있음에도 불구하고 중국이 안보리 제재결의 이행에 나서지 않는다면, 한-미 양국은 북의 도발에 대응할 군사 조치를 취하지 않을 수 없다. 여기에는 미국 항모를 한반도 주변해역에 배치하고, 미국 전략공군의 활동 범위를 한반도까지 확대하고, 궁극적으로는 한반도를 미국의 MD체계에 포함시키는 것 등이 포함된다. 중국은 미국의 핵 억제력이 중국 국경 가까이에 배치되는 것을 원치 않는다면 북한정책을 재검토해야 한다.

KOREA JOONGANG DAILY

Keep nuclear ambiguity an option

Bejing should change its position on the Pyongyang's nuclear program.

Mar 22,2013

Military experts speculate that some nuclear weapons loaded onto U.S. naval vessels or Strategic Air Force bombers that took part in the U.S.-Korea joint military exercises, the Key Resolve and the Foal Eagle, could be left behind. Of course, they are extremely sensitive issues. The U.S. authorities would neither confirm nor deny not only participation of any naval vessels or bombers armed with nuclear weapons, but also the possibility of leaving any warheads behind when the drills are over. Either way, the strategic ambiguity will be useful, as long as it poses a threat to China as well as North Korea.

Since its third nuclear test last month, North Korea openly boasts of being a nuclear state and threatens South Korea with a nuclear war, menacing that it can turn the South into a "sea of fire." It even brags as if it can strike the U.S. mainland with nuclear bombs. Neighboring countries contend that the North's nuclear problem should be resolved through negotiations. However, none believe in earnest that Pyongyang will give up its nuclear program in exchange for a negotiated settlement. The prolonged negotiations in the past 11 years have only earned North Korea time to extract enough plutonium to produce additional nuclear warheads, and even develop a highly-enriched uranium program. They even rewarded the North with compensations even if it violated agreements. Now, the only peaceful means available are the sanctions specified in the UN Security Council Resolution 2094.

The latest resolution consists of effective and strong measures that aim to block the flow of material and money for the development of nuclear weapons and missiles into the reclusive regime. The number of targeted North Korean organizations and individuals and the list of banned items are expanded. Sanction against the North's financial transactions and inspections of all suspicious cargo that has originated from it are toughened. But the UN sanction alone cannot produce actual results, if China, which controls over 70 percent of its ally's economy and supplies vital strategic materials for the survival of the Pyongyang regime, does not heartily participate in its implementation.

According to the Yonhap News, China's ambassador to UN, Li Baodong, said China is a country that is faithful to its "principles." Li emphasized that China tries hard to keep peace and stability in the Korean Peninsula and Northeast Asia and exerts efforts for nuclear nonproliferation, denuclearization of the Korean Peninsula and the peaceful solution of the nuclear issue through dialogue and negotiations. Advocating the resumption of the six-party talks, he said, "The UN Security Council adopted the resolution not for sanctions what is urgent is a resumption of diplomacy to reduce tensions and putting negotiations back on track." In short, China is not much interested in sanction against its ally. Instead, it will try hard to resume the defunct six-party talks, sticking to "the principle of peaceful solutions through dialogue and negotiations."

In an interview with ABC earlier this month, U.S. President Barack Obama said that China is "reassessing" its policy on North Korea and starts to say that the troublesome communist neighbor is getting uncontrollable. One day later, President Obama called China's new President Xi Jinping to congratulate on his assumption of the post. According to the White House, Obama highlighted the nuclear threat to America, its allies and the region and sought close coordination with China on the issue.

To that, China's Foreign Ministry simply said, "President Xi explained China's position on the situation surrounding the Korean Peninsula in principle," refraining from mentioning the conversation in detail. On main points, too, there were differences. While Washington emphasized that the two presidents discussed the crucial U.S.-China relationship, Beijing said China called for equal rights and mutual respect. The impression is that the U.S. side tried to win favor of China one-sidedly.

If Xi's position is coherent to "the principle of peaceful solutions," mentioned by Li Baodong, Obama's assessment that China is "reassessing" its policy on North Korea is based on wrong information. Also, the White House statement that Obama sought close consultation with China on the issue could be nothing more than empty words. As long as China does not recalculate its policy on the North, it is not possible to resolve the nuclear issue with the UN resolution.

Bejing should change its position on the Pyongyang's nuclear program. As one of the two most powerful countries in the world, China has the obligation not only to observe the UN resolution, but also to spearhead their implementations. It must take action to stop the suspicious flow of material and fund into Pyongyang. At the same time, Beijing must stop providing grain and oil, the vital lifeline to North Korean dictatorship, as long as the North refuses to give up on its nuclear program. If China fails to observe the UN resolution and sticks to the policy of protecting the dictatorship in its neighborhood, we should find a better way to turn Beijing around.

China got anxious when a U.S. aircraft carrier was deployed in the Yellow Sea. In the aftermath of the North's shelling of Yeonpyeong Island in November 2010, a joint exercise was held in the sea with the participation of USS George Washington. Chinese Foreign Ministry issued a statement condemning that the presence of aircraft carrier on the waters raised military tension. The ministry complained that China's Hebei province, which includes Beijing, and Liaoning province were within the operational range of F-Hornet, carrier-based aircraft. Chinese Defense Ministry hurriedly carried out large-scale military drills and rocket firing exercises in Shandong Province.

If Beijing refuses to implement recommendations specified in the latest UN resolution, the United States and South Korea cannot but take necessary counter measures, including deployment of U.S. aircraft carrier in the Yellow Sea. The Korean Peninsula also needs to be in the operational reach of the U.S. Strategic Air Force and under the U.S. missile defense system. China should take necessary action lest the U.S. nuclear deterrence gets closer to its territory.

* The author is a visiting professor of communications at Sejong University.

by Park Sung-soo

B. 국익을 위해 체면을 돌보지 않는 중국 (Protecting the lips, while losing face) 게재일: 2009년 7월 16일 (국문 번역)

"냉전시대 사고를 벗어나지 못한 중국은 아직도 북한의 후견인 역할을 고집한다. 중국은 현실을 직시해야 한다."

북한의 2차 핵실험 과 미사일 발사를 응징하려는 유엔의 노력이 난관에 봉착했다. 중국이 유엔 안보리 대북 제재결의 1874호의 이행을 사실상 거부하고 있기 때문이다.

최근 국제사회의 이목을 끄는 또 하나 사건은 중국 신장 위그르 자치구에서 발생한 소요사태다. 벌써 사망자가 150명을 넘어섰고 G-8 회의에 참석하고 있던 후진타오 주석이 급거 귀국해야 했다. 중국은 병력을 급파하여 위그르 분리주의자들을 잡아들이고 있고, 배후 조정세력을 찾아 엄벌에 처하겠다고 한다. 중국 공안이 지목한 배후세력 1호는 위그르의 어머니로 불리는 레비아 카디르 세계 위그르회의 회장이다. 카디르는 미국에 망명 중이다. 1997년 발생한 위그르 반정부 시위를 공개 언급한 혐의로 8년간 옥살이를 하다 곤돌리사 라이스의 개입으로 2005년 풀려났다. 중국이 그녀를 위그르의 "달라이 라마"로 만들게 될지 모르겠다.

중국은 작년에 티벳 자치구의 분리 독립 요구를 무자비하게 탄압하여 130여 명이 사망하는 유혈사태를 빚은 바 있다. 이처럼 중국은 변방 자치구의 분리 독립 움직임은 무자비하게 탄압하고, 반면 북한 같은 공산 위성국에게는 관용을 베풀고 국제사회가 요구하는 제재조치도 취하지 않는 정책을 취한다.

이것은 전통적으로 종주국의 위치에서 중국이 견지한 "순망치한"이라는 정세관을 반영한다. 입술이 없으면 이가 시리기 때문에 안으로는 변방 자치구의 분리 독립 움직임을 봉쇄하고, 밖으로는 주변 위성국들의 등을 두드려 주변 정세를 안정시켜 중국 본토의 안보와 경제번영을 도모하는 정책이다.

이와 같은 중국의 이기주의적 대외정책은 냉전시대의 유물이기도 하다. 냉전시대에 중국은 공산주의 종주국으로서 "프롤레타리아 국제주의" 원칙을 고수하면서 자본주의 국가들에 대항해 반제국주의 투쟁을 전개하는 한편 공산주의 국가들과는 평화 공존하는 정책을 추구했다.

개혁, 개방 이후 중국의 외교목표는 "국내 경제발전 및 사회주의 시장경제 확립에 유리한 평화적인 국제환경을 조성하고, 신 국제질서 하에서 신장된 국력에 상응하는 국제적 위상을 확보"하는 것으로 바뀌었다. 이를 위해 중국은 독립, 자주, 평화 외교의 기치를 내걸었고, 세계 각국과 우호협력관계를 발전시키는 전 방위 외교를 추진하는 한편, 주변국 및 강대국과의 관계 개선에 외교역량을 집중하고 있다.

그러면 중국이 탈 이념적 신 대외정책에 불구하고 북한을 제재해 핵개발을 포기하도록 해야 한다는 국제사회의 결의에 부응하지 않는 이유는 어디에 있는가?
"평화공존 5원칙(Five Principles of Peaceful Coexistence)"은 1954년 중-인 국경 분쟁의 산물이다. 중국은 아직 상호 영토보존의 존중, 상호 불가침, 상호 내정 불간섭, 평등 호혜, 그리고 평화공존을 추구하는 평화공존 5원칙을 주변국 관계에 활용한다. 북한과 같은 주변국과 평화스럽고 안정적인 관계를 유지하는 데 -입술을 다치지 않고 온전하게 보전하는데- 유용하기 때문이다. 북한의 경우 북경이 관용을 보여야 할 또 하나의 이유가 있다. 북한의 갑작스런 붕괴는 중국의 당면 목표인 현대화와 경제번영 달성에 장애가 될 것이기 때문이다.

중국은 국제사회가 신장 위그르 분리주의자들에게 동정을 표시하는 것을 내정 간섭이라고 일축할 것이다. 그러나 국제사회에는 티벳과 신장 위그르 주민들에게 자치권, 분리 독립권을 요구할 자유를 허용해야 한다는 여론이 비등하고 있고, 북한 김정일 정권에 영향력이 큰 중국이 안보리 결의 이행에 적극 동참해 북한이 핵개발을 포기하도록 압력을 행사해야 한다는 여론도 고조되고 있다. 만일 중국이 국제여론을 무시하고 신장 위그르 주민의 자유를 억압하고, 유엔의 대북 제재결의 이행을 거부한다면, 국제사회는 중국이 냉전시대의 공산주의 종주국 행태를 아직 버리지 못한 것으로 규정하게 될 것이다.

중국은 그 동안 주변 정세의 변화에 맞추어 대외정책을 변화시켜왔으며, 최근 고도 경제성장과 함께 다시 대국으로 발돋움 하기 위해 노력하고 있다. 세계에서 가장 큰 개도국 중국이 국제사회에서 더 큰 역할을 담당하는 것은 당연한 일이다. 아울러 유엔 안보리 상임이사국인 중국이 유엔 안보리와 유엔안보리 결의의 권위와 권능을 훼손하는 일이 있어서는 안 된다,

만약 중국이 경제번영을 위해 붕괴하는 북한 대신, 핵무장을 한 북한을 택한다면, 중국은 국제사회의 비난을 면치 못하게 될 것이고, 결국 핵으로 무장한 일본, 한국, 대만에 둘러싸이게 될 것이다. 중국 지도부는 김정일이 2년 이상 버티기 어렵다는 현실을 직시해야 한다. 그리고 북한을 설득해 6자 회담에 복귀시키고 다른 참가국들과 긴밀한 협조 아래 김정일 사후 한반도 정세에 대비하는 것이 중국의 국가이익에도 부합하는 길이다.

Protecting the lips, while losing face

The UN effort to impose sanctions on North Korea is facing an obstacle. China has refused in practice to implement Security Council Resolution 1874, which was adopted unanimously on June 12, calling for tighter sanctions against North Korea by blocking funding for nuclear, missile and proliferation activities, widening the ban on arms imports and exports and calling on member states to inspect and destroy all banned cargo to and from the country.

This takes place against the backdrop of China's military suppression of the Uighur protesters in Xinjiang. The number of casualties is at least 150, and Chinese President Hu Jintao returned home early from the G8 meeting in Italy to deal with the situation in Xinjiang. The Chinese dispatched military contingents to Urumqi and other prefectures in Xinjiang, arrested Uighur separatists en masse and proclaimed severe punishments for those who encouraged the rallies.

The No. 1 mastermind targeted by Chinese public security is Rabiya Kadeer, the president of the World Uighur Congress. She is in exile in the United States. She was freed in 2005 from imprisonment in China after serving eight years for making public statements at Uighur protest rallies that broke out in 1997. I wonder whether Beijing is going to make her into the "Dalai Lama of Xinjiang."

As is widely known, China crushed the Tibetan Buddhist monks and protesters who staged sit-ins at Buddhist monasteries and rallies on the streets of Lhasa by dispatching Chinese troops to Tibet last year. The number of

casualties was over 130. As was shown in both cases, China is ready to take swift and ruthless action against any separatist move or demand for independence that may arise in its five "autonomous regions." Yet Beijing treats its satellite communist states, such as North Korea, gently, even refusing to impose sanctions unanimously adopted by the Security Council, on which China sits as one of five permanent members.

This reflects the traditional view that China, as a suzerain state, maintained in the old days: "If you lose your lips, your teeth will be exposed to the cold." So as not to endanger the security and prosperity of the mainland, internally, China blocks any separatist move or demand for independence that may arise in frontier districts and, externally, maintains peace and stability by providing necessary support to them.

This "selfish" Chinese foreign policy is also a remnant of the Cold War era. Back then, China, as a leading power in the Communist bloc, regularly staged events to show off its "anti-imperialist struggle" against capitalist countries, while seeking peaceful coexistence with Communist countries (with the notable exception of the Soviet Union).

After China took the road to reform and economic opening, the objectives of its new foreign policy have shifted to creating an international environment favorable to modernization efforts and securing international status corresponding to its expanded national power.

To do this, China claims to pursue a foreign policy of main-

taining independence, world peace, friendly relations and cooperation with all countries.

What then has made China hesitate to implement UN sanctions against North Korea? Although they were drawn up in 1954 during the first Indochina conflict, China still honors the "Five Principles of Peaceful Coexistence." They are: respect for other nations' territorial integrity and sovereignty, mutual non-aggression, non-interference in other nations' internal affairs, equality and mutual benefit and peaceful co-existence. China finds them useful in keeping peace and stability with neighboring countries — that is, in keeping its lips intact.

In the case of North Korea, there is an additional reason for Beijing to be generous to Pyongyang. China does not want the sudden collapse of the North Korean regime because it would be harmful to China's modernization and economic prosperity.

China may reject any international expression of sympathy for Uighur separatists as intervention in its internal affairs. In the international community, however, many are beginning to believe that the residents of Tibet and the Uighurs should be allowed the freedom to express their rights for autonomy, separation and independence from China. Many more believe that China, which has the greatest leverage over the Kim Jong-il regime, has to play a leading role in the implementation of the Security Council resolution and force North Korea to abandon its nuclear delusions.

If China betrays the wishes of the world community, the rest of the world will reckon that Beijing

has not yet shed the remnants of the Cold War era, suppressing demands for democracy at home and playing the role of a guardian for neighboring communist countries.

China has constantly changed its foreign policy guidelines in accordance with changing international circumstances. In line with rapid economic growth in recent years, Beijing has tried to become a great power once again. It is proper for China, "the world's largest developing country," to play a bigger role in the international community. It is also proper that China, a permanent member of the UN Security Council, should not undermine the dignity and the authority of the council and its resolutions.

If China prefers a nuclear-armed North Korea to a collapsing North Korea because of its own economic interests, China will face criticism from the international community and will ultimately be surrounded by a nuclear-armed Japan, South Korea and Taiwan.

Chinese leadership should face up to reality. The Kim Jong-il regime has fewer than two years of life left in it. It would be better for Beijing to persuade North Korea to return to the six-party talks and prepare for a post-Kim Jong-il era in close consultation with other participants in those talks.

Park Sung-soo

The writer is a visiting professor of media studies at Myongji University.

China, stuck in a Cold War mentality, still supports the North. It needs to face reality.

275

다. 국제공조

A. 오바마 정부 대북정책의 강점 (Clout behind U.S.-North Korea policy) 게재일: 2009년 6월 15일 (국문 번역)

미국은 더 이상 북한의 핵 위협에 보상하는 정책을 쓰지 않을 것이다. 미국은 지난 16년간 반복해서 써온 북한에 대한 경제지원과 외교적 인정이라는 유인 정책을 더 이상 쓰지 않겠다는 방침을 천명했고, 중국과 러시아도 북한의 핵, 미사일 개발 자금을 원천 봉쇄하게 될 유엔 안보리 제재에 동참했다.

그럼에도 불구하고 북한은 핵을 통한 "강성대국" 건설을 예정대로 추진할 것이다. 북한은 ICBM을 발사하고, 농축우라늄 개발계획에 박차를 가하고, 보유하고 있는 플루토늄으로 더 많은 핵 탄두를 만들고, 3차 핵실험을 감행해 핵을 통한 강성대국 건설을 이룩하려 할 것으로 예상된다.

북한은 지금 김정일의 건강이 악화하고 있는데 그의 뒤를 이을 후계자인 김정일의 3남은 아직 20대 청년에 불과한 상황이어서 체제의 안전이 위협 받는 어려운 고비에 처해 있다. 따라서 북한 지도부는 외부세계 여건이 제 아무리 어렵게 바뀌더라도 아랑곳하지 않고 핵 보유국 건설이라는 망상에 매달릴 가능성이 크다. 게다가 미국이 "같을 말을 두 번 사는데 지쳤다"고 하는 것으로 미루어 북한은 협상 테이블에 돌아가더라도 더 이상 얻을 것이 없다는 것을 알고 협상에 나서지 않을 것이다.

그러나 오바마 정부의 대북정책에는 북한이 간과하여서는 안될 숨은 강점이 있다. 평범하고 통상적인 것으로 보이는 정책이 대단히 강력한 효과를 발휘할 것이다.

첫째, 오바마 정부는 일방주의를 버리고 대북 정책의 중심을 국제공조로 바꾸었다. 북한의 2차 핵실험 소식에 접한 오바마의 일성은 "미국이 북한을 응징하겠다"가 아니라 "이제 미국과 국제사회는 이에 맞서 행동을 취해야 한다"이었다. 그리고 주변 관련국들이 대북제재에 동참 의사를 밝힌 것을 강조했다. 오바마는 "전통 우방인 한국과 일본은 물론 러시아와 중국도 똑같은 결론에 도달했다"는 점을 강조했다.

국제공조란 매우 평범한 정책이며 강대국의 입장에서는 그저 번거로운 절차에 불과한 것으로 여겨지기 쉽다. 실제 클린턴, 부시 행정부는 그런 입장을 숨기지 않았다. 클린턴 행정부는 1994년 뉴욕과 제네바를 오가며 북한과 밀회를 즐기는 미-북 양자회담에 푹 빠져 제네바 합의를 만들어 냈다. 북한의 낡은 5메가와트 흑연 감속로 1기를 동결하는 대가로 북한에 경수로 2기를 지어주고, 매년 중유 50만톤을 제공하기로 하는 매우 이상한 타협을 일방적으로 성사시켰다.

미국의 일방주의는 거기서 그치지 않았다. 부시 행정부는 2002년 이란, 이라크와 함께 북한을 "악의 축"으로 규정하였고, 이어서 같은 해 10월 북한이 제네바 합의를 어기고 몰래 핵무기 개발 계획을 추진하였고 우라늄 개발계획도 추진하고 있었다고 비난해 제2차 북한 핵 위기를 초래했다. 이후 국제사회에는 부시 대통령의 "악의 축" 주장이 북한을 핵 개발로 몰고 갔다는 시각도 있다.

이외에도 미국의 일방주의가 국제공조를 방해한 예는 많다. 그 하나가 중국 등 일부 6자 회담 참가국들이 북한이 2005년부터 3차례나 핵 폐기약속을 어겼음에도 불구하고 북한을 응징해야 한다는 의지를 보이지 않은 것이다.

북핵 문제에서 국제 공조가 갖는 의미는 크다. 중국과 러시아, 특히 중국이 유엔안보리 제재에 동참하기로 한 데에는 미국이 국제공조로 정책의 중심을 전환한 것이 주효했다고 할 수 있다. 유엔 결의뿐만 아니라 금융제제에도 국제공조는 필수적이다. 북한이 대외 무역의 73%를 중국에 의존하고 있는 현실에 비추어 중국의 참여 없는 금융제재는 실효를 거두기 어렵다. 지난 6월 초 서울을 방문한 스타인버그 국무차관은 "북한이 행로를 바꾸도록 설득하기 위해 가장 효과적인 방법은 유엔안보리와 동북아 지역이 다같이 힘을 합치는 것이다"라고 말했다.

둘째, 오바마 정부의 대북정책은 상황을 모면하기 위해 흥정하고 일종의 뇌물을 주는 협상에 의존하지 않고, 국제법을 준수하고 과거에 한 약속을 지킬 것을 요구하는 원칙에 충실한 정책을 견지한다는 점이다. 과거 미국정부는 도발에 놀라 대북 경제지원이나 추가적인 양보, 국무장관 방북, 심지어는 핵 검증 방식까지 양보에 양보를 거듭하는 협상 태도를 보였다. 그리고 그것은 북한에게 도발할 때 마다 더 큰 당근을 얻을 수 있다는 잘못된 인식을 심어주었다. 이제 북한은 그 도발에 대한 보상이라는 악순환의 고리가 끊어졌다는 것을 인식해야 한다. 오바마는 6.6 기자회견에서 "북한은 지난 수개월간 엄청나게 도발적이었다." "우리는 북한의 도발에 대해 보상하는 정책을 계속할 생각이 없다."고 선언했다.

그러나 문제는 국제공조와 원칙에 충실한 대북정책만으로는 북한의 완강한 핵보유국 망상을 분쇄하기에는 역부족이라는 점이다. 북한과 같은 군사 독재 국가에게는 국제 압력과 더불어 힘에는 힘으로 대응하겠다는 결연한 의지를 보일 필요가 있다. 일부에서 대북 강경책이 북한의 대남 도발 위협을 높인다는 우려가 있다. 한국이 미 국무부의 대량살상무기확산방지구상(Proliferation Security Initiative, PSI) 참여를 결정한 이후 북한은 정전협정의 무효화를 선언하고 서해 북방한계선 상에서 도발 가능성을 위협하고 있다. 그러나 북한이 중국의 승인 없이 무력도발을 감행할 가능성은 낮다. 중국이 에너지와 식량지원을 중단하면 북한은 몇 달 버티지 못한다.

북 핵 문제를 둘러싼 방정식은 복잡하다. 중국은 북한의 후견인이지만 북한이 도발의 수위를 높이면 한-미-일과 공조하지 않을 수 없다. 오바마 정부가 국제공조에 힘을 실을수록, 북한이 도발의 수위를 높일수록, 중국은 북 핵 해결을 위해 더욱 노력하지 않을 수 없다.

Clout behind U.S.-North Korea policy

It appears increasingly that under the new United States administration, there will be no more reward for North Korean nuclear threats. The United States has now proclaimed it will no longer adopt the policy of inducing the North with economic packages and political recognition as it did during the past 16 years. China and Russia also support the UN Security Council resolution that will completely block the flow of funds into North Korea's nuclear and missile development projects.

Despite the UN resolution, Pyongyang will continue with its plan to build a "strong and prosperous state" by becoming a nuclear state — firing an intercontinental ballistic missile, accelerating its uranium-based weapons program, making more bombs with nuclear material and carrying out a third nuclear test.

North Korea is in a crisis where the survival of the regime is in danger as leader Kim Jong-il's health deteriorates while his would-be third-generation successor, Kim's third son, is still a young man in his 20s.

The chances are high, therefore, that the North Korean leadership will cling to the illusion of becoming a nuclear power, even if the international circumstances get more severe. Moreover, as the United States says it "is tired of buying the same horse twice," Pyongyang has no incentive to return to the negotiating table.

In Obama's North Korea policy, however, there are hidden strong points that shouldn't be overlooked by North Korea. Although they seem to be nothing but plain ordinary policies, they will prove to be powerful.

First, the Obama administration has discarded unilateralism and shifted the focus of its North Korea policy to international cooperation. The first remark President Obama made at the news of the second nuclear test was not "the United States will take action against North Korea." Instead, he said, "Now, the United States and the international community must take action in response." He emphasized that the neighboring countries in Asia decided to come forward by saying, "Russia and China, as well as our traditional allies of South Korea and Japan, have all come to the same conclusion."

International cooperation is an ordinary policy some considered nothing more than a time-consuming triviality for a superpower. In fact, the Clinton and Bush administrations did not hide their disdain.

After a series of U.S.-North Korea direct talks, the Clinton administration signed an agreement – The Agreed Framework – with the North in October 1994 in Geneva. Washington unilaterally struck a deal with the North — providing two light-water reactors and half a million tons of heavy oil each year in compensation for freezing an obsolete graphite reactor in Yongbyon.

U.S. unilateralism did not stop there. The Bush administration condemned North Korea, along with Iran and Iraq, as the "Axis of Evil" in 2002.

Subsequently, it brought about the second nuclear crisis when it said that North Korea had clandestinely promoted a nuclear development plan in violation of the Geneva Agreement and had a separate uranium-based development program. Accordingly, there is a view that Bush's condemnation of the "Axis of Evil" drove the North to pursue a nuclear program.

There are other examples that show U.S. unilateralism obstructed international cooperation. China and other participants in the six-party talks did not show a strong will to punish the North, even though the latter violated the agreements on disablement of its nuclear program three times since 2005.

The importance of international cooperation in dealing with the North Korean nuclear issue is significant. The shift in U.S. policy to international cooperation must have worked positively to make China and Russia — especially China — support the UN Security Council resolution. It is also essential that there be the execution of financial sanctions. Considering that 73 percent of North Korea's trade relies on China, a financial sanction without China's participation cannot be effective. U.S. Deputy Secretary of State James Steinberg, who was in Seoul in early June, also preferred closer cooperation with countries in Asia than unilateral financial sanctions.

Second, the Obama administration demands that Pyongyang abide by international law and keep the promises it made in the past, instead of trying to strike a deal with the North by making concessions.

The previous U.S. administrations, being surprised at the North's provocations, made concessions repeatedly — promising an economic package and political recognition, promoting the secretary of state's visit to Pyongyang and even omitting vital items in the verification regime for the inspection of the North's nuclear facilities.

Thus, Washington gave Pyongyang the wrong perception that it could get an even bigger piece of the pie whenever it piled on provocations.

Now, North Korea has to realize that the vicious circle of compensation and provocation is broken. On June 6, Obama said, "North Korea's actions over the last several months have been extraordinarily provocative. We are not intending to continue a policy of rewarding provocation."

However, North Korea's illusion to become a nuclear power cannot be dashed by international cooperation and principled North Korea policy only. In dealing with a military dictatorship like North Korea, it's necessary to show a firm determination that the United States and its allies are ready to respond to North Korea's provocations with a corresponding show of force.

In South Korea, there are people who worry that hard-line North Korea policy will increase the chances of a military confrontation with the North. In fact, North Korea threatened to nullify the armistice agreement and warned against possible military action along the northern limit line in the West Sea when Seoul decided to fully join in the U.S.-led Proliferation Security Initiative.

But the chances of a North Korean armed conflict, in the absence of a Chinese endorsement, are low.

The equation of the North Korean nuclear issue is complex. Although China is the guardian of North Korea, it will be obliged to cooperate with the United States, South Korea and Japan when the level of provocation by the North exceeds a certain degree. The more the Obama administration puts weight on international cooperation, the harder China will try to resolve the nuclear issue.

The chances of a North Korean armed conflict, in the absence of a Chinese endorsement, are low.

Park Sung-soo

The writer is a visiting professor of media studies at Myongji University.

B. 중국이 변해야 북한도 변한다 (China is North Korea's enabler) 게재일: 2010년 12월 2일 (국문 번역)

북한의 연평도 포격은 서해합동군사훈련에 항의하고 방해할 목적으로 저지른 군사도발이며, 중국의 묵시적 승인 아래 저질러졌다. 비록 포격으로 민간인 2명, 해병대 2명 등 4명이 목숨을 잃고, 수십 명이 부상당하고, 가옥 수십 동이 파손되는 등 재산상의 손실도 크지만 이번 도발의 목표는 남한이 아니고 미국이다.

중국이 제안한 6자 회담도 북 핵 문제나 연평도 포격사건 해결을 위한 회담이 아니다. 서해합동군사훈련이 동북아 정세에 위협이 된다고 규정하고 훈련으로 야기될지도 모를 군사충돌을 방지하기 위해 중국이 노력했다는 명분 쌓기용이다. 우리는 6자 회담의 목적이 북한을 설득해 핵무기개발 계획을 중단하도록 하는 데 있다는 것을 상기할 필요가 있다.

천안함 폭침 당시에도 중국은 국제사회의 기대에 부응하지 않았다. 국제사회는 중국이 북한에 영향력을 행사해 천안함 폭침을 사죄하고, 재발방지를 약속하도록 압력을 가할 것이라고 기대했다. 그와 반대로 중국은 북한이 다시 도발을 일으키지 못하게 경고하기 위해 실시하려던 서해합동군사훈련을 저지하는 데 모든 노력을 경주했다. 결국 한-미 양국은 중국과 마찰을 피하기 위해 예정된 서해 훈련을 연기하고 대신 동해에서 소규모 훈련을 실시했다.

중국은 서해를 자국의 안마당으로 간주한다. 중국 외교부는 "중국은 어느 나라도 허락 없이 중국의 경제수역 내에서 어떤 군사행동을 취하는 것도 반대한다."고 주장한다. 그리고 "외국 군대가 중국 근해에서 군사훈련을 하는 것은 중국의 안보이익을 침해하는 것으로 결연히 반대한다."고 선언했다. 이는 중국이 동북아 지역에서 미국과 일본의 영향력을 배제하고 이 지역의 패권을 장악하겠다는 의지를 드러낸 것이다.

이처럼 중국이 동북아의 패권을 장악하려고 시도하고 있는 시기에 북한에서는 3대 권력세습이 이루어지고, 김정일 정권은 아들 김정은의 지도력 강화를 위해 북한 주민들에게 군사력을 과시할 필요를 느끼게 되었다. 이것이 북한이 중국의 묵시적 승인 하에 천안함 폭침과 연평도 포격사건을 일으킨 배경이다. 중국의 승인 없이 북한이 독자적으로 도발을 감행한다는 것은 있을 수 없는 일이다.

상황을 좀 더 구체적으로 검토해보자. 이미 예고한 바와 같이 미국 군사력의 상징과도 같은 조지 워싱턴 호가 막강한 미 제7함대를 이끌고 11월 28일 서해상에 그 위용을 드러냈다. 그런데 만약 북한과 중국이 그때까지 서해 훈련에 항의하거나 방해하기 위한 어떠한 조치도 취하지 않았다면 북한은 제7함대의 위용에 주눅이 든 것처럼 보일 것이고, 김정은을 옹위하는 북한 군부는 체면을 잃게 되었을 것이다. 주변국 면전에서 안마당까지 진입한 미국의 막강한 군사력 시위에 압도당하는 모습을 보이게 된 중국도 굴욕을 느끼게 되었을 것이다. 이런 이유로 중국은 남북한 쌍방이 냉정과 절제를 유지할 것을 주장하면서 도발을 일으킨 북한의 책임문제는 거론하지 않는다. 또한 대화와 협상을 통해 문제를 풀어야 한다고 주장하면서 한-미-일 3국의 반대에도 불구하고 6자회담을 재개해야 한다고 주장한다.

미국이 아직도 중국의 영향력에 의존해 북한을 변화시킬 수 있다고 생각하는 것은 매우 실망스런 일이다. 지난 토요일 버락 오바마 대통령은 중국은 북한에 영향력을 행사할 수 있는 몇 안 되는 국가라고 말했다. 합참의장 마이크 멀린은 ABC 회견에서 "북한에 영향력을 미칠 수 있는 나라는 중국이며, 그래서 중국의 역할이 매우 중요하다"고 말했다. 중국은 외관상 북한의 핵개발을 저지하기 위한 국제 노력에 공조하는 것처럼 보인다. 그러나 그 동안에도 중국은 유엔의 대북제재에도 불구하고 북한에 곡물, 유류, 기타 북한이 필요로 하는 물자를 제공하는 등 북한의 핵개발 계획을 지원해왔다.

중국이 변해야 북한이 변한다. 중국이 북한을 설득해 핵개발 계획을 포기하게 만들고, 천안함 폭침을 사죄하게 만들 것이라고 생각한 것은 망상이었다. 이제 자유세계는 중국에 압력을 가해야 한다. 우리는 중국에게 G-2 국가의 위상에 합당한 행동을 할 것을 요구해야 한다.

후진타오 주석 특사자격으로 방한한 국무위원 다이빙궈는 일요일 이명박 대통령 면담 시 연평도 포격사건 해결책으로 6자 회담 재개문제를 제기했다. 그러나 이대통령은 아직 시기가 아니라고 하면서 이 제안을 거절했다.

그럼에도 불구하고 다이빙궈를 수행해 그 자리에 배석했던 우다웨이 외교부차관은 북경에 돌아가자마자 기자회견을 소집하고, 12월 초에 6자 회담 수석대표회담을 개최하자고 공식 제안했다. 문명국이라면 외국 국가원수가 이미 거절한 제안을 공식 발표하는 것과 같은 외교적 실수를 범하지 않는다. 그것은 상대국 국가원수의 의사를 의도적으로 무시하는 행위이기 때문이다.

중국이 국제사회의 신뢰를 회복하려면 불원 평양에 파견할 특사를 통해 김정일을 설득하고, 그래서 북한이 국제사회의 요구를 수용하도록 만들어야 한다. 여기에는 책임자 문책, 사망자 가족에 대한 사죄 그리고 재발방지 약속이 포함되어야 한다. 그런 다음에 6자 회담 재개 제의가 나와야 한다. 그것이 일의 순서다.

China is North Korea's enabler

Park Sung-soo

North Korea's artillery attack on Yeonpyeong Island was a military provocation aimed at protesting and obstructing the South Korea-U.S. joint naval exercise in the Yellow Sea. And it was staged with the tacit approval of China. Although the shelling left two South Korean civilians and two marines dead, dozens injured and dozens of destroyed homes, the ultimate target of the provocation was the United States, not South Korea.

The meeting among representatives of the six-party talks on North Korea's nuclear program, which was proposed by China on Sunday, is not to solve the North Korean nuclear problem.

It is instead an attempt to define the joint military exercise as a threat to the security of Northeast Asia, while providing evidence that China tried to prevent a possible military conflict caused by the exercise.

One must bear in mind that the six-party talks are actually meant to persuade North Korea to stop provocations or give up its nuclear weapons development program.

At the time of the sinking of the Cheonan, China did not live up to international expectations that it would exercise influence on the North by forcing the North to apologize for the attack and give assurances that it would not repeat the action.

On the contrary, China exerted all its efforts to oppose a joint military exercise in the Yellow Sea that was planned to give a warning to the North not to attempt another provocation. As a result, South Korea and the United States postponed the naval drill in the Yellow Sea to avoid conflict with China. A smaller-scale exercise was carried out in the East Sea instead.

China considers the Yellow Sea its backyard. The Chinese foreign ministry said, "China opposes any foreign troops performing military exercise in China's exclusive economic zone without permission." It added that "military exercises that foreign troops stage in the neighboring waters of China are in violation of China's security interests." China has made its intentions clear that it will impose hegemony over Northeast Asia and keep the influence of Japan and the United States in check.

While China tries to consolidate its hegemony in Northeast Asia, the third-generation leadership succession in the North is in progress, and Pyongyang needs to demonstrate its military power to the public to help consolidate Kim Jong-un's leadership. This is the background against which the provocation of the Cheonan sinking and the Yeonpyeong attack were carried by the North — with China's tacit approval. It is not plausible to assume that the North staged military provocations arbitrarily.

Let's examine the situation a bit more in detail. As was announced in advance, the U.S.S. George Washington — a symbol of U.S. military power — emerged in the Yellow Sea at the head of the formidable U.S. 7th Fleet on Nov. 28. If North Korea and China did not take any action to protest or obstruct the joint military exercise in the Yellow Sea, North Korea would appear to be cowed and North Korea's military leadership, which supports Kim Jong-un, would lose its prestige.

China would also be humiliated in the eyes of neighboring countries by being overwhelmed by U.S. military might advancing into its backyard.

This is the reason why China does not mention the responsibility of North Korea, which provoked the military attack, calling for composure and restraint from both Koreas. Claiming that the issue should be resolved through dialogue and negotiations, China also insists that the six-party talks should be resumed despite the opposition of three countries — the United States, Japan and South Korea.

It is disappointing that the United States still thinks it can change North Korea by relying on China's influence. U.S. President Barack Obama said on Saturday that China was one of the few countries that can exercise influence over North Korea. Mike Mullen, chairman of the U.S. Joint Chiefs of Staff, said in an interview with ABC,

"The one country that has influence in Pyongyang is China and so their leadership is absolutely critical."

China has given the appearance of participating in international efforts to prevent North Korea's nuclear development program. But in the meantime, it gave support to North Korea's nuclear program by providing grain, oil and other materials that the North needs, despite violating UN resolutions that imposed sanctions on the North.

North Korea will change if China changes itself. It is an illusion that China will persuade North Korea to give up its nuclear program and force it to apologize for the sinking of the Cheonan. Now, the free world should put pressure on China. We must demand China to live up to its status as a G-2 nation.

When Chinese State Councilor Dai Bingguo met President Lee Myung-bak on Sunday, he raised the issue of resuming the six-party talks as a solution to the North Korean attack on Yeonpyeong Island. But President Lee rejected the proposal, saying it wasn't the right time.

Nevertheless, Wu Dawei, China's vice foreign minister who accompanied Dai, called a press conference upon his return to Beijing and officially proposed a meeting of envoys to the six-party talks in early December.

A civilized country seldom commits such a diplomatic blunder as announcing a proposal that has already been rejected by a head of state since it appears to willfully ignore his opinion.

If China wants to restore the confidence of international society, it should persuade Kim Jong-il, through a special envoy who will visit Pyongyang soon, to comply with international demands. These include reprimanding those responsible for the attack, apologizing to the family members of the dead and making guarantees that provocative actions will not be repeated.

Proposing the resumption of the six-party talks should come after that. This should be the sequence of events.

The writer is a visiting professor of media studies at Myongji University.

It is disappointing that the U.S. still thinks it can change North Korea by relying on the influence of China.

C. 오바마의 대북정책 (Obama, 'change' and Pyongyang)
게재일: 2008년 11월 14일 (국문 번역)

오바마는 부시의 대북 포용정책을 승계하겠지만 몇 가지 근본적인 수정을 가할 것이다.

지난 화요일 바락 오바마의 미국 대통령 선출은 북한 핵 문제에 관한 미국과 북한 간 협상에도 변화를 가져올 것으로 보인다. 지금 전 세계의 이목은 오바마 정부가 펼 정책의 실마리를 찾는데 집중되어있으며, 북한도 예외는 아니다.

북한 외교부 미주국 이근 국장이 전 미국 외교협회와 코리아 소사이어티 초청으로 지난주 목요일 뉴욕에 도착했다. 도착 첫날 이근은 6자회담 미국측 수석대표 크리스토퍼 힐을 만났다. 이 자리에는 대선 기간 중 오바마 당선자에게 대북정책을 자문해온 것으로 알려진 동 아시아 전문가 프랭크 자누지도 자리를 같이 했던 것으로 알려지고 있다. 미 국무부 대변인 로버트 우드는 "실질적이며, 진지한 대화를 나누었으며, 참석자들은 향후 6자 회담의 진전 방향을 중점 논의했다."고 말했다. 이근에게 그 회동은 오바마의 대북 정책 방향을 파악할 수 있는 좋은 기회였음에 틀림없을 것이다.

부시 대통령이 임기를 마치기 전에 북한 핵 문제를 해결하여 외교적 성과를 거양하려던 노력에도 불구하고 부시 행정부의 대북정책은 비판을 면키 어려울 것으로 보인다. 일부 진보진영 인사들은 부시 행정부가 2002년부터 2005년까지 북한과 직접 협상하는 것을 피했기 때문에 북한 핵 문제를 어렵게 만들었다고 비난한다. 그들은 부시 행정부의 비타협적인 접근 방식 때문에 북한이 1994년 체결한 제네바 합의를 깨고 영변의 핵 시설을 재가동하여 최소한 4개의 핵 무기를 만들기에 충분한 플루토늄을 추출했으며, 기존에 보유하고 있던 2-3개의 핵 탄두와 함께 6-7개의 핵무기를 보유하게 되었고, 핵 실험도 실시했다고 주장한다.

오바마 당선자도 대선기간 중 부시 대통령이 북한에 대한 포용정책을 너무 늦게 취했다고 비난하고 김정일과 직접 대화를 할 용의도 있음을 표명하기도 했다. 부시 행정부가 특별사찰을 포함한 북한 핵 시설에 대한 검증절차에 동의할 것을 요구하자, 북한은 지난 8월 영변 핵 시설에 대한 동결을 해제하고 플루토늄 추출 작업을 재개하겠다고 위협했다. 그러자 진보진영 인사들은 부시 행정부가 "어리석게도 협상에서 자기가 맡은 몫도 못하고 있다"고 비난하고 부시 대통령에게 검증절차는 다음 단계로 미루고 당장 북한을 국무부의 테러지원국 명단에서 삭제하라고 요구했다. 그래서 부시 대통령은 그들의 주장대로 했다.

오바마도 북한을 테러지원국 명단에서 삭제하는 것을 지지했으며, 부시 행정부가 다시 대북포용정책을 쓰기 시작한 후 북핵 문제에 "일부 진전"이 있었다고 말한 바 있다. 이상 오바마의 발언은 오바마 당선자가 부시 2기 행정부의 대북 포용정책을 승계할 가능성이 크다는 추측을 가능하게 한다. 그러나 부시 행정부의 대북정책을 크게 "바꿀" 가능성을 암시하는 발언도 있다. 오바마는 북한 핵 문제를 "국제 공조"를 통해 다루어야 한다는 견해를 가지고 있으며, 6자 회담을 국제공조로 가는 "임시 가교"로 간주하고 있는 것으로 알려지고 있다. 2005년 5월 오바마는 핵 비확산 조약(NPT)을 강화하여 북한과 같이 비확산 조약(NPT)을 위반하는 국가들이 자동적으로 강력한 국제 제재에 직면하도록 해야 한다고 주장한 바 있다는 것을 상기할 필요가 있다.

오바마는 현행 핵무기 비확산 체제의 문제점을 지적하고, 그의 전임 대통령들이 취했어야 할 대처방안을 제시했다. 핵무기의 확산 금지는 국제사회가 총체적으로 대처해야 할 문제이지, 어느 강대국이 일방적으로 결정한다고 해서 해결될 문제가 아니다. 그리고 북한 이외에도 핵무기 개발 야망을 가진 나라, 예를 들어 이란 같은, 들이 있다. 지난 주 오바마 당선인은 이란대통령의 당선축하 서한에 관한 질문에 답하면서 "이란이 핵무기를 개발하는 것은 용납할 수 없다. 그와 같은 사태를 예방하기 위해 우리는 국제공조를 강화해야 한다." 라고 말했다.

국제사회에는 모든 국가에 동등하게 적용되는 국제적으로 인정된 규칙이 있어야 한다. 오바마가 지적한 바와 같이 핵무기 비확산 조약 (NPT) 은 실행 가능한 시행규칙으로 강화되어야 한다. 북한과의 직접 대화와 타협을 강조하는 진보진영 인사들은 위기의 근본원인이 북한이 1994년 핵 합의를 위반 한데서 비롯되었다는 사실은 간과하고, 문제를 외교적 해결이라는 겉치레로 그럴싸하게 꾸미고 넘어가려고 하며, 심지어는 북한이 전형적인 벼랑 끝 전술을 구사할 때마다 매번 양보를 해서까지 그렇게 하려고 한다. 진보 진영 인사들의 그와 같은 행태는 북한이 벼랑 끝 전술을 구사할 때마다 북한에게 양보하는 것이 북한과 대화하는 포용정책이고, 북한의 요구를 거절하는 것은 대화를 거부하는 강경노선이라는 그릇된 인식을 심어주었다.

더 큰 폐해는 북한이 이를 저들의 목적에 유리하게 이용한다는 점이다. 북한은 벼랑 끝 전술을 구사하기만 하면 소기의 목적을 달성할 수 있다는 것을 미리 알고 협상하는 셈이다. 부시 행정부가 3년 동안 북한과 대화를 하지 않은 것은 물론 중대한 실책이었다. 그러나 북한이 비밀리에 농축 우라늄을 이용한 핵 개발 계획을 추진하였고, 1994년 제네바 합의를 어기고 플루토늄을 추출했다는 사실이 밝혀졌음에도 불구하고 북한에 적절한 제재조치를 취하지 않은 것은 그보다 더 큰 실책이었다.

오바마는 부시의 대북 포용정책을 승계할 것이다. 그러나 그 포용정책에는 근본적인 수정이 가해질 것이다. 전임 대통령들과는 달리 오바마는 보다 많은 국가들이 북한 핵 문제 해결에 참여하도록 유도할 것이며, 핵 비확산 조약(NPT) 체제를 강화하고, 필요하다면 규칙을 위반한 국가들을 응징하는 도전적인 외교를 펼칠 것이다.

Obama, 'change' and Pyongyang

On North Korea, Obama will inherit Bush's engagement policy, but there will be some fundamental differences.

The writer, a former editorial page editor of the JoongAng Daily, is a visiting professor of media studies at Myongji University.

The election of Barack Obama as the president of the United States last Tuesday will certainly bring change to the nuclear negotiations between the United States and North Korea. The whole world is watching for indications of the incoming Obama administration's new policy and North Korea is no exception.

Li Gun, the director-general of the American Affairs Bureau of North Korea's Foreign Ministry, came to New York on Thursday at the invitation of the National Committee on American Foreign Policy and the Korea Society. He met with Christopher Hill, chief U.S. negotiator to the six-party talks, on Thursday. It is also known that Frank Jannuzi, an East Asia specialist who advised President-elect Obama on North Korea policy during the campaign, was there, too.

Robert Wood, State Department spokesman, said "The talks were substantive, serious, and they focused on how to move the six-party process forward." It must have been a valuable meeting for Li to get a fix on the direction of Obama's North Korea policy.

Despite the effort to win a diplomatic trophy by resolving the North Korean nuclear issue before George W. Bush leaves office, it seems difficult for his administration to evade criticism that his North Korea policy was a failure.

Some progressives placed blame on the Bush administration's reluctance to hold bilateral negotiations with the North

during 2002 to 2005. They assert that due to the administration's uncompromising approach, North Korea resumed operation of its nuclear facilities in Yongbyon in defiance of the 1994 Framework Agreement and extracted enough plutonium for at least four more nuclear weapons in addition to two or three in its arsenal and tested a nuclear weapon.

During the campaign, Obama also criticized Bush for taking so long to engage with North Korea and even expressed his willingness to hold direct talks with Kim Jong-il.

When Pyongyang threatened to resume plutonium production in August in protest against the Bush administration's demand for a verification process that included intrusive inspections of North Korean nuclear facilities, the progressives criticized the administration for "foolishly failing to keep its end of the deal" and urged Bush to put off verification to the following phase of the six-party process and remove North Korea from the State Department's list of state sponsors of terrorism. And Bush did so.

Obama supported the decision to de-list North Korea. Earlier during the campaign, he also said that the Bush administration's eventual re-engagement with the North led to "some progress." The above remarks made during the campaign indicate that Obama is likely to continue the engagement policy Bush took during his second term.

But there are also remarks that indicate a possible change in North Korea policy. Obama is known to be advocating an international coalition to handle nuclear North Korea, and he calls the six-party talks "ad hoc." It should be noted that in May 2005, Obama called for the strengthening of the nuclear Non-Proliferation Treaty so that countries like North Korea that break the rules will automatically face strong international sanctions.

He pointed out problems in the current nuclear non-proliferation regime and showed the way that his predecessors should have pursued. Nuclear non-proliferation is an issue that should be addressed by the international community, not a matter that can be decided by a superpower unilaterally.

And besides North Korea, there are other countries, such as Iran, that pose similar problems. "Iran's development of a nuclear weapon is unacceptable," Obama said last week when reporters asked him about the Iranian president's congratulatory message to him, "and we have to mount an international effort to prevent that from happening."

There should be internationally accepted rules that apply equally to all members of the international community. As Obama pointed out rightly, the NPT should be strengthened with viable enforcement rules.

The progressives, who emphasize direct talks and compromise with the North, overlook the fact that North Korea

violated the 1994 Geneva Agreement, the very cause of the current crisis, and try to gloss over the issue with a negotiated settlement, even by giving concessions whenever the North resorts to brinkmanship tactics.

Such attitudes by the progressives have led to a misconception among the people that giving concessions to the North when it resorts to brinkmanship is an engagement policy, as having a dialogue, whereas refusing to accept the North's demands is a confrontational hard-line policy, refusing dialogue.

What is even worse is that North Koreans use such misconceptions to their advantage. It certainly makes them feel comfortable to know that they will win whenever they resort to brinkmanship.

It was, of course, a serious mistake that the Bush administration did not hold talks with the North for three years. But it was an even more serious mistake that it did not take proper punitive action against Pyongyang after it was revealed that the country secretly pursued a uranium enrichment program and extracted plutonium in breach of the 1994 Geneva Agreement.

On North Korea, Obama will inherit Bush's engagement policy, but there will be some fundamental differences. Unlike his predecessors, he will pursue broader international participation in the nuclear issue, strengthen the NPT and use, if necessary, aggressive diplomacy of punishing rule breakers.

287

라. 포용 정책

A. 통일이 대박이 되려면 북한을 움직여야 (Hitting the reunification 'jackpot') 게재일: 2014년 2월 20일

박근혜대통령의 "통일은 대박" 발언이 70퍼센트에 육박하는 여론의 지지를 획득하는 대박을 쳤다. 그러나 북한을 화해와 협력의 장으로 끌어낼 방안과 구체적 실천계획이 없으면 "대박" 발언은 정치적 수사에 그칠 것이다.

통일은 민족의 염원이며, 반드시 이루어야 할 국가적 정책 목표이며, 통일의 결실은 남북한은 물론 주변국에도 이익을 가져올 "대박" 임에 틀림없다. 그러나 구체적 실천계획과 준비 없이 통일은 이루어지지 않는다. 그동안 진보세력이 통일 담론을 주도해 온 이유는 보수진영의 통일론이 구체적 실천계획이 결여된 관념적 통일 이론에 그쳤기 때문이다. 반면 진보진영은 평화통일을 전제로 북한을 화해와 협력으로 이끌고, 교류와 협력을 진전시켜, 점진적으로 경제와 사회의 통합을 추진한다는 장밋빛 계획을 제시하였고, 금강산 관광, 개성공단 등 구체적인 사업을 가시화했다. 박근혜 정부는 "한반도 신뢰 프로세스"를 실행에 옮길 구체적 로드 맵을 제시해야 한다.

진보진영의 무분별한 "퍼주기" 식 대북지원 정책은 실패했다. 그러나 이명박 정부 5년 그리고 현정부가 지난 1년간 견지해 온 "압박 정책" 과 "상호주의"로 남북관계를 풀어나가는 것도 어렵다. 햇볕정책이 북한의 핵실험, 핵무기와 미사일 개발, 서해상 군사도발을 막지 못했고, "퍼주기 식 지원"으로 전체주의 세습 정권의 체제를 강화하는 데 그쳤다. 그러나 포용정책은 어느 정도 남북 간 긴장의 수위를 완화하였고, 제한된 범위에서 나마 교류와 협력사업을 추진하는 데 성과를 거두었다. 이제 보수 진영도 추상적인 통일론과 상호주의 원칙을 탈피해야 한다.

통일은 목표이지만 통일이 "대박" 이 되려면 그 과정이 중요하다. 흔히들 통일의 비용과 이익을 비교한다. 그리고 이익이 비용보다 2배이상 크다는 분석을 장황하게 늘어 놓는다. 그러나 그 비용에는 북한정권이 통일에 합의한 후 남북한이 점진적으로 경제적, 사회적 통합을 추진하는데 소요되는 비용만 포함된다. 북한 정권이 "외부의 힘"이나 "내부 모순"에 의해 붕괴되는 경우 일어날 혼란과 파괴를 수습하고 복구하는 데 소요될 천문학적 비용은 포함되어 있지 않다. 막대한 복구 비용만 문제가 되는 것이 아니다. 정권붕괴 이후 야기될 정치적, 사회적, 경제적 상처를 치유하는 데 한 세대 이상의 긴 세월이 소요되는 것은 더 큰 문제다. 한마디로 북한정권 붕괴로 인한 급변사태는 6.25 동란이 남긴 상처 못지않은 후유증을 남길 것이다. 그러므로 통일이 대박이 되려면 먼저 남북한이 평화적, 점진적인 통합에 합의하여야 한다.

그동안 국민은 박근혜 정부가 남북협상에 원칙을 견지하고 의연한 태도를 유지한 것을 높이 평가했다. 그러나 그것은 국민의 북한에 대한 부정적인 인식을 증가시켜 우리 사회에 통일 회의론, 통일 무용론이 팽배하게 만드는 부작용을 낳았다. 불행 중 다행으로 "통일 대박" 발언이 국민의, 특히 젊은 층의 통일에 대한 부정적인 인식을 바꾸는 효과를 거두었다. 이제 박근혜 정부는 적극적으로 북한과 대화와 협상에 임하는 등 신뢰 구축 노력을 보여주어야 한다. 북한정권과 화해와 협력을 추진하는 것은 진보진영의 전유물이 아니다.

진보 정부 10년의 "퍼주기 식 지원" 이 실패한 이유는 "필요"에 따라 협상을 진전시키는 북한에 길들여진 "통 큰" 진보진영 정치인들이 북측의 "필요"를 과대 해석하거나 자기들끼리 "선심쓰기 경쟁"을 벌인 결과 스스로 체제의 우위, 경제적 우위를 포기하고 지원의 주도권을 수혜자인 북측에 넘겨주었기 때문이다. "퍼주기"를 하더라도 필요한 지원을 선별적으로, 합리적 절차에 의해 진행했더라면 북측도 억지 주장이 통하지 않는다는 것을 인식했을 것이다.

동서독 통일은 브란트의 동방정책, 1972년 체결된 동서독 기본조약, 동독의 협력의지, 17년간(1973-1990) 축적된 교류와 협력 실적, 서독과 관계를 개선하라는 쏘련의 종용 등 5가지 요인에 의해 이루어졌다. 이 5가지 중 남북한 간에는 1988년 노태우 정부의 북방정책과 1991년 남북한이 합의한 남북기본합의서가 있으며, 좌파 정부 10년간 햇볕정책 하에 축적된 교류와 협력의 실적이 있다. 부족한 것은 북한의 협력의지와 중국의 대남협력 종용정책이다. 동독이 동서독 기본조약 체결 후 서독에 적극 협력한 것과 달리 북한은 1972년 남북기본합의서, 2000년 6.15 남북공동성명, 그리고 2007년 10.4공동선언에 서명하였음에도 불구하고 아직도 대남협력의지를 보이지 않고 있다.

중국의 대북정책에도 문제가 있다. 중국은 아직 냉전 시대의 buffer zone 논리에서 벗어나지 못하고 있으며, 북한급변사태 시 북한 난민 유입사태를 우려하고 있다. 중국은 통일 이후에도 주한미군이 38선 이북 지역에 배치되는 일이 없을 것이라는 미국의 약속을 상기해야 한다. 그리고 북한난민 유입을 막는 지름길은 북한을 설득해 남한과 화해와 협력의 길로 나아가게 하는 것임을 인식해야 한다.

박근혜 대통령은 남북관계를 말할 때 "손바닥이 마주쳐야 소리가 난다"는 말로 북한이 상응한 조치를 취하지 않는 한 "한반도 신뢰 프로세스"가 진전을 이룰 수 없다고 말한다. 북한이 남한과 교류와 협력의 길로 나서려 하지 않는 것은 분명 큰 문제다. 그러나 그렇다고 해서 정부가 소극적인 상호주의 정책에 안주한다면 그것 역시 문제라고 하지 않을 수 없다. 정부는 한편으로는 북한에 다양한 교류와 협력사업을 제안하는 등 북한을 화해와 협력의 장으로 유도하기 위한 노력을 지속하면서, 다른 한편으로는 중국이 북한에게 남한과 교류와 협력사업을 추진하고 대남관계를 개선하라고 종용하도록 하는 대중국 외교를 전개해야 한다.

Hitting the reunification 'jackpot'

Park Sung-soo

President Park Geun-hye's recent remark that Korean reunification would be "the jackpot" has hit a chord with the masses, winning nearly 70 percent of public support. But the statement will likely end up being empty political rhetoric if the government fails to present a concrete road map and implementation plan to lead North Korea toward reconciliation and cooperation.

No doubt reunification is the aspiration of the whole nation and an ultimate policy goal. One of the major reasons for the progressives taking the lead in unification discourses in the past is that the conservative camp's unification formulas were abstract and lacked concrete implementation measures. In contrast, the progressive camp presented a rosy picture, promoting economic and social integration of both Koreas by persuading the North to reconcile and cooperate through the implementation of various exchanges and cooperation programs.

The progressives' North Korea policy, characterized by "flooding Pyongyang with hefty assistance," was a failure. Nevertheless, it is not possible to resolve tangled inter-Korean relations with the "pressure tactics" and the "reciprocity principle," adopted by former President Lee Myung-bak and succeeded by President Park. The Sunshine Policy of the liberal governments failed to prevent Pyongyang from conducting nuclear tests, developing nuclear weapons and missiles, and launching military provocations in the Yellow Sea. It only ended up strengthening the dictatorial rule of the despotic regime by providing it with generous economic assistance. However, it eased, to a certain degree, the level of tension on the peninsula and helped to promote exchanges and cooperation projects.

Reunification is a national goal, but the process is also important. People often compare the costs of unification with its profits and argue that the profits are more than twice the cost. But the reunification costs they quote only include the expenses needed for the gradual economic and social integration after the North agrees to reunify. It does not include the astronom-

ical costs of reconstruction. The enormous cost of restoration is not the only thing that matters. Even more serious is that it will take longer than a generation to heal the political, social and economic wounds from the regime's collapse. To hit "the jackpot" with reunification, therefore, both Koreas must agree on a peaceful and gradual reunification first.

In the meantime, people evaluated President Park's leadership highly as her government upheld the principle of inter-Korean negotiation while maintaining resolute attitudes toward the North. But it helped fuel a negative understanding of the North, causing people to be skeptical of reunification.

Fortunately, the president's remark — "reunification will be the jackpot" — has helped change people's negative attitude toward reunification. Now, the government must demonstrate that it is trying

---

To hit 'the jackpot' with reunification, both Koreas must agree on a peaceful and gradual reunification first.

---

hard to build trust on the peninsula by actively engaging in negotiation and dialogue with the North. Promotion of reconciliation and cooperation with Pyongyang is not exclusive to the progressives.

The trend of offering Pyongyang generous economic aid, which lasted 10 years under the liberal governments, failed because the "broad-minded" leftist politicians, who became tame to the North Korean negotiation tactics, handed over leverage to the North, the beneficiary. They exaggerated the North's "needs" and competed among themselves to show "bigger kindness" to Pyongyang. If they had provided assistance to necessary projects on a selective basis, following rules and observing due process, North Korean authorities would have realized that the South would not listen to their preposterous claims, even if the South offered economic assistance profusely.

There are five factors that contributed to German unification. They are Willy Brandt's Ostpolitik, the Basic Treaty signed in 1972, East Germany's willingness to cooperate with the West, 17 years (1973-90) of inter-German exchanges and the Soviet Union's advice to improve relations with the West. Of the five, the two Koreas have achieved three. South Korea adopted Nordpolitik in 1988 to establish diplomatic ties with former Eastern European countries, the USSR and China. The two Koreas signed the Inter-Korean Basic Agreement in 1991, and there are records of exchange and cooperation accumulated during 10 years of leftist governments under former Presidents Kim Dae-jung and Roh Moo-hyun.

The two missing factors are North Korea's lack of will to cooperate and China's unwillingness to advise the North to cooperate with the South. Despite the Inter-Korean Basic Agreement, the June 15 North-South Joint Declaration and the Oct. 4 Declaration, North Korea does not show willingness to cooperate with the South. There are some problems with China's North Korea policy, too. China is still holding back because of the buffer zone theory of the cold war era and worries that a rush of North Korean refugees across the border from a sudden change in the North would ruin its economy. China should be reminded that the U.S. Forces in South Korea will not be deployed beyond the 38th parallel even after the two Koreas are united. It must also recognize that an effective way to prevent the rush of North Korean refugees across the border is encouraging Pyongyang to promote exchange and cooperation with Seoul.

When President Park talks about South-North relations, she is often quoted as saying, "It takes both hands to clap," meaning that her signature trust-building process cannot make progress as long as Pyongyang does not listen. Of course, the North is not willing to accept the South's cooperation proposals, but our government also tends to settle for a passive measure of reciprocity. The government must persuade North Korea to engage in reconciliation and cooperation by promoting various cooperation projects. It should also launch diplomatic efforts to persuade China to pressure the North to promote the South's cooperation projects.

The author is a visiting professor of communications at Sejong University.

B. 단명에 그친 북한과의 타협 (Short-lived compromises)
게재일: 2008년 5월 2일

부제 : 북한과의 비핵화 협상은 외교라기 보다는 군사협상의 성격이 강하다.

부시 대통령은 4월 20일 북한이 모든 핵 개발 계획과 핵 기술 이전활동을 입증이 가능한 방법으로 신고할 것을 기대한다고 말했다. 부시 대통령은 미국을 방문 중인 이명박 대통령과 함께 캠프 데이비드에서 가진 기자회견에서 북한과의 핵 협상을 임기 내에 타결하기 위해 부시 행정부가 북한에 대한 요구조건을 완화했다는 주장을 부인했다.

그것은 최근 싱가폴에서 미국과 북한이 합의한 타협안을 말하는 "싱가폴 합의"가 아직 부시의 승인을 받지 못했다는 것을 의미한다. 이 타협안에 따르면, 북한은 단지 풀루토늄과 관련된 핵 개발계획에 관한 사항만 신고하고, 미국이 의심하고 있는 농축우라늄 개발계획과 핵 기술 해외이전에 관해서는 단지 미국이 우려하고 있음을 "인지"하는 선에서 그치는 것으로 되어있다.

부시 대통령의 캠프 데이비드 발언 불과 3일전 곤도리사 라이스 국무장관은 북한이 과거 핵 활동을 충실히 신고하기만 하면, 신고절차가 끝나기 전에라도 북한을 테러지원국 명단에서 삭제할 수 있음을 시사하는 발언을 했다. 국무부 대변인 숀 맥코맥은 북한이 농축 우라늄 계획에 관해 충분히 소명하지 않더라도 미–북간 타협[싱가폴 합의]에 따라 미국 핵 사찰단이 북한 내 모든 핵 시설을 점검할 수 있을 것이기 때문에 북한이 모든 핵 개발계획을 중단했는지 여부를 입증할 수 있게 될 것이라는 낙관론을 폈다고 한다. 국무부 차관보이며, 6자 회담 미국측 수석대표인 크리스토퍼 힐은 심지어 풀루토늄 개발계획이라도 폐쇄하는 것이 아무것도 하지 않는 것보다 낫다는 주장까지 폈다고 한다.

그러면 무엇 때문에 부시 행정부 관리들이 북한과 타협하기 위해 이처럼 안달을 하는 것일까? 북한은 과거 핵 활동에 대해 신고해야 할 마감일을 4개월이나 넘겼는데 오히려 미국이 안달하는 것은 무슨 이유 때문일까?

뉴욕 타임즈는 4월 21일자 사설을 통해 다음과 같이 논평했다.

"부시 대통령이 최근 북한의 핵개발 계획을 종식시키기 위해 추진하고 있는 타협안이 행정부 내외의 대북 화해 반대론자들을 자극하고 있다. 이 타협안은 불완전한 것이다. 그러나 부시가 어떠한 대북 타협안도 거부하면서 많은 시간을 낭비하고 난 다음에 기대할 수 있는 것은 불완전한 타협밖에 없을 것이다. 타협을 거부한 결과는 무엇인가? 북한은 계속해서 플루토늄을 축적했고, 지금은 핵폭탄 8개 이상을 제조하기에 충분한 양을 모았으며, 핵실험도 감행했다."

뉴욕 타임즈는 이어서, "부시가 빌 클린턴 대통령으로부터 정권을 물려받던 2001년 당시의 대북정책을 이어받았더라면 세계는 지금보다 훨씬 더 안전해졌을 것이다. 왜냐하면 당시 북한은 단지 하나 혹은 두 개의 핵무기를 제조할 분량의 플루토늄을 보유하고 있었기 때문이다."

부시 행정부는 진보세력으로부터 북한과 타협해 북한의 비핵화에 진전을 이루라는 압력을 줄기차게 받아왔다. 그러나 북한과 타협하지 않는다고 해서 부시 행정부를 비난하는 것이 옳은가? 부시 행정부가 북한에게 더 많은 플루토늄을 축적할 시간을 주었다는 주장은 정당한가? 북한이 핵무기 1-2개를 만들 수 있는 분량의 플루토늄보다 더 많은 양의 플루토늄을 보유하지 않았더라면 세계가 지금보다 더 안전해질까?

돌이켜 보건대, 1994년 제네바 합의는 앞뒤가 안 맞는 타협의 산물이었다. 북한의 낡은 흑연 감속로를 동결시키는 대가로 두 개의 신형 경수로를 건설해 준다는 것은 자가당착이었다. 그리고 제네바 합의 직후 합의사항의 원활한 이행을 제일 먼저 방해한 것은 미 의회였다. 미의회는 제네바 합의에 따라 미국이 북한에 공급해야 할 중유 구입 예산의 승인을 지연시켰다. 경수로 건설도 일정보다 훨씬 뒤로 지연되었다. 한편 북한은 북한대로 제네바 합의를 어기고 비밀리에 핵 개발 계획을 재가동했다. 이 모든 것들이 북한과 타결 지은 타협이 유효하다고 여겨지던 1994년부터 2002년까지 8년 사이에 일어났다.

우리는 역사로부터 한 가지 교훈을 얻었는데 그것은 공산주의자와는 타협이 없다는 것이다. 북한의 지도부가 핵무기 개발 의지를 버리지 않는 한 북한과 맺은 합의 혹은 타협은 아무런 의미가 없는 종잇장에 불과하다. 더욱 중요한 것은 북한과의 비핵화 협상은 외교라기보다는 군사 협상의 성격이 강하다는 점이다. 그것은 북한 지도자 김정일이 "선군 정치"를 국내 정치뿐 아니라 외교까지 좌우하는 지도이념으로 삼고 있는 것과 관련이 있다. "선군 정치" 깃발 아래, 북한에서는 군이 이미 바닥이 드러난 정부 예산의 대부분을 쓰고 있으며, 외교정책 수립에 외교관들보다 군 장성들이 더 큰 발언권을 행사한다.

비록 6자 회담에 참가하는 각국 대표들이 북한 외교관들과 교섭을 벌이고 있지만, 평양에서 외교정책을 결정하는 것은 군복 입은 장성들이다. 그리고 그들은 외교적 타협에는 관심이 없고 오직 군사력 강화에만 관심이 있다.

모든 군사 협상은 참가국의 군사력을 배경으로 이루어 진다. 따라서 6자 회담 참가국의 비중은 각국의 군사력에 비례한다고 말할 수 있다. 지금은 6자 회담 참가국들이 북한에 작년에 서명한 2.13 합의를 준수할 것을 촉구할 때다. 참가국들이 각국의 군사력을 배경으로 한 목소리로 합의 준수를 촉구하여, 김정일이 북한을 핵 보유국으로 만들겠다는 환상을 버리게 해야 한다.

부시 행정부 내외의 진보세력은 행정부에 북한과 타협하라는 압력을 행사하는 것을 중단해야 한다. 그들은 "원칙을 버리고 타협을 통해 얻은 평화는 단명하다"는 말을 명심해야 한다.

Short-lived compromises

Park Sung-soo

The deal on nuclear disarmament with North Korea has, by nature, aspects of a military negotiation, not a diplomatic one.

The writer, a former editorial page editor of the JoongAng Daily, is a visiting professor of media studies at Myongji University.

United States President George W. Bush said on April 20 that he expected North Korea to declare all its nuclear programs and proliferation activities in a verifiable way.

At a press conference held at Camp David together with visiting Korean President Lee Myung-bak, Bush dismissed assertions that his administration had relaxed demands on North Korea so the nuclear standoff could be resolved during his term in office.

It means that Bush has not yet approved the Singapore Agreement, a compromise that the United States and North Korea reached recently in Singapore. Under that compromise, North Korea will be obliged to produce a declaration of its plutonium-related program, but will only be required to "acknowledge" U.S. concerns about its suspected uranium enrichment program and nuclear proliferation.

Only three days before Bush's remarks at Camp David, U.S. Secretary of State Condoleezza Rice implied that North Korea could be removed from the U.S. list of state sponsors of terrorism even before the completion of the verification process, once Pyongyang declares its past nuclear development activities.

Sean D. McCormack, the U.S. State Department spokesman, was quoted as expressing optimism that even if North Korea did not fully account for its uranium efforts, the [Singapore] deal would allow inspectors access to all of North Korea's nuclear facilities to verify if it had stopped its nuclear weapons program.

Christopher Hill, assistant secretary of state and U.S. chief negotiator at the six-party talks, had even argued that getting the plutonium program shut down was better than getting nothing at all.

Why are Bush administration officials eager to make a compromise with North Korea, even though Pyongyang has ignored the deadline to declare its past nuclear activities for four months?

The New York Times on Monday commented editorially:

"President George W. Bush's latest compromise for ending North Korea's nuclear program is agitating critics outside his administration and in. It is an imperfect solution. But imperfect may be all one can expect after Bush wasted so much time refusing to consider any compromise at all. For six years, Bush rejected any meaningful negotiations. The result? Pyongyang kept adding to its plutonium stockpile — it now has enough for eight or more bombs — and tested a nuclear device."

The paper added, "If Bush had picked up where President Bill Clinton left off in 2001, the world would be much safer because North Korea only had enough plutonium for one or two bombs."

The Bush administration has been under constant pressure from liberals to compromise with Pyongyang so that the denuclearization deal with North Korea can progress.

But is it right to criticize the Bush administration for not making a compromise with North Korea? Is it justifiable to claim that the administration gave North Korea time to stockpile more plutonium? Would the world be a much safer place if the North did not have plutonium for more than one or two bombs?

In retrospect, the 1994 Geneva Agreement was a product of an awkward compromise: providing two new light-water nuclear reactors in compensation for freezing North Korea's old graphite reactors.

It was the U.S. Congress that jeopardized the Framework Agreement right after its inception. It started by delaying the endorsement of the budget for heavy oil to be shipped to North Korea, according to the agreement. The construction of the reactors also lagged far behind schedule. And the North, for its part, secretly resumed its nuclear weapons development program. All these took place during the eight years between 1994 and 2002, when the compromise with the North was supposed to be working.

We learned a lesson from history that there is no compromising with communists. As long as the North Korean leadership does not give up the will to develop nuclear weapons, the agreements or compromises made with North Korea are meaningless.

More importantly, the deal on nuclear disarmament with North Korea has, by nature, aspects of a military negotiation, not a diplomatic one. It has to do with North Korea's *"Seongun Jeongchi,"* or military-first policy adopted by North Korean leader Kim Jong-il as a guideline for domestic governance and foreign policy.

Under the military-first policy, the army is appropriated a greater share of already-dwindling state funds, and the generals have a louder voice in foreign policy formulation. Although the negotiators at the six-party talks with North Korean diplomats at the talks, the decision-makers in Pyongyang are the generals in uniform. They are not interested in a diplomatic compromise, but in building up military preparedness.

Military negotiation is carried out based on the military strength of the participating countries. It can be said that the influence of each country in the six-party talks is proportional to its military power.

It is time for the participants in the six-party talks to demand that North Korea comply with the agreement signed on Feb. 23 last year. If the demands are made in unison and in a way that conveys the military prowess of each participating country, Kim Jong-il will have no choice but to abandon the futile dream of making North Korea a nuclear power.

The liberals should stop pressing the Bush administration to compromise with the North.

They should keep in mind that peace won by compromising principle is a short-lived achievement.

C. 김정일의 장단에 춤추기 (Wen Jiabao's two-faced tough talk) 게재일: 2009년 10월 15일

김정일이 또 하나의 외교적 승리를 거두었다. 국제사회가 북한의 2차 핵실험에 경악하였고, 그래서 북한을 유엔 안보리 결의 하에 제재하기로 결의하였음에도 불구하고 북한은 또 다시 대화와 협상의 상대로 등장하였다.

최소한 지난 토요일 북경에서 열린 기자회견에서 원자바오 중국총리가 주변국들에게 요구한 것이 바로 그것이다. 원자바오 총리는 한국과 일본에게 북한과 서둘러서 대화를 하라고 촉구했다. 원 총리는 외교 관례를 어겨가면 양국에 경고까지 했다. "이번 기회를 잘 활용하면 진전이 있겠지만 놓치면 더 큰 비용을 치르게 될 것"이라고 말했다.

그러나 그는 그와 같은 외교적 위협을 뒷받침할 만한 증거는 제시하지 못했다. 만약 원 총리가 요구한 대로 된다면 지금 평양 행 임무를 수행하기 위해 대기중인 미국의 협상가들은 물론 한국과 일본 외교관들도 줄을 지어 평양 행 비행기 편을 기다려야 할 판이다. 참으로 놀라운 일이다. 유엔 안전보장이사회가 대북 제제 결의를 채택한 지 불과 4개월밖에 안 되었는데 어떻게 해서 제재국면을 벗어났으며, 그리고 대화와 협상의 상대로 부상한 것일까? 무슨 일이 있었기에 이와 같은 반전이 가능했을까?

반전의 단초는 8월 초 빌 클린턴 전 대통령의 방북에서 찾을 수 있다. 북한 지도자 김정일 면담 시 클린턴은 김정일에게 보즈워스 특별대표의 방북을 받아들일 것을 권고했다. 이후 북한은 뉴욕 채널을 통해 미국 대표단 초청의사를 밝혀왔고, 미국은 물밑 접촉을 통해 북한에 북-미 대화 일정 발표 이전에 "6자 회담 복귀 의사"를 밝혀달라고 요구했던 것으로 알려지고 있다.

클린턴-김정일 면담은 중국에게도 자극제가 되었다. 6자 회담 의장인 우다웨이 외교부 부부장이 8.17 방북하여 북한의 6자 회담 복귀 노력을 벌였고, 한 달 후에는 다이빙궈 외교담당 국무위원이 후진타오 주석 특사 자격으로 북한을 방문해 김정일과 면담했다. 다이빙궈 특사를 면담하는 자리에서 김정일은 "비핵화 문제를 양자 또는 다자 대화를 통해 해결하기를 희망한다"고 말해 국무부가 요구한 "6자 회담 복귀 의사"를 간접적으로 표시해주었다.

김정일은 이어서 10월 7일 원자바오 총리에게 "조-미 회담 상황을 지켜보며 6자회담을 포함한 다자 회담이 진행"되기를 원한다고 말했다. 그의 발언은 중국이 아직 북한에게 큰 영향력을 행사하고 있다는 것을 확인시켜 주었다.

북한이 안보리 결의 1874호에 입각한 제재 조치가 효과를 나타내기 시작하자 곤혹스러워 했음을 감안하면, 김정일이 6자 회담은 영원히 끝났다고 한 자신의 선언을 번복하는 구두 약속만으로 그처럼 강력한 제재를 모면하였다. 또 한번 김정일이 외교적 승리를 거둔 것이라고 평가하는 것도 무리는 아니다.

미 국무부는 미국이 북한과 대화를 시작하더라도 북한에 대한 제재는 중단 없이 시행될 것이라고 반복해서 말하고 있다. 그러나 제재가 대화와 병행해서 이루어진 사례는 찾기 어렵다. 게다가 북-미 대화는 북한을 6자 회담에 복귀시키기 위한 수단이라는 미국 측 입장과 김정일이 붙인 다자 대화의 전제 조건 사이에는 큰 차이가 있다. 미국인들이 그 사실을 모를 리 없다. 그러나 북 핵 문제 해결에 중국의 협조를 필요로 하는 미국은 중국의 충고를 무시할 수 없다.

중국도 김정일의 "다자 회담 수용" 발언은 중국에 대한 립 서비스에 불과할지 모르며 미-북 양자대화에 전념하겠다는 종전 입장에 변화가 없을지도 모른다는 것을 모를 리 없다. 그럼에도 불구하고 원자바오 총리는 김정일이 비핵화를 약속하고 다자 대회에 나서겠다고 했다고 "찬사"를 보낸다. 원자바오 총리의 10일 기자회견 발언 내용을 종합해 보면 원 총리는 김정일의 "한반도 비핵화" 의지를 전적으로 신뢰하고 있으며, 원 총리가 김정일의 발언을 신뢰하는 데에는 아직 알려지지 않은 모종의 이유가 있는 것으로 보인다.

이제 미국은 보즈워스 특별대표가 이끄는 대표단의 방북일정을 발표할 것이고, 김정일이 원하던 북-미 양자대화가 열리게 되었다. 중국의 총리가 앞장서 북한과 대화를 권고하는 마당에 6자 회담 참가국 가운데 북-미 양자대화를 반대할 나라는 없다. 그러나 국제사회는 북한이 비핵화 실천을 구체적인 행동으로 보이기 전까지 북한에 대한 제재의 끈을 놓지 않을 것이다.

이제 조금 있으면 원자바오가 김정일의 장단에 춤을 추었는지, 아니면 김정일이 정말 실효성 있는 국제 제재에 무릎을 끌었는지 판명이 날 것이다. 김정일이 진정 핵을 포기하고 비핵화를 실현시키기로 결심했다면, 원자바오 총리의 "이번 기회를 놓치면 더 큰 비용을 치르게 될 것"이라는 자칫 외교 관례를 넘는 협박은 이웃 국가에 대한 선의의 충고로 받아들여질 것이다.

그러나 그렇지 않은 경우 김정일의 장단에 춤을 춘 원자바오 총리 개인의 명예는 물론 중국의 국위도 크게 실추될 수밖에 없다. 그것보다 더 큰 문제는 핵으로 무장한 북한의 주변국들이 원 총리가 경고한 바와 같이 "큰 대가"를 치르게 될 것이라는 것이다. 그것도 그들의 외교적 실책 때문이 아니라 북한이 핵을 포기할 때까지 북한에 대한 제재조치를 강화하지 않는 잘못을 저지른 것 때문에 그렇게 될 것이라는 것이다.

원 총리는 본인의 발언에 책임을 져야 한다. 그리고 왜 김정일의 비핵화 발언을 신뢰하는지 그 이유를 공개해야 한다.

Wen Jiabao's two-faced tough talk

Kim Jong-il has won another victory. Despite the international outrage over North Korea's second nuclear test and the resolve to sanction the country under UN Security Council resolutions, North Korea has emerged as a counterpart for dialogue and negotiations again.

At least, that was what Chinese Prime Minister Wen Jiabao demanded other countries do at a press conference held in Beijing on Saturday.

He urged South Korea and Japan to start a dialogue with the North in a hurry. Defying diplomatic protocol, he went even a step further. He warned them: "There will be progress if the two countries make good use of this opportunity, but they will have to pay very dearly if they fail to use this chance now."

But he failed to present evidence to support his diplomatic intimidation.

Negotiators from the United States are ready to embark on a mission to Pyongyang, and if things go as Prime Minister Wen demanded, South Korean and Japanese diplomats will be in line right behind them to catch a plane to the North.

It really is amazing. How could North Korea evade being the target of international sanctions, only four months after the adoption of the Security Council resolution, and emerge as a counterpart for dialogue and negotiations? What made it possible for the North to reverse the situation?

A clue to the reversal can be found in former U.S. President Bill Clinton's visit to Pyongyang in August. When he met North Korean leader Kim Jong-il, Clinton recommended he allow Stephen Bosworth, the U.S. special representative for North Korea policy, to visit Pyongyang for negotiations. Later, North Korea extended an invitation to Bosworth through its New York channel. And the U.S. State Department demanded the North show its

Chinese Premier Wen Jiabao, left, hugs North Korean leader Kim Jong-il upon his arrival in Pyongyang in this frame from an Oct. 4 video. The subsequent talks Kim held with Wen led the Chinese premier to encourage renewed negotiations at a summit later that week with heads of state from Korea and Japan.   [AP]

"intention to return to the six-nation talks" to facilitate the announcement of a plan for one-on-one negotiations.

Bill Clinton's meeting with Kim Jong-il was a catalyst to China. Wu Dawei, the chairman of the six-party talks, visited Pyongyang to persuade the North to come back to the six-party talks on Aug. 17. One month later, Dai Bingguo, a state councilor of the Chinese government, visited Pyongyang as a special envoy of Chinese President Hu Jintao and met with Kim Jong-il. At a meeting with Dai, Kim Jong-il mentioned indirectly "his intention to return to the six-party talks," as demanded by the U.S. State Department.

Subsequently, Kim Jong-il told visiting Chinese Prime Minister Wen Jiabao on Oct. 7 that

"North Korea is willing to return to the six-party talks depending on the progress in bilateral talks with the United States." It has been confirmed that China still has a strong influence on North Korea.

Considering that the North was embarrassed at the efficiency of the sanctions under UN Security Council Resolution 1874, it is no exaggeration to say that Kim Jong-il has won another victory by evading sanctions with a mere promise that he would reverse his earlier decision to boycott the six-party talks.

The U.S. State Department says repeatedly that sanctions will be enforced without interruption even if the U.S. starts dialogue with the North. It is difficult, however, to find a precedent where sanctions were actually imposed in parallel with negotiations.

Even worse, there is a big gap between the U.S. position — that the bilateral talks are a means to induce the North back to the six-party talks — and the preconditions set by Kim Jong-il for multilateral talks. The Americans must be aware of the differences. Yet Washington has no other choice but to accept Beijing's advice, since it needs Chinese assistance on the North Korean nuclear issue.

China must also know that Kim Jong-il's promise for multilateral talks is nothing but lip service and that there can be no change in the North's position. Nevertheless, Wen praised Kim Jong-il for making promises of denuclearization and participation in multilateral talks. Summing up Wen's remarks at Saturday's press conference, it seems he has full confidence in Kim's intention to "denuclearize," almost as if he had a reason he wasn't revealing to give credence to Kim's words.

The State Department will soon announce plans for a visit of a U.S. delegation to Pyongyang for the U.S.-North Korea bilateral

talks that Kim Jong-il demanded take place. As long as the talks are held under the blessing of the Chinese prime minister, no one among the participants in the six-party talks will say no to a one-on-one between the United States and North Korea. However, international society will not let the sanctions on North Korea loosen.

Sooner or later, the world will come to know whether Kim Jong-il's diplomacy has made Wen Jiabao dance to his tune, or if Kim has actually succumbed to the pressure of international sanctions.

If Kim has actually decided to give up the nuclear program and accept denuclearization, Wen's undiplomatic intimidation that "South Korea and Japan will have to pay very dearly," which under other circumstances could trigger diplomatic conflict, will be remembered as bona fide advice to China's neighboring countries.

If not, however, not only will Wen, who marched to Kim Jong-il's drum, have his reputation tarnished, but China's prestige will also be diminished. An even more serious problem is that the neighboring countries of a nuclear-armed North Korea will have to, as Prime Minister Wen warned, pay very dearly — but not for their diplomacy. Instead they will pay for the mistake of not enforcing sanctions until the North gave up its nuclear program.

Prime Minister Wen should take responsibility for his words and share with the rest of us the reason he believes in Kim Jong-il's commitment to denuclearize this time.

Park Sung-soo

The writer is a visiting professor of media studies at Myongji University.

If Kim Jong-il is really serious this time, Wen's words will have been justified. If not, he's nothing but a bully.

299

첨부자료

1. 북한의 핵개발 약사

(1) 핵개발 약사

- 1984-1986 = 북, 영변 5 메가와트 흑연 감속로 완공
- 1985.12.12. = 북, 핵무기확산금지조약(NPT) 가입
- 1990.12. = 북, 영변 핵 실험장에서 고폭 실험 70-80회 실시
- 1991.12.31. = 남북, 한반도 비핵화 공동선언 합의
- 1992.1.30. = 북, 국제원자력기구(IAEA) 핵 안전협정 서명
- 1993.3.8. = IAEA, 대북 특별사찰 요청 결의안 채택
    - 3.12. = 북, 유엔 안보리에 NPT탈퇴 방침 공식 통고
    - 6.2. = 북미 1단계 고위급 회담
    - 6.11. = 북, NPT 탈퇴 유보
    - 7.14.~19. = 북미 2단계 고위급 회담
    - 11.1. = 유엔 총회, 북핵문제에 관한 결의안 채택
    - 12.29. = 북미 실무접촉, 핵사찰 수용 합의
- 1994.3.1.~15. = IAEA, 북한 핵사찰 실시
    - 6.10. = IAEA, 북한제재결의안 채택
    - 6.13. = 북, NPT 탈퇴 선언
    - 6.15. = 지미 카터 전 미국 대통령 방북
    - 7.8. = 김일성 주석 사망
    - 9.10.~14. = 베를린서 북 · 미 핵전문가 회담
    - 9.23. = 북미 3단계 2차회의
    - 10.21. = 북미 제네바 기본합의(Framework Agreement) 조인

        (*플루토늄 개발계획 포기의 대가로 경수로 2기 건설, 중유 50만톤 지원)
- 1995.3.9. = 한반도에너지개발기구(KEDO) 설립
- 1999.3.16. = 북미 금창리 지하 핵의혹시설 협상 타결

- 2000.2.3. = 북 경수로 공사 시작

- 2002년 초 = 북, 평남 강선에 우라늄 농축시설 착공

- 2002.10.3. = 제임스 켈리 미국 대북 특사 방북 (*북, 우라늄 개발계획 시인)

    - 10.17. = 미 "북 비밀리에 우라늄 핵무기 개발계획 추진 시인했다" 발표

    - 11.15. = KEDO 집행이사회, 12월분부터 대북 중유지원 중단 결정

    - 12.12. = 북, 핵동결 해제 선언

    - 12.21. = 북, IAEA 사찰단 축출, 핵시설 봉인과 감시 카메라 제거 등 핵동결 해제조
      치 개시

- 2003.1.10. = 북, NPT 탈퇴 재선언

    - 2.5. = 북, 핵시설 재가동, 정상운영 선언

    - 2.12. = IAEA 특별이사회, 북핵문제 안보리 보고 결의안 채택

    - 4.23.~25. = 북 · 미 · 중 3국, 베이징 3자회담 개최

    - 4.28. = 콜린 파월 국무, 북이 핵개발 포기 대가로 북미관계 개선, 경협 등
      "빅딜"제안

    - 5.12. = 북, 1992 한반도 비핵화 선언 파기 선언

    - 6.18. = 북, 자위를 위해 핵 억지력 증강하겠다 선언

    - 8.27.~29. = 제1차 6자회담 개최

    - 10.2. = 북, 폐연료봉 재처리 완료 선언

- 2004.2.25.~28. = 제2차 6자회담 개최

    - 6.23.~26. = 제3차 6자회담 개최

    - 7.24. = 북, 리비아 모델 따르라는 미국 제안 거절

    - 8.4. = 제인스 디펜스 위클리, 북이 수중 발사용 미사일 개발 중 보도

    - 9.28. = 북 외무부상, 폐연료봉 8천개 플루토늄 추출, 핵무기 제조 주장

- 2005.2.10. = 북, 미국의 북한 적대시 정책 이유로 6자회담 무기한 중단 선언, 핵
  무기 보유 선언

    - 5.1. = 북, 동해로 단거리 미사일 발사

    - 5.11. = 북, 핵무력 증강을 위해 영변 폐연료봉 재처리 완료 주장

    - 7.26.~8.7. = 제4차 6자회담 1단계회의

    - 9.13.~19. = 제4차 6자회담 2단계회의, '9 · 19 공동성명' 채택

(*북한은 핵개발 계획 포기, NPT 복귀; 미국은 북한 침략 의사 없음 확인)

- ◆ 9.20. = 북, 민수용 원자로 제공 시까지 핵 개발계획 파기 못한다고 주장,

  (*9.19 성명 무효화)

- ◆ 11.9.~11. = 제5차 6자회담 1단계회의

- 2006.6.26. = Institute for Science & International Security, 북한 핵탄두 4-13기 보유 추정

  - ◆ 7.5. = 북, 대포동 2호 미사일 시험발사

  - ◆ 7.16. = 유엔 안전보장이사회 대북제재 결의 1695호 채택

  - ◆ 10.9. = 북, 제1차 핵실험 실시

  - ◆ 10.14. = 유엔 안보리 대북제재 결의 1718호 채택

  - ◆ 10.31. = 북·미·중 3자 회동에서 6자회담 재개 합의

  - ◆ 12.18.~22. = 제5차 6자회담 2단계회의 (북한은 9·19공동성명 이행을 위해서는 금융 제재 해제가 선결 주장)

- 2007.2.8. = 제5차 6자회담 3단계회의

  - ◆ 2.13. = '2 · 13 합의'

    - ◆ '9·19공동성명 이행을 위한 초기 조치' (Initial Actions for the Implementation of the Joint Statement, 2·13합의)발표

    - ◆ 단계별 핵불능화 이행 (Phased Implementation) 합의

    [1단계]

    · 북한, 영변핵시설의 플루토늄 생산의 중지 (shutdown)

    · 미국, 중유지원개시 (initial shipment)

    [2 단계]

    · 북한, 금년 내 모든 현존 핵시설 불능화 (disablement) 및 모든 핵 프로그램의 완전하고 정확한 (complete and correct) 신고 완료

    · 테러지원국 (SST: State Sponsor of Terrorism) 지정 해제 과정 개시 및 대적성국 교역법 (TWEA: Trading with the Enemy Act) 적용 종료

  - ◆ 6.26.~30. = IAEA 실무단 방북, 핵 시설 폐쇄, 검증 등 협의

  - ◆ 7.18.~20. = 제6차 6자회담 1단계회의

  - ◆ 9.11.~13. = 미, 중, 러 사찰단 영변 원자로 폐쇄 사찰 실시

- ◆ 9.27.~30. = 제6차 6자회담 2단계회의, '10 · 3 합의' 도출

  (*9.19 공동성명 이행을 위한 제2단계 조치)

  – 모든 핵시설의 불능화,

  –모든 핵개발 계획의 신고,

  – 핵 기술의 제3국 이전 금지

- 2008.6.26. = 북, 중국에 핵 시설과 물질 신고서 제출, 미국은 북한 테러지원국 지정 해제

  - ◆ 6.27. = 북, 영변 원자로 냉각탑 폭파

  - ◆ 7.10.~12. = 제6차 6자회담 2차 수석대표회의

  - ◆ 10. 11. = 미, 북한 테러지원국 해제 발표

  - ◆ 10. 12 = 북, 핵 불능화 작업 재개

  - ◆ 10. 13 = 북, IAEA 검증단 핵시설 접근 허용. 북, 핵시설 불능화 재개 (연료봉 제거)

  - ◆ 12. 8~11. = 제6차 6자회담 3차 수석대표회의

- 2009. 01. 08 = 미 대북 지원식량 6차분 남포항 도착 (총 50만 톤 중 옥수수 2만 1천 톤)

  - ◆ 04. 5. = 북, 장거리로켓 시험발사 (광명성 2호 위성 발사)

  - ◆ 05. 25. = 북, 제2차 핵실험 실시 (함북 길주군 풍계리)

  - ◆ 06. 12. = 유엔 안보리 대북 제재결의 1874호 채택

  - ◆ 06. 13. = <북 외무성 성명>

    · 첫째, 새로 추출되는 플루토늄 전량을 무기화한다. 현재 폐연료봉은총 량의 3분의 1이상이 재처리되었다.

    · 둘째, 우라늄 농축 작업에 착수한다. 자체의 경수로건설이 결정된 데따 라 핵연료 보장을 위한 우라늄 농축 기술개발이 성과적으로 진행 되어 시험단계에 들어섰다.

    · 셋째, 미국과 그 추종세력이 봉쇄를 시도하는 경우 전쟁행위로 간주하 고 단호히 군사적으로 대응한다.

- 2010. 3. 26. = 천안함 침몰

  - ◆ 11. 23. = 북, 연평도 포격 도발

  - ◆ 2011. 7. 22 = 남북 6자회담 수석대표 회담

- ◆ 7. 28~29. = 북미 고위급 회담

- ◆ 9. 21. = 남북 6자회담 수석대표 제2차 비핵화 회담

- ◆ 10. 24.~25. = 제2차 북미 고위급 회담

- ◆ 12. 17. = 김정일 국방위원장 사망

- ● 2012. 2. 23.~24. = 김정은 정권 출범 후 첫 북미 고위급 회담

  - ◆ 2. 29. = 북미 '2 · 29 합의' 도출

    (*북한의 핵실험과 장거리 미사일 발사, 영변 우라늄 농축 활동의 임시 중단 등을 대가로 미국이 북한에 식량 24만t 지원)

  - ◆ 4. 13. = 북, 장거리 로켓 은하3호 발사, 실패

  - ◆ 12. 12. = 북, 장거리 로켓 은하3호 2호기 발사

  - ◆ 4. 16. = UN 안전보장이사회, 북한 장거리 로켓 발사 강력 규탄, 의장성명 채택

  - ◆ 4. 18. = 북, 로켓 발사를 규탄한 안보리 의장성명 반발, 북미합의 파기 공식 선언

- ● 2013. 1. 22. = 유엔 안보리 대북제재 결의 2087호 채택

  - ◆ 2. 12. = 북, 제3차 핵실험 강행

  - ◆ 3. 7. = 유엔 안보리 제제 2087호 2094호 채택

    목적 : 은하 3호(2012.12.12.) 발사 규탄, 제 3차 핵실험(2013.2.12.) 규탄

    제재 대상 : 개인 4명(백창호, 장명진, 라경수, 김광일), 단체 6개(조선우주공간기술위원회, 동방은행, 조선금룡무역회사, 토성기술무역회사, 조선연하기계 합영회사, Leader International)

  - ◆ 3. 31. = 북, 노동당 중앙위 전원 회의서 경제 · 핵무력 병진노선 채택

    "자위적인 핵 보유를 영구화하고, 경제강국건설에서 결정적 승리를 이룩해 나가자"

  - ◆ 4. 2. = 북, 영변 원자로(5MWe) 재가동 선언

  - ◆ 9. 20. = IAEA, 북 핵 활동 중단 촉구 결의안 채택

- ● 2015. 5. 20. = 북, 미 본토 타격 가능 핵무기 보유 주장

  - ◆ 1월 초 = 김정은, 수소폭탄 실험 준비 완료 주장

- ● 2016. 1. 6. = 북, 제4차 핵실험 실시

  - ◆ 9. 9. = 북 제5차 핵실험 실시

- ● 2017. 3. 6. = 북, 탄도 미사일 4기 발사, 3기는 일본 해안 200 마일 지점 낙하.

◆ 9. 3. = 북, 제6차 핵실험 실시 (*북은 ICBM 장착 가능한 수소폭탄이라고 주장)

● 2018. 4. 27. = 제1차 남북정상회담 (판문점, 평화의 집) – 판문점 선언

◆ 5. 26. = 제2차 남북정상회담 (판문점, 판문각)–싱가폴 북–미정상회담 준비 재가동

◆ 6. 12. = 제1차 북–미정상회담 (싱가폴) – 싱가폴회담 공동 합의문

● 2019.2.27.–28. = 제2차 북–미정상회담 (하노이) – 합의 결렬

◆ 5월–10월 = 북, 중–단거리 미사일 등 12회 22발 이상 동해 상으로 발사

(*신형 유도형 미사일 3종, 신형 대구경 방사포 등)

(2) 6자회담 일지

· 제 1차 6자회담('03. 8. 27.~29.): 한반도 비핵화, 평화적 해결

· 제 2차 6자회담('04. 2. 25.~28.): 의장성명 형식 합의 도출

· 제 3차 6자회담 ('04. 6. 23.~26.): '행동 대 행동' 원칙 공감

· 제 4차 6자회담, '9·19공동성명',

제1단계 회의 ('05. 7. 26.~8. 7.),

제2단계 회의 ('05. 9. 13.~19.)

· 제 5차 6자회담: '9·19 공동성명 이행을 위한 초기조치' (2·13합의)

제1단계 회의 ('05. 11. 9~11.)

제2단계 회의 ('06. 12. 18.~22.)

– 북미 베를린 합의 ('07. 1. 16.~18.)

제3단계 회의 ('07. 2. 8.~13.)

· 제 6차 6자회담: '9·19공동성명 이행을 위한 제2단계 조치' (10·3 합의)

제1단계 회의 ('07. 3. 19.~22.)

수석대표회의 ('07. 7. 17.~20.)

제2단계 회의 ('07. 9. 27.~30.)

2. 로켓맨 김정은이 보유 중인 미사일 종류

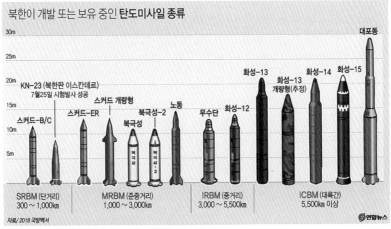

북한이 개발 또는 보유 중인 **탄도미사일 종류**

SRBM (단거리)
300 ~ 1,000km

MRBM (준중거리)
1,000 ~ 3,000km

IRBM (중거리)
3,000 ~ 5,500km

ICBM (대륙간)
5,500km 이상

스커드-B/C
KN-23 (북한판 이스칸데르)
7월25일 시험발사 성공
스커드-ER
스커드 개량형
북극성
북극성-2
노동
무수단
화성-12
화성-13
화성-13 개량형(추정)
화성-14
화성-15
대포동

자료/ 2018 국방백서

반종빈, 장예진 기자 / 20190731 트위터 @yonhap_graphics 페이스북 tuney.kr/LeYN1

연합뉴스

3. UN안보리 대북제재결의안의 주요내용

1) 1718호 (2006. 10. 14.)

· 10개 전문, 본문 17개로 구성 NPT탈퇴 철회 요구
· (재래식무기 수출 및 조달 중지 결정) 원산지 상관없이 북한에 직간접적으로 탱크, 장갑전투차량, 디구경 대포, 군용항공기, 공격헬기, 미사일, 미사일 시스템과 관련 부속품 등 공급, 판매, 이전 금지
· (금융자산 동결) 핵미사일, WMD관련 연루자 및 지원자 관련 금융 자산 및 경제자 원 즉각 동결

2) 1874호 (2009. 6. 12.)

· 10개 전문, 본문 34개로 구성

· (무기 제재) 소형무기 물품을 제외한 모든 물품 및 금융거래, 기술훈련 등도 제재대상에 적용 ; 소형무기 판매, 공급, 이전은 최소 5일 전 위원회에 통보 의무화

· (북한발 화물검색) 자국의 권한과 법에 따라 WMD공급, 판매, 이전, 수출금지 품목 적재가 '의심'될 경우 기국의 동의하에 선박 검색 촉구

· (대량살상무기 관련 수출통제) WMD관련 품목에 대한 공급, 판매, 이전, 수출 적발 시 물품 압류 처분 요청; 금지품목 운반이 의심될 경우 유류, 물품 또는 기타 편의를 제공하는 "선박지원 서비스" 금지 결정 * 예외: 인도주의적 목적

· (핵미사일, WMD 관련 금융서비스 금지) 회원국의 관할권 내 금융·재원을 동결하고 강화된 모니터링 적용

3) 2087호 (2013. 1. 22.)

· 2개 전문, 본문 20개, 부속서 2개로 구성

· (벌크캐시) 제재회피를 위한 북한의 대량현금(벌크캐시)사용을 언급

· (제재 대상 추가) 개인 4명 단체 6곳

· (선박) 북한선박이 검색을 거부하는 상황에 대비한 이행안내서 (Implementation Assistance Notice)발간 지시

· (금융기관 및 개인 감시) 자국 내 금융기관 또는 개인이 북한기관을 대신해서 활동하는 것에 대한 감시 및 강화된 주의 촉구

4) 2094호 (2013. 3. 7.)

· 8개 전문, 본문 37개, 부속서 4개로 구성

· (화물검색) 북한행발 화물, 북한을 대신하여 활동하는 개인 단체에 대한 화물 검색, 북한선박 검색거부 시 회원국은 자국항에 대한 입항 여부 결정

· (항공) 증 이전 또는 금지 품목 적재가 의심되는 경우 항공기의 자국 내 이착륙 및 영공 통과 불허 촉구

  * 예외: 비상사태 제외

· (금융서비스 제한) 벌크캐시(대량현금)을 포함한 금융 자원·재원 제공 방지 여부 결정, 북한 내 사무소 또는 은행계좌 개설 금지를 위한 조치 요구
· (공적금융지원 금지 무역과 연관된 자국 국민, 단체에 대한 수출 신용, 보증 제공 금지 결정
· (제재 대상 추가) 개인 3명, 기관 2개

5) 2270호 (2016. 3. 2.)

· 12개 전문, 본문 52개, 부속서 4개로 구성
· (무기거래) 북한의 소형무기 수입, 수비·서비스 목적의 무기운송 결의 위반 명확화, 군사관련 훈련,자문 금지, 캐치올 수출통제 의무화
   * 예외 : 인도주의·민생목적
   * 캐치올(catch-all) : 통제대상이 아니어도 재래식 무기개발에 사용될 수 있는 제품을 통제하는 제도
· (확산네트워크) 제재회피 또는 위반연류 북한 외교관, 공관 추방;
   * 처음으로 대북제재 불법행위에 연루된 제3국민 추방 의무화
   * 예외 : UN관련 목적, 사법절차상 필요성, 인도주의 목적, 위원회 건별 결정
· (해운, 항공운송) 북한행발 전수조사 의무화, 항공기선박 대여, 승무원 제공 금지; 제재대상 소유, 운영 선박 회원국 입항 금지, 북한내 선박 등록, 북한국적 선박 소유, 대여, 운용, 선급, 인증, 보험제공 금지
   * 예외 : 민생목적, 불법행위 기여방지 노력 위원회 사전통지
· (제재 대상 지정) 개인 16명, 단체 12곳 WMD관련 캐치올 수출통제 의무화
· (대외교역) WMD개발 연류시 석탄, 철, 수출금지
   * 예외 : WMD와 무관한 민생목적, 외국산 석탄의 나진항을 통한 수출 (단, 위원회에 통보)
· (대북 항공유 판매, 공급 금지)
   * 예외 : 인도주의적, 제재위 사전 허가시, 북한 민간기 해외 급
· (사치품) 금수대상 사치품 목록 확대; 손목시계, 수상 레크레이션 장비, 레크레이션 스포츠 장비, 스노우빌, 납 크리스탈 제재 명단에 추가

· (주민생활 우려) 북한주민이 처한 고난에 대해 깊은 우려 표명

· (제재 대상 추가) 개인 16명, 단체 12곳

6) 2321호 (2016. 11. 30.)

· 전문 10개, 본문 50개, 부속서 5개로 구성 (외교부)

· (석탄수출 상한제) 석탄 수출 연간 4억달러 또는 750톤 초과 금지

* 예외 : WMD와 무관하거나 북한주민의 민생목적의 석탄수출

· (대량살상무기 및 재래식 무기관련 제한) 고등산업공학, 전기공학 등 특별 교육 및 훈련 금지 분야 추가; 과학·기술협력 금지, 이중용도 품목 이전 금지

· (검색 및 차단) 철도·도로 화물 검색 의무 강조; 북한인의 여행물 수화물도 검색 대상임을 강조; 제재대상 공항 경유 금지, 제재위원회에게 의심선박에 대한 귀국취소 (de-flagging);, 항구 입항 명령, 자산동결 할 수 있는 권한 부여

· (운송) 북한에 대한 항공기·선박 대여, 승무원 제공 금지

  * 민생목적 예외 내용 삭제 : 북한 내 선박 등록 및 기타 서비스 제공, 항공기 대여 및 승무원 제공

· (대외교역) 은, 동, 아연, 니켈 수출 금지 품목에 추가; 조형물의 공급, 판매, 이전 금지; 신규 헬리콥터, 선박 공급, 판매, 이전 금지

· (금융) UN회원국 금융기관의 북한내 활동 금지, 90일 이내 기존 사무소 거래 폐쇄; 무역관련 금융지원 금지(공적·사적); 북한을 대리하는 개인에 대하여 추방 조치; WMD개발에 사용되는 외화벌이를 위한 북한의 해외노동자 파견에 대해 우려 표명

· (외교활동) 회원국의 북한 공관 인력 규모 감축 촉구; WMD관련자의 자국내 입국·경유 거부, 북한 공관원당 은행계좌 1개로 제한; 외교업무 이외 활동 금지 감조; 북한 공관 소유 부동산을 활용한 수익창출 활동 금지 (주민생활우려) 북한주민들의 고통에 대한 우려 표명

· (통제품목 및 사치품 확대) 핵·미사일, 화학생물무기 관련 18종 추가

· (제재 대상 개인, 단체확대) 개인 39명, 단체 42개로 확대

7) 2356호 (2017. 6. 2.)

- 6개 전문, 5개 조항, 부속서 1개로 구성
- (제재대상 추가) 개인 14명, 단체 4개 추가

8) 2371호 (2017. 8. 5.)

- 10개 전문, 본문 30개, 부속서 2으로 구성
- (철, 석탄, 철광석 수출 전면금지) 민생품목에 대한 예외조치 없음; 납, 납광석, 해산물 수출 금지
- (해외노동자 허가 제한)· 결의안 채택 이후 신규노동 허가 건수 제한
- (주민생활우려) 핵·미사일 개발이 북한 주민들에게 미치는 인도주의적 영향 언급; 북한의 식량 및 의료지원 부족에 대한 조사결과 언급; 북한주민의 고통에 우려 표명
- (신규 합작투자 금지) 북한과의 신규 합작사업 및 신규투자를 통해 기존 합작사업 확대 금지
- (제재대상 추가) 개인 9명, 단체 4개 추가

9) 2375호 (2017. 9. 11.)

- 전문10개, 본문 33개, 부속서 2개로 구성
- (대북유류공급제한) 연간 상한선 제시(2017년 10~12월 간 50만배럴/2018년부터 연간 200만 배럴);대북원유공급량 현 수준에서 동결; 콘덴세이트 및 액화천연가스(LNG) 공급 전면 금지
- (섬유수츨 금지) 모든 직물 및 의류의 완제품 또는 반제품 수출 금지; 제재 이전의 계약에 대해선 결의안 채택 이후 90일 내 해당화물 수입 가능(관련 수입내용은 위원회에 135일 이내 보고 의무화)
- (해외노동자 신규 노동허가 발급 금지) 기존노동자는 계약만료시점에서 발급 금지
- (공해상 선박간 이전 금지) 금지품목(석탄, 섬유, 해산물 등)의 공해상 밀수제지를 위한 선박 간 이전 조치 도입
- (합작사업 전면 금지) 북한과 합작사업 설립·유지·운영 전면 금지; 관련 합작사업은 120일 이내 철수 의무화;

* 예외 : 인프라 관련 기존 합작사업(중국–북한 수력발전 사업, 라진–하산 프로젝트
· (제재대상 추가) 북한의 주요 당, 정 3개, 개인 1명 추가

10) 2397호 (2017. 12. 22.)

· 전문 7개, 본문 29개, 부속서 5개로 구성
· (유류공급 제한) 대북유류공급 제한(정유제품 공급 연간 상한선 기존 200만배럴에
 서 50만배럴로 감소); 원유공급량 연간 400만배럴로 제한)
  * UN회원국의 유류공급 내용 보고 의무화
· (해외노동자) UN회원국 내 소득이 있는 북한 노동자를 24개월 이내 북한송환 의무화
· (대북수출입 금지 품목 확대) 식용품 및 농산품, 기계류, 전자기기, 목재류, 선박 등
· (화물선 해상차단 조치강화) UN회원국과 자국 항구에 입항한 금지행위 연루 의심
 선박 나포, 검색, 억류하도록 의무화; 회원국들 간 의심선박에 대한 정보교류 의무화
· (제재명단 추가) 핵·미사일 프로그램 및 자금조달 관련 개인 16명, 단체 1개 추가

북핵 드라마 :

무엇이 문제인가?

지 은 이 박성수

1판 1쇄 발행 2020년 02월 14일

저작권자 박성수

발 행 처 하움출판사
발 행 인 문현광
주　　소 서울특별시 강동구 둔촌동 436-3 하나은행 건물 5층 504호
I S B N 979-11-6440-110-9

홈페이지 http://haum.kr/
이 메 일 haum1000@naver.com

좋은 책을 만들겠습니다.
하움출판사는 독자 여러분의 의견에 항상 귀 기울이고 있습니다.

이 도서의 국립중앙도서관 출판예정도서목록(CIP)은 서지정보유통지원시스템 홈페이지(http://seoji.nl.go.kr)
와 국가자료종합목록 구축시스템(http://kolis-net.nl.go.kr)에서 이용하실 수 있습니다. (CIP제어번호 : CIP2020002609)